从0到1

企业家是这样炼成的

ENTREPRENEURS ARE
REFINED FROM
0 TO 1 IN THIS WAY

张 毅　周亚明
策划

周亚明　傅天明
主编

献给奋斗路上的你：

　　朋友，当你迈入社会，选择职业时；当你准备创业，选择赛道时；当你一路前行，面临考验时……人的一生总会遇到各种选择，或者考验，此时，不妨看看他们走过的路！

　　这里的17个人，他们曾经是学生、农民、打工仔、老师、公务员、富二代，不同身份的他们走过了不同的路，最终选择了最适合自己的赛道，开启了属于自己的人生。

新华出版社

序言

为标杆立传

刘九如

标杆是奋斗者的指引,是成功创新的参照,是追求卓越的象征,是一代又一代创业创新者的楷模。

打开《从0到1——企业家是这样炼成的》这本书,深情阅读企业家的创业故事,充满感慨。

"企业家"一词是由法国经济学家理查德·坎蒂隆(Richard Cantillon)于1800年首次提出,意思是"敢于承担一切风险和责任而开创并领导一项事业的人"。

从校办工厂学徒到推动长沙升华微电子公司成为国家级专精特新"小巨人"企业的姜国圣;从东莞印刷厂打工"偷"艺到创办印刷厂,再到进军装备制造业的长沙长恒智能科技公司的吴众;从大学即承包食堂管理、毕业后到电表厂工作,再到创办湖南电力集团股份公司的蒋功夫;从杂货店老板到中国高空作业平台领军人的湖南星邦智能装备有限公司董事长许红霞;从承包乡镇水泥厂,历经磨难,到致力于垃圾处理的湖南湘一环境科技公司董事长王果年……他们哪一个不是扛着风险和责任,跌倒了、爬起来,不断地选择、放弃、再选择,而坚持不懈负重前行?

创办企业、创新技术和产品、开拓市场,承担的责任和风险是二进制的,要么成功,要么失败,只能对冲,不能交易。美国3M公司曾经提出过一个很有意思的口号:"为了发现王子,你必须和无数个青蛙接吻。""接吻青蛙"常常意味着冒险与失败,但是"如果你不想犯错误,那就什么也别干"。没有甘冒风险和承担风险的魄力,就不可能成为企业家。英特尔前总裁安迪·葛洛夫有句名言:"只有偏执狂才能生存。"企业家只有竭尽全力孜孜不倦持续不断地创新,以夸父追日般的执着,咬定青山不放松,才可能稳操胜券。

著名管理学家彼得·德鲁克也认为:"企业家就是那些愿意过不舒服的日子,或者说不愿意过舒服日子的人。"

从研究生毕业、放弃大城市生活,回到乡下帮父亲卖布鞋,到接管并推动湖南电力耐磨新材料公司快速崛起的邓国兴;从辞去财政干部公职,放弃金饭碗到企业工作、遭遇下岗,进而成功创立桑铼特农机品牌的周志;从北方国有企业辞职,到南下打工,辗转来到湖南打造"小洋人"果乳饮品品牌的王振华;从农大博士后到"兽医总监",再到创办湖南中净生物科技公司的喻正军;从辞去中学校长职务、四处寻找商机,到落户美食之都长沙创办湖南乡韵食品有限公司的刘涛……他们的人生经历,哪一个不是在自找苦吃,在极"不舒服"磨难中淬炼升华?

企业初创时攻克技术难,有了技术做出一流产品难,有了产品找到用户难;还有市场的瞬息万变、竞争的残酷激烈、管理的纷繁复杂,各种困难给企业家带来无穷痛苦。企业家必须耐得住孤独和寂寞,熬得住苦的折磨和打击,吃苦耐劳是企业家长时间为了某个目标而聚焦的能力；吃苦的意义在于适时播下一颗希望的种子，然后经过四季的浇灌、呵护和料理之后，看到自己亲手栽种的树苗，逐渐地长成参天大树。

《从0到1——企业家是这样炼成的》就是将这样一些创业故事，像金子串成项链一样编撰成书。它以湖南宁乡市企业家群体为蓝本，记载叙述了17位企业家创业创新的成功故事，他们曾经是学生、农民、打工仔、国有企业下岗职工、老师、公务员、富二代，经过激烈的市场竞争洗礼，凝聚起锐意进取、大胆创新、敢于冒险、坚持不懈、刻苦耐劳、敬业敬职的企业家精神，蜕变为新时代企业家，在各行各业立起标杆，成为创业创新的探索者、组织者、引领者。读完这本书，在我的面前鲜明地立起17座令人景仰的丰碑。我觉得这正是此书出版的意义，为标杆立传，让他们成为新的动能和引擎，带来更多的后来者、创新创业者继续前行。

从0到1，让我们不由联想到当前正在积极推动发展的新质生产力。新质生产力的本质是效率或者效益更高的先进生产力，是依靠科技创新来实现技术革命性突破、生产要素创新性配置、产业深度转型升级，是生产要素创新性深度融合中推动的传统产业转型升级和创新发展的战略性新兴产业和未来产业。是不是新质生产力，能不能更好地发展新质生产力，我觉得可以通过两个基本指标来衡量：一是科技产品实现从0到1的革命性跃迁；二是生产效率和效益实现从1到10的跨数量级式跃升。

当前，我们面临易变性（Volatility）、不确定性（Uncertainty）、复杂性（Complexity）、模糊性（Ambiguity）交织的"乌卡"（VUCA）时代，在各种不确定性和复杂易变面前，企业和企业家需要做出明确的决策和选择。也许，聚焦到数字化转型，利用新一代信息技术与传统产业深度融合，推动企业生产方式、商业模式、管理模式，以及创新模式的调整变革，强化产业链和供应链的数字化管理，以数据为核心要素，推动产业经济高质量发展,迈向数字化、网络化、智能化、绿色化,不断实现从0到1的革命性跃迁和从1到10的跨数量级式跃升,我们才能进一步强化标杆的力量,并不断催生出更多的创业创新的标杆。

人生的绚丽和生动永远在远方。只有不断调整和确立新的目标,化成远方的星光,来映照我们脚下的阡陌,延伸我们的步履,我们的创业创新才会闪烁出诱人的色彩,渲染出更加夺目的缤纷。期待这本书的出版,真正形成标杆的引力波,牵引和推动更多的创业创新者心向远方,策马前行,去创造新的辉煌。

(作者系国家智能制造专家委员会委员、工信部电子科技委常委兼战略总体组副组长)

目录

001　许红霞：从杂货店老板到中国高空作业平台领军人物

019　姜国圣：大学教授创业

035　王建益：求学创业两不误

053　蒋功夫：不愿被提拔的销售员

072　吴众：一路逆袭的农村娃

093　晏三明：从小城走出来的大企业家

112　王果年：跌倒了，爬起来就是成功！

130　邓国兴：甘当销售员的985研究生

150　王振华："好人品出好产品"

165　喻正军：博士后养猪记

183　李济成：从打工仔到"包装大王"

199　李忠要：做事先做人

215　张文武：创业从卖腊味开始

229　周雄湘：在航天航空航海领域竞风流

246　周志：不捧"金饭碗" 甘做企业人

262　刘涛：校长创业记

278　张建山：从货车司机到董事长

296　后记（一）

298　后记（二）

【人物简介】

许红霞,湖南宁乡人。湖南星邦智能装备有限公司(以下简称星邦)联合创始人、总经理;IPAF(国际高空作业平台协会)理事会理事(全球仅七位);中国工程机械工业协会中小企业服务工作委员会副会长。做过小买卖,搞过小发明,不甘平庸的她在创业路上奋勇前行,与丈夫刘国良创办星邦公司,将"夫妻店"打造成了全球高空平台20强,中国高空平台制造商5强。

许红霞:从杂货店老板到中国高空作业平台领军人物

她曾是一名普普通通的机械制造从业者,为了梦想,她开过杂货店,卖过收割机,在把许多奇思妙想付诸行动,却历经无数次挫折和失败。失败并没消磨她的斗志,却使她愈挫愈坚,最终与爱人一起在工程机械行业闯出了一片天地,成为中国高空作业平台的领军人物。她就是湖南星邦智能装备有限公司联合创始人、总经理许红霞。

喜爱"折腾"的年轻人

2023年4月,湖南宁乡。中等身高,短发,黑色间带粉红花纹的外套,一身普普通通的装束,许红霞走在大街上,丝毫看不出是我国高空

从0到1——企业家是这样炼成的

作业平台领军人,更难以想象她的工厂生产的高空作业平台在全球高空平台占据重要位置。

许红霞语气温和,出语精彩,不屑套话,干练利落。在宁乡一处宁静的茶楼,她向笔者娓娓道来,讲述其创业的故事。

时间回溯到1994年。那年,"喜欢折腾"的许红霞刚跨出大学校门,踏入一家国有工程机械企业,"国企"的稳定,并非她所愿,她开始一边工作,一边尝试各类创业活动。

生于农村的许红霞对乡土有着特殊眷恋。忆起幼年,"双抢"(割稻插秧)时的情形仍历历在目。乡亲们顶着炎炎烈日劳作,头上有太阳炙烤;脚下有田间的水发烫。繁重的劳作,让她深切体会到农民的艰辛与不易。

这一年,许红霞带着"要让农民用上最先进的生产工具"的初心,学机械出身的她选择研发一款能够在南方推广的水田里收割机。因为当时市场的水稻收割机都是适合北方在大面积农田里作业的联合收割机,并不适合南方小地块。

"因为我是农村出来的,农村最辛苦的就是搞'双抢'——抢收抢种,打稻谷,当时是很传统的方式,用脚踩,弯腰插田……尤其是体力活中的收割稻谷、打稻谷,非常辛苦。"许红霞说。

于是,她踏遍大街小巷,试图寻找一款适合南方水田的收割机。当时,北方联合收割机盛行,很难找到一款适合南方的收割机。仅有日本有少许使用,但费用极高。

"这个事与我出生背景相关,当时很多劳动力去了南方打工,这个农活又很辛苦。所以就一心想用这个设备来减轻人们负担。"许红霞说,她的感受是,创业离不开你对周边环境的思考,其实机会很多,要做有心人。

在那个基本靠书信交流的年代,电话都是奢侈品。许红霞为了收集资料,只能依靠一封封邮件,点点滴滴地收集各类消息。最后,她与湖南农机所取得了联系,经过一番商榷,双方达成了一致意见——3万元的总设计费,订金3000元。

许红霞找遍了亲朋好友,东拼西凑,最终凑齐3000块钱。

就在双方准备签订协议的时候,农机所的工作人员善意提醒,南方水田情况不简单,牵涉南方水稻、地质等各种复杂因素,要研制南方水田作业的收割机看似简单,其实很复杂,且收割机的损耗率、故障率也很难保证。

"这个项目大概率很难成功,以前我们也立项进行研发适合南方水田的收割机,还是实验阶段,做了一台样机,没有产品化,最后没有成功。"农机所的工作人员补充说。农机所也担心许红霞交了3000元订金后,余款交不上来。后续产品不好用,卖不出去,更会血本无归。

"有没有其他单位在生产呢?"许红霞有些不服气。在经过一番周折后,她在中国科学农机所找到了类似的收割机。但她得到的回复是,该所的确有规划制造适合南方水田的收割机,但尚未启动,至少还需一两年时间。

尽管大学曾有课外打工、做小生意的实践经验,但踏入社会,真正面临资金、人才、资源匮乏之时,许红霞发现,创业并没有想象中简单,创业背后各种复杂难题,需要解决应对。由于缺乏经验,该项目最终以"难以为继"而告终。

"不要指望好像做一件事情,就能够立马成功,这是没有可能性的。卖收割机的故事告诉我们,要不断去尝试努力,哪怕一次次失败,经验教训最终会把你推向成功。"许红霞说。

收割机项目,既是许红霞儿时想去解决的"痛点",亦是她的第一次试水创业,她并没有因为第一次创业的失败而放弃。

其后,她又先后种植过有机蔬菜,销售过雕刻机、擦皮鞋机,还设想经营过皮鞋美容连锁店,可都并没有成功,甚至可以说是屡战屡败、屡败屡战。

失落之余,许红霞无意间看到沃尔玛创始人山姆·沃尔顿的故事。沃尔顿从乡村走出,从一个小杂货店发展为世界商业巨头,故事再次燃起了她心中那团创业之火,她梦想有天也能像沃尔顿一样。

风风火火,说干就干。许红霞在工作的浦沅社区内开了一间小杂货店。小杂货店自然能缓解家庭经济困顿的燃眉之急,却始终承载不了她的创业梦想。

此后,她又多次尝试与人合伙创业,最终均分道扬镳。接连而至的挫折,让许红霞开始反省:"瞎撞没有任何结果,应该老老实实工作、老老实实再读书以寻求突破。那时候终于渐渐明白,专业人做专业的事,普通的我们,必须在自己熟悉的领域不断积累,才会厚积薄发。"

几年来,各种创业尝试,在更多的失败教训中,如果说许红霞有所收获话,那就是开杂货店既解决了当时的家庭经济,还能把父母从乡下接到城里来,既帮衬着生意,又同时为自己照看了小孩。

"当时开杂货店,父母给我来帮工,我给父母还开了工资。"回想起当年的开杂货店的"成就",许红霞不由得笑起来。

不留退路的辞职创业

尽管创业不成,但常年供职于工程机械领域的她慢慢有了一定的"专业"积累。许红霞与丈夫刘国良反复商讨,最终决定,一定要在自己熟悉的领域、在本行业内寻找合适的发展机会。

2005年末的一个夜晚,丈夫刘国良拿出一张高空作业平台的图片,许红霞颇有兴致地仔细研究了一番。她对该产品用途、市场进行认真研究后发现,该产品在当时罕见,仅有外向度较高的船舶业和个别外资大企业才有少量购买。

许红霞敏锐地觉察到,该产品一定具有商机,她建议丈夫立即辞职,一起来做这个产品。做事一向稳重的丈夫只是表示,需要再进一步了解、积累之后再说。

其后,他们历经一年的反复思考,2007年,终于下定决心:辞职、下海、创业。满腔热血的许红霞准备大干一场,为此,她还特意"招兵买马",并邀请了两位技术同行共同创业。

自2007年5月提出辞职,直至2008年初公司海外营销团队组建完毕,许红霞开始全身心投入创业之中。

当许红霞信心满满地准备投入创业时,她怎么也想不到,现实给了她重重一击。因为此前只是口头承诺,并没签订合同,原本说好的创业,有两位共同创始人并未当真,一夜之间,创业"计划"几乎成了"笑话"。

惊愕之余的许红霞百感无奈,她深刻意识到自己办事的幼稚和轻浮。随即,其他几名技术人才也在后期共事时产生分歧,濒临分家。

创业尚未真正开始,就已面临困境。

百般无奈,许红霞只得默默开始自己艰辛、孤独的创业之路。万幸的是,还有丈夫刘国良一直以来的默默支持和鼓励。2008年,她与丈夫刘国良、好友鄢淑琼3人准备东山再起,筹建星邦。

跌倒、爬起,重整旗鼓,他们迅速投入了自己的事业中。有意思的是,对于一些真正成功的创业者来说,创业的艰辛根本算不了什么。

"创业之初,步履维艰,资金并不充裕,为了节约每一分钱,从办公室的租赁、到办公室的卫生、人员招聘、公司中英文名字的选取、LOGO设计、企业文化的起草,等等,凡事都要亲力亲为。"许红霞说,

星邦公司高空作业平台

那时再累再苦也觉得开心。

她清晰记得,沿用至今的核心企业文化,是她一夜未眠,坐在被子里写出来的。公司中英文名字与LOGO的设计,也是他们3个创始者在不断探讨交流后最后确定的。

许红霞说,当时负责公司LOGO设计的小伙子总共才获得1200元酬劳,却耗费了不少时间与大家讨论,数易其稿,最终定格为今天的模样,且沿用至今,从未改变。

大家把办企业的初衷、所有的理念、想法等都寄托在这些名字、LOGO和企业文化中,这也是星邦心中的蓝图。

2008年2月28日,星邦正式注册成立,但现实没有让许红霞有太多时间沉浸于创办企业的喜悦之中。

几个月后,压力堆积而来。每天资金哗哗流出,没有进账,入不敷出;可怕的是,市场突然开始遭受原来合作伙伴的各种诋毁、围追堵截。派出的业务代表深夜还在不停打电话,追问产品情况。

其话语间,满是气愤、不解、无奈,重复了太多次相同的解释又解释,许红霞有种精疲力竭之感。作为创始人,她没有其他选择,只能鼓励同事、安慰自己。

"什么也不说,只要做好自己,用结果来说话!"许红霞反复告诫自己。这种"自说自话"式的宽慰或能短暂宽慰自己,却改写不了"销售业绩"这张冰冷的成绩单。

费尽周折的产品定位

当时,在长沙的工程机械行业,三一重工、中联重科、山河智能先后崛起并誉满全国,它们业绩不断攀高,陆续成为行业巨头。

面对同行们雪花般的订单,许红霞倍感压力和焦虑。

2008年7月5日,在经历了企业初创的烦琐工作之后,许红霞悄然带着一个销售负责人、一个司机,驾着一辆蓝色的标致307,踏上了他们为期40多天的中国海岸线寻单之旅。

他们白天奔波于客户之间,晚上又忙着修订次日的拜访计划,制定行动路线,联系拜访对象。他们沿着天津的海岸线,北上大连,东到上海、舟山,南到珠江口的龙穴岛,走遍了其间大大小小的修造船企业。

这些辛劳终于换来了丰硕成果。他们一口气签订了4台车的订单,同时也为2008年的业绩打下了坚实基础。

许红霞感言,当时业务人员换了一个又一个,销售负责人行至上海就中途返回离司,只有司机和蓝色标致307不离不弃,从北到南,跟我跑了整整40多天。

后来,公司员工都敬称这台车为公司的"汗血宝马",它既是公司员工上下班的通勤车,最多时挤了七八个人,也是公司的货车,还培养了不少司机,还跟随许红霞跑遍了大江南北,曾为快要磨灭信心的他们带来了些许曙光。

那段时日,最令许红霞愧疚的是,因为拼事业,在诸多时候根本无暇顾及家庭。她清晰记得,有一次,接到女儿电话,女儿放学回家找不到妈妈,第二天就是女儿的生日,她只得在电话里向女儿解释缘由。

从小就懂事的女儿虽然没说什么,但隔着话筒,许红霞深切感受到了女儿的失落。而女儿整整一个假期,都没有等到妈妈回家,甚至难有一个电话。

家庭、事业往往难以兼顾。在抚慰女儿的同时,背后则要应对千变万化的外部环境。

2008年,金融风暴席卷全球。随着资源量的骤减,直接导致了中国修造船业悬崖式下滑,至今仍未完全复苏。

星邦也遇到公司创办后,最窘迫的时期。自2008年7月份签了4台订单之后,至2009年3月份,长达近8个月的时间里,公司没有新单。

许红霞说,现在回想起来,也不知那时是怎么度过的,那年腊月二十九,她还在上海收款,哪怕收回10万元,也可给辛苦了一年的员工发一点点奖金过个年,"最后被告知一分钱都没有,那个瞬间,我很想抽对方一个耳光"。

她转身走了,委屈满腹,眼泪满眶。那年,她的父亲杀了家里饲养的那头老黄牛,给员工们每人分了3斤牛肉,以表心意。她不敢猜测,员工们那一刻的心情,自己在回长沙的绿皮火车上只有一种摇摇欲坠的感觉。

就这样,一家人在茫然、彷徨中,迎来了2009年的春节。

而让许红霞极为担心的是,自己的辛勤付出最后无疾而终,担心公司军心不稳。她更感叹,在全球经济不景气的情况下,星邦该如何独善其身呢?时常感觉无法走下去了,不知道星邦该何去何从。

天无绝人之路。就在事业一筹莫展,迷茫无措的时候,机遇再次垂青了她。

"何不尝试给高空作业平台做点配套?"许红霞在福田汽车的老上司江健先生提醒,一句话似乎惊醒了梦中人。

"人在最困难时刻,最容易记住别人给你的点点滴滴,哪怕只是一句话。所以每当公司取得成绩或分享收获之时,我们的心中都会由衷地感谢领导,感谢创业初期给予我们各种关心、支持与帮助的人。"许红霞感叹,在任何时候都不要放弃,要穷尽一切办法去解决问题。

她感叹，创业十年，回首相望，发现真是自助者天助之。每每在困难时刻，只要自己不放弃，发现最终总会有解决的办法。在不知

星邦公司生产场景

不觉之中，总有贵人相助，总有转机出现。

2009年春节后，公司终于迎来了一则好消息。

公司驻上海的业务经理胡智勇来电告知，上海振华公司一位负责设备采购的经理在上海宝马展上见到了星邦的产品，"留下不错印象"。对方要采购一批高空作业平台，而且公司基调是采购国产品牌，期待星邦做进一步沟通交流。

这个消息给星邦注入了一支强心剂。随即，历经一个多月的沟通、交流、考察、洽谈，最终在当年3月份成功获得7台臂车订单。

这个从天而降的大喜讯，让全公司，尤其是让业务人员备受鼓舞，他们奔走相告。那一年，星邦完成了近2000万元的销售收入。以振华公司为契机，从北到南，星邦公司的产品开始打入一拨又一拨的船厂。

经受内外交困的考验

历经一年打拼，截至2009年底，销售终究有了起色，年底结算，扭亏为盈。当年实现近300万元的利润，扣除2008年亏损，公司业绩实现盈余。

鼓舞人心的业绩，让许红霞信心大增，于是招兵买马，准备大干一场了。她大胆地拿出股份，招揽贤才，先后聘请了4名核心人物，分别负责财务、人事、生产采购、技术质量和国内营销。

改头换面，焕然一新。其时，公司里一夜之间，都称呼起"某总""某某总"来了。许红霞原来业务经理的名片也不再使用，开始使用总经理的名片。但是，让许红霞怎么也想不到的是，麻烦也尾随而至。

她发现，原来的部门主管也统统升级为部长，一下子公司

星邦公司高空作业平台参与北京冬奥会开幕式点火仪式

多了十来个官，公司壮大了，程序逐渐复杂，由于缺乏较好的内控管理，经常在遇到"签字"时，似乎没有一个人真正搞明白过，到底谁该签，谁不该签。

公司的职能管理、绩效考核也变得复杂化，许多高管干部都在争吵，突然间，大家都感觉星邦慢慢变了，工作生活不再轻松，说话不再随意，做事不再高效。原来那种"再苦也乐一家亲"的氛围也销声匿迹了。

许红霞说，最可怕的是，开始有人在公司搞小动作，以前仓库就一个人，进、出账都是一个人管，没出过问题。后来分两个人来管，居然出现了仓库、质检、采购、供应商等人员伙同一气，来侵占公司利益和其他供应商利益的事情。同时，还出现采购人员借用工作之便，偷盗

公司技术,低价卖给其他公司的事情。

就在公司管理出现纰漏之时,一些员工开始被其他竞争对手挖走。

许红霞大量的时间与精力耗费在内部协调与沟通上,感觉好日子还没开始,风雨飘摇的苦日子马上就来了,真是祸起萧墙,祸不单行。

内忧不止,外患又至。随着多年市场的培育,中国4万亿元的投放,国家劳动者对安全更重视,国内高空作业平台市场看着有些起色了,但竞争的格局也是在加剧。

国际巨头们先后在国内加大投资建厂的力度,国内工程机械巨头徐工、柳工等也纷纷加大投入。同时,不乏一些从其他产业准备进入或已转行过来的厂家,一时间硝烟四起。

令人忧心的是,彼时的星邦还蜷缩在一个租来的厂房里。真可谓要生产场地没有生产场地,要形象没有形象,要资金没有资金,要人才没有人才。

当时,公司几位高管一直围绕着要不要买地建厂的事讨论来讨论去,没有结果。不举债发展,好像是死路一条;举债发展,好像也是命悬一线,星邦一度陷入两难境地。

就在大家争论不休的时候,许红霞果断拍板决定,举债建厂扩大发展。

当时,谁也不想到,这位拍板人之苦,当时她已经把父母和兄弟姐妹的钱借光了,家里的房产也抵押了,还在不断地向银行、投资商伸手求援。

而今,许红霞想起那段日子,自己都佩服自己当年的勇气,她笑着说:"万一失败,不知如何面对江东父老、亲朋好友,是不是也会像项羽一样自刎乌江?"

自从许红霞坚定在宁乡投资建厂之后,并没有解决当下的困境,反而问题接踵而来。

首先是2010年进入的几位高管,因心理预期、工作压力、信心不足等各种原因,从2011年开始就陆陆续续离职,时至2012年上半年,基本全部离开。当年,三个创始者之一鄢淑琼女士因身体原因也退出了经营。

许红霞的精力几近被新厂建设耗尽。公司管理内控频出纰漏、资金被挪用后,导致员工、供应商、业务都极不稳定。公司有史以来第一次出现了业务下滑,下滑比例虽然很小,但给团队带来的恐慌则很大。

2012年底,新厂基建接近尾声。此时,大量工程付款、大量供应商付款堆积,而业务下滑导致货款回笼又降低,公司处在了风雨飘摇的境地,能否顺利搬至新厂都不得而知。

"庆幸的是,每每在困难时刻,我总是有办法让自己忘记麻烦,从而展现出信心满满。"许红霞说,就像她对"不愉快"能选择性忘记一样,这是爸妈恩赐给她的一种天然自我保护,让她勇敢地面对人生每一道坎坷。

许红霞接受媒体采访

创业,总是在困境中发展,在绝望中重生。度过至暗的2012年,许红霞再次迎来命运的转折。2013年,星邦从一个小车间搬到一个宽敞明亮的空间,终于有了自己的天地,每个星邦人脸上都洋溢着开心的笑。

让许红霞欣慰的是,星邦的调试车辆再也不用偷偷在马路上调试,被交警赶着跑了;再也不用拥挤在小山坡上、那个昏暗矮小的房子里就餐了;整洁、全新、高品质的办公家具、倒班楼该有的生活设施一应俱全。这一切,让星邦人有了一个全新的气象。

在好不容易"鸟枪"换大炮,星邦人准备大干一场时,他们发现环境又出现了变故。

当时,中国经济持续下滑,开工项目不多,对产品的需求并没有大幅度提升,而公司大幅度基建投入的背后是高昂的欠债、高企的财务成本。再加上大量折旧分摊,导致产品价格竞争力缺失,盈利能力下降,无论是股权融资,还是债权融资都变得非常艰难。

星邦的新厂地处长沙、宁乡交界处,离长沙市政府亦有半个小时车程。自从长沙东搬到宁乡后,员工每天的通勤成本增高,造成了一些员工的流失。

条件虽然有了很大改善,但新的一些问题逐渐暴露,本地供应商资源少,融资难,招人难,成本高。这一切,都是压在许红霞心头的几座大山,压得她喘不过气来。

与国际巨头合作

许红霞回忆,当时的处境是,经营业绩无论收入,还是利润,均很难有大的改善,当地政府对公司上缴的税收也不甚满意,企业在艰难中始终踌躇不前。

屋漏又逢连夜雨。就在这个时候,越来越多的机械行业大佬们涌入此行业。继徐工之后,三一、中联、柳工国内机械行业龙头企业纷纷宣布进入高空作业平台行业。

每一次巨头们抢滩,同行企业都要把星邦的人才扫一遍。随后"诺力""中力"等一些具有一定实力的企业也扎堆闯入市场,星邦面临着不仅仅只是人力、客户、供应商等方面的挑战了。

此时,海外的Skyjack(斯凯杰科)、Haulotte(欧历胜)也瞄准了中国市场,要么盯着公司的各种资源,要么设法收购公司,2014—2015年这两年也是企业经营陷入泥潭难以自拔的两年。

"夜里常常做好放弃的打算,白天醒来又选择性忘记,就这样在反复纠结之中,度过了无数个夜晚。"许红霞说,那些时日,有种一筹莫展的无助涌上心头。

在"经营泥潭"里挣扎两年后,公司迎来了一线曙光。在2016年3月份,星邦与英国JCB经历了长达一年半的拉锯式洽谈后,双方签订了5年的技术合作及业务合作协议。

许红霞介绍,虽然当时给公司注入了一剂兴奋剂,但心里一直忐忑不安,生怕自己成为星邦的千古罪人、引狼入室。但随着双方合作的深入,这种顾虑与担心逐渐在减少,事情基本朝着当初设想的方向前行。

"虽然我们公司共享了近10年的技术积累,但他们也按协议承诺向我们输出了技术质量、生产采购等方面的几十年的管理积累。"许红霞坦言,英国不愧是工业文明发源地,JCB不愧是有着70多年历史的工程机械巨头。

她赞叹,英国派出的各种各样的技术质量、生产采购方面的人员都彰显了他们的专业度。与JCB的合作,让星邦的产品质量更上一个台阶,也让客户对星邦更有信心、更有期待。

星邦公司高空作业平台

当年,星邦的业绩就达到了近70%的增幅,利润也开始大幅提升。

"我们总算是拔出泥潭,扭转乾坤了。"许红霞感言,像过了二万五千里长征到达陕北一样。那一年,星邦全公司去明月山旅游、泡温泉,洗去一年的劳累、多年的灰暗。员工收入也有了大幅增长,终于守得云开见日出。

交流合作,图前排左一为公司董事长刘国良,左二为许红霞

2016年,公司开始扭转乾坤了,但在许红霞看来,很多时候如履薄冰。其中,有一个小插曲让许红霞至今难以忘怀。

2017年,许红霞带领星邦人准备大展身手,实现翻番式增长,不料股权资金未及时到位,供应商也未调整到位,白白浪费了1—4月共计4个月的时间。这段时间无法挽回,物料也无法出货。

自5月份开始,公司每天早上7:30开始的早餐会,一个又一个物料的调度,一次又一次工作地安排落实。

一次,一位参与企业咨询的老师参加星邦人的早餐会后,赶紧劝说许红霞在早餐过程中开展工作,将会导致肠胃消化问题。此后,星邦才将时间改为7:30—8:00吃早餐,8:00正式早餐会。

就是这么每天咬紧每天的目标,总算在下半年把目标抢回了很多,最终以业绩增长50%以上,实现了公司的全年目标。

攀上行业的巅峰

2018年,星邦创办10周年。在许红霞看来,这是一个不同寻常的

年份。

这一年年初的去杠杆让资金风声鹤唳,民营经济离场论不绝于耳,中美贸易战不期而至,各个国家有形无形的贸易壁垒林立,美国关税高涨,每一次都让许红霞神经紧绷。

这一年,亦是竞争更为激烈的一年,新进的工程机械大佬、叉车行业大佬与日俱增,客流量在分散,各家招数在不停变化,"变化"成为不变的主题。

许红霞说,尽管如此,顽强的星邦人从来没有忘记初心:他们立志成为全球卓越的、备受尊重的装备业制造商,为人类创造更美好的生活而永不止步。

"没有完成我们的使命,怎会停歇?怎会害怕?前行的道路上,我们没有感到孤独,因为我们紧紧抱在一起。前端市场需要支援,后方变前方,一批批管理骨干下市场,奔赴在销售一线,一批批技术质量生产人员奔赴市场,给服务、给支持。"许红霞说。

酷暑时节,亦是日复一日、周复一周、月复一月的坚守,"我是星邦干部,我是我团队的榜样,我是我团队的力量,我将冲锋在前,带领我的团队,浴血奋战100天,确保产销过3亿"的铮铮誓词不时回响在星邦上空。正是如此,短短三个月时间,产值翻一番的奇迹

图右二为许红霞

图右三为许红霞

诞生。

星邦人就这样不折不扣地践行着心中的承诺,不达目的,誓不罢休!

这一年,星邦全年营收增长超100%,战略产品臂车销售增长超160%,利润增长超150%,人均销售产值超40%,应收账款周转提升超38%,库存周转提升超23%,各路指标全线飘红,创造了星邦历史上最好的成绩。

许红霞说,10年时间,自己见证了行业的低迷与快速发展,经历了生死考验,也实现了蜕变升华。在中国市场爆发式增长、全球市场全面复苏、订单交付全面紧张的背景下,星邦抵挡住了短期利益的诱惑,坚定不移升级并投产了臂车智能生产线,成为中国高空作业平台产业自主研发阵营的强者。

"常常都是满怀希望去,带着失望而归。一次次地出发,一次次地冲锋,一次次地铩羽而归,我都不知道成功的概率到底有多少,我也不知道当时支持我走下来的到底是什么,屡败屡战,是曾国藩对自己的无可奈何和勉励,也许这就是一名战斗士最好的注解与归宿。"许红霞感叹,很多事情似乎回过头去看才知道前途渺茫,以及其中的艰辛与不易,"如果事先让你知道后来将要发生的事情,你还会选择再出发吗？我想我的答案是'会的',因为有些东西是生来就是流淌在血液里的,生长在骨子里的,我们注定无法对抗天命。"

而今,星邦通过"产业化、全球化和数字化",协同产业链上下游,共同打造星邦生态链,实现了"共建、共创、共赢"。

近年来,星邦在欧洲、日韩等高端市场实现突破与扩张,星邦在全球主流市场已成为不可或缺的重要一员;在国内市场,星邦继续保持国产臂车最高份额的同时,实现了全年同比销售和利润翻番。

同时,星邦重工连续获评全球高空平台20强、中国高空平台制造商5强。许红霞本人也入选IPAF理事会,作为第一个亚洲成员,也是IPAF理事会史上第一位代表中国品牌的中国人。

【人物简介】

姜国圣,男,博士,副研究员,1969年9月出生,长沙升华微电子材料有限公司董事长兼总经理,中南大学材料学院教师。从大学教授到公司董事长,姜国圣的创业路可谓一波三折。艰难的道路阻挡不了创业步伐,踏平坎坷成大道,23年的坚持,姜国圣实现了华丽转身。公司研制开发的电子封装材料产品填补国内空白,为国防军工电子的发展起到了重要作用。荣获湖南省技术发明奖一等奖1项、国防科技进步二等奖1项、湖南省科技进步二等奖1项。

姜国圣:大学教授创业

从参与解决国家重大需求,到形成技术产品填补国内空白;从实现钨铜系列热沉材料产业化,到成为国内高端电子封装材料细分市场的行业龙头企业;从中南大学材料学院的一名教师,到长沙升华微电子材料有限公司董事长和总经理,姜国圣走过了23年独具特色的高校教授创业旅程。公司研发的升华微电子材料凭借"高速光模块热沉材料的研发及应用"项目,一举荣获第十一届中国创新创业大赛全国总决赛成长组三等奖。

校办工厂里做科研项目

每当聊到创业,升华微电子材料有限公司董事长和总经理姜国圣总是要提到自己的老师王志法教授，他总是谦虚地说，自己是一路跟着老师学习走过来的。

作为老一辈知识分子的王志法身上流淌着浓浓的家国情怀，总是把自己的科研与祖国强盛紧紧联系起来。

"小姜，我们做的是为国家解决'卡脖子'的难题，不要在乎暂时的利益得失，要以国家利益为重，全力以赴，解决目前电子封装材料的国家需求，功在千秋。"亦师亦友的王志法教授告诫姜国圣。

与王志法老师相守20多年，姜国圣不但师从王志法学习了专业知识，更是深深打上了老师实诚严谨、为国奉献的印记。

事实上，1946年出生的王志法教授早已退休离开了公司。

姜国圣从老师手上接过企业，带领团队度过了极为困难时期，企业发展迈入快车道，进入了新阶段。

1969年9月，姜国圣出生在湖南浏阳的一个普通农村家庭。靠卖力气过日子的父母虽然经济拮据，但对于姜国圣读书的花费，即便是东家借西家凑，也总是毫不吝惜。从小懂事的姜国圣，读起书来也从没让父母操心过。

1988年，姜国圣考上了重点大学中南大学（当时叫中南工业大学）。作为农村的小孩，能读上大学，姜国圣很是满足。

当时，姜国圣选择材料科学，想法很简单，只想到这个专业招人多，其实他并不知道是干什么的。

进了材料学院，才知道材料其实还是一个比较难学的专业。材料学科涉及物理、化学、数学等众多学科知识，幸亏数学基础好，姜国圣学起来并不费劲，大学成绩比较优秀。

1992年，姜国圣大学毕业，没有继续去读硕士、博士研究生，直接参加工作。因为家里经济比较困难，农村子弟大学毕业就要挣钱养家。

虽然当时大学生包分配，但姜国圣还是尝试自己去联系工作单位。毕业时,姜国圣通过亲戚联系了长沙铜铝材厂,厂里同意后开具了接收函。

姜国圣选择长沙铜铝材厂这样相对小的企业,只是想去干点事业,去了以后在单位能受重视,有用武之地。他想,自己没背景,又是搞技术的,也不擅长人际关系,大企业人才济济,竞争大,如果去了把你晾在那里,自然难以有所作为,没什么意义。

后来正好学校要从毕业生中选拔优秀学生留校,学习成绩优秀的姜国圣成功入选了。

姜国圣面临人生的第一次选择。当时大学老师工资普遍不高,相比大学本科毕业工资每月只有108块钱,国有企业厂矿本科毕业生工资和奖金一般每月都有500—600元,所以留校并不是同学们的第一选择,当时很多人都不愿意留校,但是学校却想留成绩好一点的人才。

姜国圣找老师一打听,学校当时正大力兴办校办产业,材料学院正好在搞金属材料厂,是一个小规模的校办工厂,生产电力电子半导体用的钼圆片。如果留校的话,可以去这个校办工厂做技术员。

姜国圣一想,虽然在大学,但还是做企业的事,收入应该不错。姜国圣就这样留校了。毕业留校,姜国圣跟随材料学院的王志法教授在金属材料厂从事技术开发工作。

5年后,因各种原因,王志法教授带领姜国圣离开了金属材料厂,回到材料学院,在材料物理系专职从事科研教学工作。

一边从事教学,一边搞科研,姜国圣继续跟着王志法老师干。最初,王志法老师带着姜国圣做材料研究工作,以课题组形式做项目搞科研。

因为在金属材料厂工作时,了解到钼圆片价格昂贵,一开始,姜国圣和老师想到开发新材料去代替钼圆片。受国外参考文献启发,他俩开发了一种低膨胀、高导热的新材料,王志法老师取了个名字叫DG合金。当时他们还把这个新材料技术转给了那时候在涟源的湖南某知

姜国圣和老师研制的钨铜材料

名企业。

就这样，1997年姜国圣和老师从金属材料厂回到材料学院后，两人在做课题研究的同时，利用自己的知识技术帮人家做点小产品。还好基本工资有学校兜底，自己只要挣点效益绩效工资。

1998年，一次姜国圣和老师参加一个全国性材料配套研讨会，得知国家急需一种低膨胀、高导热的钨铜电子封装材料。为研发这种新材料，国家投入了大量资金，组织了北京有色院和广州有色院等科研机构进行技术攻关，一直没有完全解决问题。

姜国圣和老师开发的用来代替钼圆片的新材料刚好具备低膨胀、高导热的性能，国家有关部门立即委托他们去做实验。

经过仔细研究，姜国圣和老师发现，过去别人之所以失败，是因为工艺路线不对。为此，姜国圣和老师开发了高压成型低温烧结技术。

利用低温烧结方法，姜国圣和老师只做了两次实验，就成功解决了钨铜电子封装材料气密性不过关的难题。

1999年，姜国圣和老师研发的钨铜电子封装材料通过了技术鉴定。因为中南大学材料学院是湖南省的重点实验室，材料院很支持姜国圣和老师的项目，还给项目研发拨付了20万元科研经费。

2000年,姜国圣和老师基于项目研发的钨铜新材料很快就进行了小批量生产。

让钨铜材料变成产品,面临着性能达标难、材料加工难、表面电镀难等一系列难题。没有设备,就利用学院实验室的,有时找外协。钨铜材料表面电镀技术,就找老专家帮忙。

"其中虽然遇到各种问题,但大家都信心十足,一个个攻克难关。记得有一年春节,我们电镀技术还存在一些不稳定性,但是客户已经开始订货了。为了尽快解决技术难题,大家都在放鞭炮吃年夜饭了,老师和我还在做实验。"姜国圣回忆说。

开始因为产品量不大,姜国圣和老师就这样因陋就简地对付着。

王志法老师带头干,既当工人也当技术员。因为是课题项目,只有姜国圣和老师两个人,什么事都自己做。

随着国家对科研投入加大,姜国圣和老师又申请了有两个科研项目。实在忙不过来,2000年就从中南大学毕业研究生中招了一个老师,课题组就有三个人了,大家一起搞科研。

科研项目,人有了,钱也有了,新材料研发生产的工序

姜国圣和老师研制的电子封装产品

又长,压机、炉子等设备也不能老去人家那里蹭,姜国圣和老师就自己动手做了一个炉子。

随后,姜国圣与老师又到江西萍乡买了一台45吨的手动油压机,有了自己的基本设备,姜国圣他们三人慢慢边研发改进,边小批量地生产。

自研发的材料通过鉴定以后,市场需求也慢慢起来了。

2000年,中南大学首创学科性公司制,鼓励学校老师搞科研成果产业化,不再把科研论文奖项作为唯一评价标准,鼓励学校的专家教授把自己的技术成果产业化。

中南大学所在地,长沙市岳麓区抓住机遇,建设岳麓山大学科技园。岳麓山大学科技园给岳麓山大学城的中南大学、湖南大学、湖南师范大学等高校的教授们提供了一个创业平台,为他们注册公司提供注册地、孵化基地。

姜国圣与老师利用大学科技园的政策,2000年在岳麓山大学科技园注册成立了长沙市升华电子材料有限公司,2002年公司改名为长沙升华微电子材料有限公司。

当时公司注册实行资本金实缴制,这可难倒了姜国圣和老师。大家当时都没钱,只得找银行贷款,贷来60万元。这样一来,公司注册资金90万元,银行贷款实缴60万元,技术股占35%。

按中南大学当时技术成果三七开的政策,长沙市升华电子材料有限公司中南大学学校股占30%,课题组个人占股70%。

由于课题是以中南大学材料学院名义申报的,所以材料学院也要求10%的股份,于是姜国圣他们课题组三人个人就只占60%。

公司就这样克服困难,一步步干起来了。公司首先只是解决了国产化的问题,量并不大,所生产的产品属于整个微电子技术领域,在芯片技术没解决前,量产和质量还是上不来。

由于当时姜国圣他们做的电子元件,大都是给企业做试验性的配套,基本上是5片、10片的供货。同时,姜国圣和老师不断地进行技术研发,提升产品质量。

在此过程中,姜国圣他们最大的困难就是要想方设法争取研发经费,以维持产品量化之前的技术改进和产品完善。

成就事业,讲究天时地利人和。刚好此时,为推动技术创新,国家

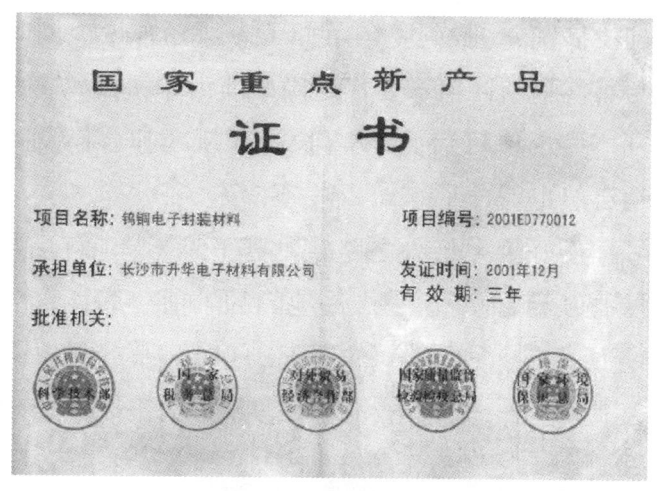

推出了一项研制保障制度，为有前景的科研项目购买设备、提供资金支持。由于姜国圣他们的项目属于解决我国"卡脖子"难题的技术，符合国家政策支持条件。

钨铜电子封装材料获国家重点新产品证书

2002年，政府部门很快就给中南大学投了540万元，姜国圣他们利用国家的资金，购买设备建了一条生产线，2005年国家对项目进行了年验收。从2002年到2005年，公司生产量逐年增加。

一波三折自建生产基地

随着发展，姜国圣他们明显感觉到自己的产能无法满足市场需要。2007年，在王志法老师带领下，姜国圣他们对生产线进行了技改。

由于姜国圣课题组研发属于解决国家"卡脖子"难题的高新技术产品，2008年国家再次对中南大学的技改项目投入900多万元。

王志法和姜国圣他们搞了一个这么大的项目，不但在材料学院，在中南大学也引起了轰动，在学校里面很有知名度了。姜国圣他们的项目解决了国家急需，成为中南大学材料学院的标志性成果。

现在回想起来，姜国圣觉得受限于当时的认知，大家还是没有解放思想，做项目研发只知道从政府渠道争取资金支持，不会开动脑筋，利用市场手段来解决资金困难。根本就不知道利用资本市场融资，这种思维的局限性导致公司发展受限，姜国圣也是多年后才明白的。

"你们今后要做大做强，还是去外面买地建设。"学校看到了公司的发展前景,找到姜国圣和王志法老师说。同时告诉他们,学校正在与长沙高新区洽谈合作建设中南大学科技园,公司可以去那里发展。

可没预料到,学校与长沙高新区的合作没谈成,姜国圣他们的计划自然也就黄了。

还好天无绝人之路。刚好王志法老师有一个朋友是长沙市科技局的领导,他听说王志法他们的事情后,就对他说:"我给你去找一个地方。"

就这样,姜国圣和老师经朋友介绍来到了宁乡金洲新区。

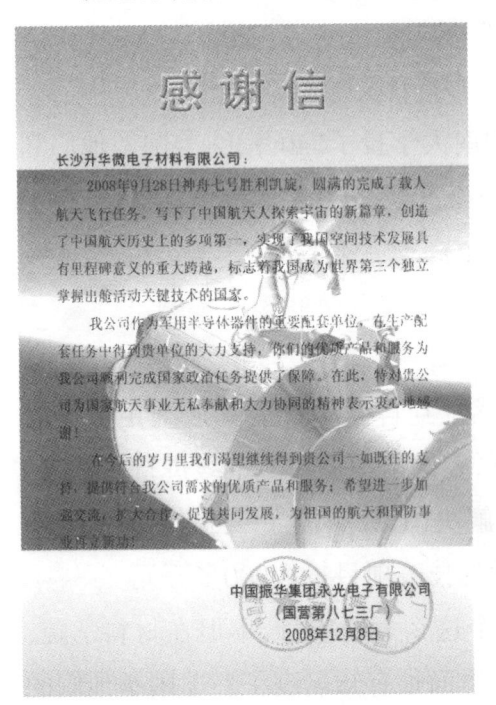

那时的宁乡金洲新区刚刚开始拉开建设格局,从长沙过来的路还没通,只能走高速。也许是金洲新区正处于创始时期,也许是新区领导有长远眼光,对姜国圣他们这样只有技术、投资小的科创类企业,时任新区管委会的领导并没嫌弃,当即就批了10亩地给他们。

2012年4月,姜国圣和老师正式将项目落地宁乡金洲新区。姜国圣他们以前只是依托自己的技术进行产品研发,自然也没挣什么钱,宁乡的项目

升华公司产品应用航天领域

开建后,要投1000多万元,姜国圣和老师只得四处筹措资金。

当时,长沙有一家投资公司看中了升华公司,愿意投资1000万元入股,要求占公司33%的股份。王志法老师和姜国圣一合计,觉得要价太高,只愿意让出15%的股份,结果没谈成。

一切都没有退路了。买地24万元一亩已经花了200多万元,建厂

房又花了600多万元,没办法,王志法老师和姜国圣只好再从银行贷款300万元,总共花了1000多万元,项目终于投产了。

费尽周折,姜国圣他们的公司也终于像模像样地运行起来了。

公司银行贷款是王志法老师和姜国圣以个人财产担的保,王志法老师对此心里有很大压力。他老是在想:银行贷了300万元,哪天要是企业经营不好的话,企业亏了,自己就要把房子要卖掉来赔这个钱。作为技术型人才,姜国圣和老师一样,都没有经营企业的经验,更没有资本运营的知识和技能。

姜国圣和老师从没想到企业负债是用来固定资产投资,负债形成了的是资产,并没有损失掉;而且公司是有限责任公司,有价值1000多万元的资产,300万元贷款根本不算什么。

到2015年,公司收归为中南大学资产经营公司全资子公司,公司由民营企业变为国有企业,此时,王志法老师到了退休年龄不愿意干了,辞去了公司董事长职务。就这样,以前是总经理的姜国圣就接任公司董事长,全面接管企业,成为企业法人代表。

其实,当时姜国圣也可以不干了,反正公司名义上已经是学校的了,变成国有企业,自己也可以回学校当老师。但当时姜国圣心里想想还是不心甘,毕竟企业倾注了自己和老师太多的心血,他相信是有发展前景的。

况且企业搞了几年,培养了那么一些客户,如果自己说不搞就不搞了,客户那边也不好交差。

撂挑子的事情,诚实的姜国圣也做不了。

既然接着干,那就要按国企的搞法。姜国圣明白自己身上的责任,他开始转换公司管理机制,按国有企业模式规范公司的运作程序。

升华公司被划拨到了中南大学的经营公司后,姜国圣通过自己的努力,使公司业绩每年实现10%左右增长,产值从1000多万元增加到4000多万元,保证了国有资产增值。

从2015年到2019年,升华公司按学校的规定,利润的50%上缴学校,每年上缴100多万元,五年时间给学校上交了500多万元。

基于当时的政策,姜国圣只能尽自己的能力把企业维持下去。升华公司100多号人,毕竟跟着自己干了快10年,大家都不容易,你说不干了他们怎么办吧?姜国圣觉得自己无论怎么样也得继续干下去,尽自己能力让大家有事做,不要失业,不能增加社会负担。

质朴的姜国圣本着知识分子本性,坚持着自己做人做事的底线原则。

到了2019年,国家政策出现调整,按规定中南大学又要剥离升华公司。姜国圣一下就蒙了,升华收归学校后,一切按国有企业运行才几年,这下又要剥离,不知道是好事还是坏事。

一则犹豫到底这个行业有没有搞头,二则如果学校剥离升华公司,肯定通过拍卖方式出售,价高者得。

姜国圣参与的技术发明获湖南省技术发明奖一等奖

如果自己想继续搞下去,就要把公司买下来。升华公司在2015年被收归中南大学国有时,企业净资产只有1000万元多一点点,2019年姜国圣把企业的净资产搞到了3000多万元。

姜国圣心想,自己肯定是买不起的。因为升华公司之前是三个股东,2015年公司交给学校时,三个股东原来个人投入的钱,一分钱都没有拿到。

于是,姜国圣就找到几个师弟咨询。他们说,升华公司产品,你研

升华公司产品质检

制了十几年,升华公司你也搞了几年,现在放弃可惜了。就凭升华公司现有产品,公司一年也能赚个两三百万。如果再增加投入,把公司做起来,还会更好一些。如果担心自己拿不出这么多钱,可以多搞点人,大家分摊,风险也小一些。

姜国圣一听有道理,就召集公司管理团队的几个人商量,愿不愿意继续把企业经营下去,愿意的就自掏腰包把升华公司买下来。

基于对姜国圣的信任,大家都愿意跟着他继续干。于是,大伙一起集资把企业买下来。无论做销售的,还是做管理的,抑或是做技术的,公司中层干部,班组长,10年以上的员工,都可以入股一起参与购买公司。

基于企业的风险,公司规定每人20万元上限,姜国圣的考虑是一则防止大家去借债入股,二则是怕有人入股后,又后悔要求向公司借钱,而自己没有钱,又退不了股份。最后你10万元,他20万元,还有5万元的,大伙一起凑了起来。

姜国圣当时并没有钱,只好把自己以前为了小孩读书买的一套学区房卖了,又找亲戚朋友借了一点,一并投入拍卖公司。就这样,大家一起募集了3100万元。

最后还不够!姜国圣找来自己的一个朋友和一个关系好的供应商,邀请他俩一起参与购买升华公司。当时,中南大学把升华公司的挂牌价定在3800多万元。在姜国圣左动员右鼓动之下,为拍卖升华公司,一共募集了3900万元。拍卖过程中,没有别人参与,姜国圣团队以起拍价买得了升华公司。

正是由于创业之初的这许多周折,所以升华公司的股东比较多,股权相对分散,即使是最大股东的姜国圣也只有百分之十几的股份,这对于公司治理和引入战略投资都不利。但基于公司成长的历史,姜国圣从来都是正面对待这些共患难的原始股东。

通过公开拍卖,升华公司终于成为一个名副其实的民营企业,到此姜国圣才算是真正拥有了自己一手创办的升华公司。

凤凰涅槃

古人云:故天将降大任于斯人也,必先苦其心志,劳其筋骨,饿其体肤,空乏其身,行拂乱其所为。创业之路一路走来,姜国圣对此感受至深。

姜国圣参加的项目获湖南省科学技术进步奖二等奖

2020年底,国际形势发生急骤变化,国内市场对升华产品需求一

升华公司管理团队

时大增,刚刚从国有企业转换为民营企业的升华公司面临发展良机。包括华为在内的中国企业大量从国内采购芯片,升华公司现有的6台设备产能已经难以满足市场所需,急需购买设备,扩大产能。

要扩大产能,最急迫的就是场地和设备,场地不够就向宁乡高新区管委会寻求帮助,采取租的方式解决。买设备没钱,但想到作为升华客户的华为今后肯定要转向国内寻求配套,对自己公司的产品市场前景看好,姜国圣下定决心融资。

通过朋友介绍,姜国圣联系了一个投资基金,经过几轮谈判,基于对市场的看好,2021年对方投了升华公司3000多万元,姜国圣自己又筹集了1000多万元,一下子就买了10台设备,立即将生产规模扩大一倍多,升华公司很快就进入了一个快速发展的时期。

公司规模上来后,公司产值看着往上涨,从以前的人均月产值2万多元,到2021年上升到4万多元,甚至5万多元,效益明显好起来了。

过去每年可以盈利200多万元,现在一年可以盈利1000多万元了。姜国圣在过去经营企业中感受到的巨大压力一下就感觉轻了许多,大伙集资投的钱也不会打水漂了。

国际国内市场的变化给升华带来了发展良机,看到公司良好的发展前景,以前资金困难的局面很快改观。姜国圣在新材料领域耕耘了20多年,升华公司又是材料行业龙头企业,新材料领域赛道又好,公司利润率指标也很好,加上又是源于中南大学技术,各种风投和基金纷纷找上门来,寻求与姜国圣合作。

信心越来越足的姜国圣,想趁市场行情好,继续把企业规模做大,打算买地自建厂房。得知姜国圣的想法后,宁乡高新区很支持。因为升华公司凭借10亩用地,2021年纳税将近1000万元(2022年超过了1000万元),也就是亩均税收100万元了,在宁乡高新区,升华公司无疑是很优质的企业,所以宁乡高新区愿意把最好的地供给姜国圣的公司。

2022年姜国圣利用第一轮融资剩余的资金,在宁乡高新区购买了50亩土地,企业规模迅速扩张。

升华公司新厂区

在做大企业的同时,姜国圣最关注自己企业技术要领先。作为一个成长型企业,又是脱胎于中南大学的校办企业,姜国圣明白自己企业管理不是强项,如果不发挥材料技术优势,保障产品品质,企业如何参与市场竞争？

"坚持技术优先，以品质取胜"，这于姜国圣是有深刻体会的。

升华的一款产品以7元的价格提供给山东客户，江苏一个企业只卖5元。山东客户觉得江苏厂家的便宜，就转买江苏的。结果后面出了问题，检查后发现是芯片的镀层没做好。

山东客户重新回头来找到姜国圣说："我不图便宜，你贵一点，买你的放心。"

2022年，升华公司获第11届中国创新创业大赛全国总决赛成长组三等奖

姜国圣知道，如果自己碰到材料镀层不理想的话，就会直接报废，不会让产品出厂，这样做成本自然会增加，但保证了产品质量。如果一味追求低价格，产品质量自然就没办法保障了。

因为姜国圣知道，自己的很多产品是跟航天企业做配套的，产品必须是零缺陷。升华在质量控制这方面始终坚持大投入，确保技术领先，产品品质可靠。

面向未来，姜国圣带领升华公司一班人，将在企业规模扩张后狠抓管理，引进高端领军人才，坚持技术创新，立足新材料领域不断开发市场急需产品，瞄准解决材料领域"卡脖子"问题，做高端热沉材料先行者。

2023年，升华微电子材料实现销售收入亿元。目前，升华微电子材料被评为国家级专精特新"小巨人"企业,湖南省铜基封装材料单项冠军,湖南省企业技术中心等荣誉,姜国圣本人获得湖南省创新创业领军人才和湖南省第二届新贡献奖先进个人。公司拥有7项发明专利、36项实用新型专利,其中高速光模块热沉材料的研发及应用项目已经申请专利16项,已经获得授权专利9项。

【人物简介】

王建益,男,1988年5月出生。创二代的他,大学开始尝试自己创业,边求学边创业,学习创业两不误的同时,积累行业经验和资源。20岁开始执掌家族企业,目前是长沙建益新材料有限公司和湖南益宏达新材料有限公司两家公司的董事长。创业路上,王建益获得湖湘青年英才、长沙市高层次人才、长沙市"小荷"青年人才、长沙百名青商培养工程人选、长沙市最美青年企业家等称号。年轻的他还是湖南省建筑防水协会副会长。

王建益:求学创业两不误

初见王建益,这个1988年5月23日出生的年轻人平稳的话语中透出超出同龄人的成熟和稳重,甚至有时会给人以不善言辞的错觉。可就是这个36岁的年轻人,看似其貌不扬,从大学起就开始创业,到2008年接过父亲的班,在创业的道路上一路向前。16年后的今天,王建益已经拥有长沙建益新材料有限公司和湖南益宏达新材料有限公司两家公司。

从农村到城市,子承父业

王建益的创业源自他的父亲,也可以说是子承父业,不过论其源头则是王建益的叔叔。

当年，王建益的叔叔王小武考上了位于株洲市的湖南省化学工业学校，毕业后分配到长沙煤气厂。煤气厂在生产煤气的过程中会产生焦油这种副产品，煤气厂就想废物利用，把焦油提炼成油膏，因为油膏在当时是一种很好的防水材料。

作为农家子弟的王建益的叔叔能吃苦，又是科班出身，就自告奋勇承包了煤气厂油膏生产小厂。得益于进入行业早，王建益的叔叔从做油膏起步，很快将业务延伸到下游，生产防水卷材，小厂子效益好得很。后来他叔叔自己办厂创业，20世纪90年代成了业内有名的防水材料大王，是改革开放后最早一批百万富翁。

王建益的父亲因为经常到他叔叔那去帮忙，发现生产防水卷材要用到一种无纺布，这种无纺布生产工艺比较简单，投资也不大，于是从中找到了商机。

2000年，王建益的父亲关掉了老家宁乡夏铎铺位于319国道旁的餐馆，开起了无纺布加工厂，生产无纺布供应防水卷材厂家做胎基布。

受条件所限，父亲把车间开在家里，办起了家庭作坊式工厂。因此，王建益从小在家里面帮父亲干活，耳濡目染了父亲的创业生活。

刚开始创业，没有资金购买新设备，父亲只好东拼西凑，从别人手里买一些淘汰的老旧设备，然后这台设备拆一个零件，那台设备上卸一点配件，自己组装设备。这样的设备自然谈不上好，勉强能开起来，将就着把厂子办起来了。

虽然创业不易，但家庭作坊式厂子终归是慢慢有了起色，生产经营也像模像样地开展了，可生活很快就让王建益品尝到了残酷的另一面。

那时的王建益还在上初中，家里的厂子生意眼看慢慢有了起色，父亲淘汰了那台拼装的设备，买了一条新生产线。新生产线配的锅炉花了10多万元，几乎占了新生产线一半的投入，可没想到请的烧锅炉的师傅是个半吊子，第一天就差一点把锅炉给烧爆炸了。当时，全家都在厂子里生活,如果锅炉爆炸,后果不堪设想。当时,王建益刚好也在家里,被吓出了一身冷汗。

父亲是务农的,只是开过小餐饮,在此前也并没有什么经商经验。开办工厂,也没有专业学识背景,纯粹是靠边摸索边学习,幸好进入行业早,赶上了改革开放初期蓬勃发展的好市场。那时的市场竞争远没有现在激烈,但创业的难处和关键是缺乏资金,也没有什么资源,人才方面更是缺乏。

父亲那时生产防水卷材胎基布,只是简单地把破旧衣服打碎,做成无纺布,用在防水卷材里面。防水卷材油膏是基础产品,但是用无纺布制作的防水卷材,现在看来是很低端的,当时是属比较好的产品。后来生产土工布,包括口罩用的无纺布、家具包装的无纺布等,用途越来越广。

产品生产出来后,也没有自己的销售渠道,主要供给叔叔的工厂。为了扩大销售,父亲就背着样品到处跑,推销给那些做防水卷材的厂家。

为了推销产品,父亲跑过很多地方,如山东、河南、江西、湖北等省份,更多的是长沙周边的株洲、郴州,还有湖北荆州的公安、监利等地。父亲做了几年防水卷材的胎基布、无纺布,产品主要用于民用建筑工程,销量并不很大,只是解决了工厂的生存问题。

随着对行业的深耕,特别是国家对环境保护的重视,2005年父亲决定生产土工布,用于环保水利交通土建工程的基础设施建设的防水材料。

后来产品拓展到土工布、土工膜、防水毯、排水网等领域,涉足基础交通和水利建设,尤其是修高速和水利工程建设。比如隧道的防水板,还有边坡的防护材料、路基的加筋材料等一系列的防水防漏材料。

由于及时转型,公司很快就完成了原始资本积累,发展迈上了快车道。

时间到了2008年,那一年王建益还是湖南师大一名大二的学生,眼看父亲生意越来越好,王建益想:父亲现在的工厂所在的夏铎铺,毕竟是个小地方,发展受限,要想把企业做大做强,就必须走出去,寻求一个更大更好的大环境。

看到离家不远的宁乡经济技术开发区当时已经是一个省级园区(现在早已是国家级开发区),虽然企业不是很多,但是基础设施建设完善,马路也很宽敞,

2008年,王建益拥有了自己的公司

又挨着城区。无论是硬件基础设施,还是营商环境都挺好的。王建益就建议父亲在宁乡经开区购地,把厂子搬到宁乡经开区。同时,告诉父亲自己看好这个行业,自己要开始创业。

父亲很赞同王建益的建议,2008年来到宁乡经开区,购买了42.9亩地,建起了规范化的工厂。2008年12月24日,以王建益的名字注册成立了长沙建益新材料有限公司,20岁的王建益正式接手父亲公司的生产经营活动,以前在一线的父亲慢慢退居了王建益的背后,支持王建益创业。虽然早在读高中时,王建益就已经给父亲搭手做事情了,但从2008年开始,王建益终于开始了自己的创业时代。

半工半读,学以致用另辟蹊径

虽说购买了土地,成立了公司,但当时公司只建了一幢厂房。王

建益就把这一幢厂房隔断开来,留出做员工宿舍和食堂的区域外,大部分区域都做了生产车间,安装好设备后,因陋就简地开始生产。

从宁乡经开区到长沙也还近,还在读书的王建益每天上完课就赶回公司处理事情。从2008年到2012年,王建益相继在湖南师大和湖南农大读本科和研究生,在坚持完成学业外,几乎把所有时间精力花在公司管理上面了,王建益戏称自己是半工半读。

"求学创业两手抓,两不误",王建益说这得益于父亲从小对自己的培养,父亲从不主张孩子读死书、死读书。很小的时候,父亲就常常把自己带在身边,出差、见客户、旅游,让王建益开眼界长见识,创业的种子从小就言传身教埋在了王建益心里。

正因为父亲从小的培养,后来无论是读本科,还是读研究生,王建益在学习专业知识的同时,更看重自己的专业思维能力,他常常会以专业的视角,从宏观层面思考企业发展。

公司成立后,最急迫的是决定公司业务发展方向。基于建益新材主打产品是土工合成材料,广泛用于交通、水利、环保、矿业,公司最初选择交通行业和水利,交通分为高速和高铁,水利行业则重点在南水北调工程,市场都很大的,所需资金也很大,但项目都有国家专项资金做保障。

从民用建筑领域进入到工业建筑领域,公司业务快速扩张,可进入一个新领域,需要开拓新客户资源。作为从宁乡农村走出来的乡里人,王建益手上却没有更多的客户资源。

男孩子从小喜爱玩电脑,王建益也不例外,所以读大学时,王建益选择了电子政务专业。现在公司遇到销售障碍,王建益立即想到,自己可以尝试以所学的专业知识开展网络营销。

利用互联网开展产品销售,当时还是一个新兴事物,这对于那些网络平台公司来说也是个新领域,因此网络公司对于产品公司也很给力,常常给到比较优惠的方案。

王建益在施工现场

  专业人干专业事。网络平台公司网上营销自然更专业，王建益与他们合作，自然对网络销售也很快就熟悉起来了。建益公司只要把产品关键词提供给网络平台，平台公司帮建益公司设置上去，推到百度搜索首页。刚开始可能就是一两块钱、两三块钱一个。做到后面，当觉得你离不开平台时，平台公司就开始涨价，最后核心产品关键词最高达到了六七十块钱一次。

  最初，由于传统的销售渠道单一，网络上这种新兴销售模式效果很好。客户在网上搜索产品信息，在网页上能直观地看到建益公司生产现场，还能浏览到产品应用案例，很快跟建益公司联系，到工厂考察后，能形成从几十万到几百万甚至上千万的订单。

  除了网络营销推广，王建益还想到了利用电话黄页。拿一本中国黄页，找到相关公司的电话，坐在家里面就可以打电话，了解到有需求后，再专程去拜访。

  一试，王建益发现这种方法效果很好。因为，通过中国黄页了解到的信息能够精准找到很多客户。

从2010年到2020年通过百度竞价进行线上销售,为建益公司积累了很多客户资源。加上公司产品质量好,性价比优,建益新材在业内慢慢有了好口碑,不但有了好多老客户,更多的新客户也主动找上门来合作。

在百度上效果显现后,阿里巴巴公司也主动找到公司合作。考虑到互联网社区是大的趋势,王建益也想多拓展几个平台,加上百度后期收费越来越高,就又与阿里巴巴进行了合作,阿里巴巴国内版和海外版都有合作。

作为年轻的企业家,王建益一直尝试运用新网络平台开展营销,包括tik talk、360搜索引擎、微信公众号、小程序、视频号等。

特别是短视频营销,王建益很有体会。以前花不少钱,请专业团队拍视频,现在随手拍,因为真实,更能打动人。比如说公司里的人到车间里面逛,或者哪个客户考察,随手拍一下,然后在朋友圈发,在抖音发,效果比之前花几万块钱拍的视频还好。

通过这些短视频网络平台,产生的订单金额普遍不是很大,但王建益也很开心。因为现在长期合作的大客户,一方面要垫资,另一方面价格还比较低,涉及垫资、收账款的问题,特别是大型国企和上市大公司普遍需要垫资,相比而言线上获取的这种客户,每个单几十万元或几万元,都是现款,毛利还较高。

王建益看得更远的是,在各种各样的平台上,客户都能搜索到公司或者公司产品,既是产品营销,也是公司品牌推广。

善于运用网络媒体,王建益没想到,原来是难题的销售工作不再难了,就这样公司很快就积累了一批原始的客户群体。

学以致用,还是大学生的王建益把自己的建益新材打造成了湖南乃至国内最早涉足网络营销的公司。利用网络营销投入产出比高、运营成本低、成交概率大的优势,王建益使公司产品在网上的销量很快就做起来了,公司也通过网络营销获得了大量的流量和客户,树立起了公司形象。加上2008年国家4万亿基础设施投资政策,建益新材获得了快速发展。

牛刀初试,联合研制新生产线

既然自己独当一面开始创业,当然不能躺在父亲的功劳簿上,得在父亲基础上继续发扬光大。父亲做的是聚酯胎基布,用于防水卷材。成立公司后,王建益想到要开发新产品。

开发什么产品呢?王建益分析自己公司的短纤土工布,虽然比起公司第一代低端产品品质已经提升了,但仍不算什么高端产品。自己在接触客户时,发现市场对产品的需求越来越高端化。

比如客户对长纤土工布需求越来越大,而自己公司生产不了,老客户少量的需要就从别的企业帮忙购,比如去邻近的益阳中核公司采购,但终归不是长久办法。

王建益立即对这种土工布市场需求进行调研,结果发现市场需求蛮大,尤其是在重大基础设施建设,像南水北调、高铁、高速公路等基础设施建设项目,还有越来越多的环保项目,都大量要用到这种产品。

益阳中核公司是中国核工业集团为了安置集团公司富余职工而成立的一个三产公司,20世纪90年代花了1个亿从意大利原装进口了一条综合无纺布生产线,当时是国内第一条进口生产线,也是国内最先进的生产线。公司既可生产土工防水卷材胎基布,也能生产土工布,产品当时在市场上是属于非常高端的,公司也是行业内最现代化的企业。早在父亲管理公司时,就常带着王建益和公司员工去参观学习。

看到市场对无纺布需求很旺盛,王建益就想自己建生产线。

如何建设生产线?当然最省事的办法就是像益阳中核公司那样,直接从意大利引进。可那样话要花费1个亿,产品成本高不说,关键是当时王建益也拿不出那么多钱。

经多方打听,王建益得知国内大连合成纤维研究所有技术基础,就立即找到他们,商量共同研发无纺布生产线。2010年,双方达成协议,联合去到益阳中核公司参观学习,共同研发建益公司急需的无纺布生产线。

王建益原想大连合成纤维研究所有技术,益阳中核公司有样机,模仿研制会很顺利。可没想到,仿制过程花了一年多时间。

其中主要的困难还是在技术方面。比如作为原材料的PET聚酯切片熔点是270°C,在生产线上高温干燥以后,再进螺杆融化变成溶体,然后再到纺织箱里面纺丝,纺丝的过程中会有高压气流进行牵伸,增加丝的强度。然后再把它喷射到存网帘上面,用负压把它吸附,吸附再进针刺机针刺,把它变成布。

生产线完成整个流程的是一套系统性设备,其中,有些工序设计图纸上有,但并没有通过生产来验证。特别是原料烘干是个连续干燥的装置,PET聚酯切片对纺丝的干燥度要求很高,因此烘烤过程中温度的稳定性很重要。连续干燥塔要把颗粒状原料吹起来,如果粉尘颗粒过大吹不起来,就会结坨。如果温度低,原料烘不干,湿度大,要么纺不出丝,要么纺出来的丝强度不行。

因为是国内第一台仿制研发的生产线,这些技术难题让大连合成纤维研究所的研制过程并不顺利,研制周期比预期的长。

更有些技术难题,涉及生产流程,大连合成纤维研究所并不怎么熟悉,有时还要王建益他们提出解决方案。比如品控这一块,包括纺丝箱体这一块的组件,喷丝板是精密设备,孔洞比头发丝还小。王建益根据生产经验,摸索出用超声波检测和清洗的办法,解决了孔洞的日常维护难题。

在大连合成纤维研究所设备研制完成交付后,建益公司在调试试产的过程中,常常发现设备还存在一些瑕疵。这些生产企业在生产过程中会遇到的问题,对于设备研制厂商大连合成纤维研究所来说,并

参加展会,左四为王建益

不能考虑得周到。

为此,一方面,王建益给大连合成纤维研究所提出改进建议,请求技术支持;另一方面,组织公司的技术人员自己动手进行改进。

建益公司能配合科研院所进行设备研发,得益于王建益对工艺技术的追求。王建益组建了一支以年轻技术人员为骨干的研发队伍,公司很多设备买回后,都会根据生产实际进行改造。因为设备厂家一般不懂生产工艺,对生产中的问题,往往会考虑不全,这都需要生产厂家对生产线进行有针对性的改造。

大连合成纤维研究所刚研制出的设备在实际生产中,使用效果并不怎么理想,经王建益他们在试产过程中逐步改进后,越做越顺了,产品质量比中核益阳公司的要好,整体指标参数不仅能够达到国标或者行业标准,有些参数还超过了。

正是得益于王建益与设备厂家的合作开发,新生产线投产后,生产的无纺布品优价廉,市场畅销,建益新材成了当时国内行业知名厂家。

通过跟大连设备厂家联合研发创新,王建益花了不到1000万元人民币,就把原本需要投资过亿元的国外进口生产线建起来了。由于后发优势,建益新材新的生产线,性能比进口设备更好,产能更大,生产的产品质量更好,成本还低。

令人唏嘘的是,作为学习对象的国有企业益阳中核公司,却早已破产了。尝到甜头的王建益在2023年公司升级长丝土工布,需要投新建生产线生产聚丙烯长丝土工布时,再次选择与大连设备厂家联合研发,而不是进口。

从2010年开始,国家开始重视环保投入,王建益就将公司从交通、水利行业转向环保,做垃圾填埋、垃圾焚烧发电、危废处置,还有重金属治理。比如"十二五"期间湘江流域重金属治理,中央和地方投入很大,市场上成立了很多环保公司,建益新材就给环保公司供应材料,或者做专业的安装施工分包。

读研究生时,考虑到公司业务涉及的领域不单单是交通水利,环保将是公司发展方向,市场十分广阔,王建益选择了环境工程专业。随着国家越来越重视环保,王建益深耕矿山生态修复、垃圾及固废处置、危废处置,公司业务遍布全国,开始涉足全球市场。

道路正确,产品过硬,公司业绩进入爆发期。公司营收2008年2000多万元,2009年5000万元。到了2010年,新的生产线投产,当年公司营收近1亿元。

参加培训,左二为王建益

创业之初,王建益觉得销售、资源、关系很重要。随着新生产线投产,公司新产品在市场上具有明显的竞争优势,产销两旺,王建益越来越觉得技术、产品过硬,有创新性、性价比高、高品质的产品和技术才是企业的核心竞争力,才是企业经营的王道。

"企业发展,除了营销,更要关注产品的科技含量、产品的市场竞争力。"王建益明白,企业要不断研发创新的核心技术,每一项包含了科技成分的创新产品的利润都远高于普通产品。

随着公司发展,分工越来越细,但作为董事长的王建益还是喜欢自己去到一线。比如对于营销,王建益常常自己去拜访客户,去协调关系。

随着人民生活水平的提高,国家对生态环保的重视,各地开始新建或扩建大量的垃圾填埋及焚烧发电项目,公司承担的垃圾处置项目现场蚊虫满天飞、臭气熏天,施工环境非常恶劣。

这些项目建益新材不单单提供材料,有时候还要安装施工,王建益常常要去深入施工现场,冒着严寒酷暑和空气中弥漫的臭味,在垃圾堆里一待就是半天。

公司承担的矿山生态修复项目往往在荒山野外,王建益去每个项目工地,出差一次常常半个月到一个月,全国各地基本都跑了个遍。

居安思危,企业实现成功转型

公司无论是生产还是营销,对于王建益来说都已经是驾轻就熟了,但王建益却感觉到一种危机。此时他想到如果年轻的自己就这样躺在舒适区,结果必然是慢慢丧失斗志。

2017年的一天,心有所思的王建益步行走出工厂大门,看到马路对面的倍康公司进出的大货车川流不息,大门两边还停满了排队的大货车。王建益心想,平时看到倍康公司的员工很多都开私家车上班,难道倍康公司生意那样红火、效益那样好吗?

公司党建活动，右五为王建益

对于对面邻居，王建益以前只知道是生产纸尿裤的。于是，王建益找个机会专门登门拜访。邻居介绍，那几天公司正巧开年终订货会，那一场订货会收获了几千万定金。王建益一听，马上想到国家刚刚放开的二孩政策，加上社会老龄化，纸尿裤等卫生用品的需求必然看涨。

再仔细一了解，生产纸尿裤等卫材的原料主要是复合纤维，联想到自己也是生产无纺布，只是不同的产品，但都属无纺布大类。不管是做无纺布，还是复合纤维，原料都是聚酯、聚丙烯、聚乙烯，自己对无纺布的生产很熟悉，干脆去做它的上游产品，生产热风无纺布的特种纤维。

得知王建益的想法后，宁乡市工信局的同志鼓励他说，宁乡正在打造康养卫材产业，引进了很多生产纸尿裤、卫生巾、湿巾的卫材企业，特种纤维属于卫材产业链上游产品，是整个产业链的核心原料，不只是湖南，国内做这个的都不多。如果王建益上复合纤维生产线的话，当时湖南及周边省份也就建益新材一家，有比较大的市场需求。

再去考察设备厂家，王建益发现这种特种纤维生产工艺，跟自己做长时土工布设备的核心工艺大同小异。

但毕竟是不同的行业,一个新领域,要从零开始,如果新上特种纤维生产线,投入更大,设备更复杂,王建益还是有些担心。

可再反过来想,自己年轻,有激情和冲劲,还有土工材料生产做保底,就算干不成,也不会没饭吃没事做。王建益终于下定决心进入康养卫材行业,生产制作热风无纺布的特种纤维。

2017年,王建益再次在宁乡经开区购地,成立湖南益宏达新材料有限责任公司。2018年,益宏达新材料公司生产线建成投产。

购地建厂房,一则是扩大原有产能,二则新上复合纤维生产线。由此,王建益的建益新材进入了一个新业务领域,公司实现了新突破。

对新上线的复合纤维生产线,王建益满怀期待,可现实却给了他当头一棒。项目投产之日,就是益宏达新材料公司亏损开始之时。

虽然复合纤维生产工艺,跟土工布的工艺表面上看差不多,但复合纤维的生产设备和工艺对于王建益他们来说,终究是新东西,完全没有经验。

因为生产过程需要加温、保温,温度必须保持稳定,要持续不停地输电,否则,时不时开机停机就会产生很多废品。因此,新上线的生产复合纤维设备一开启,一天光电费就得两三万元。

生产线启动后,就要连续生产。如果生产线能够稳定地生产,效益就有保障;如果开开停停,亏损就大了。可投产的新生产线设备,刚开始大家都还不熟,生产过程往往会遇到各种各样的问题,生产自然就不会正常。

这只是设备方面的难题,王建益还遇到了质量管控问题。与自己生产的用于环保工程的土工布不同,复合纤维用于卫材,是直接跟肌肤接触的,而且涉及妇女和婴儿,对产品的洁净度、清洁度要求很高,所以都不单单涉及生产工艺、配方,对质量管控要求很高。

比如,由于经验不足,或者生产过程不稳定,生产出的一大卷复合纤维布大部分都是好的,但是里面常常会出现一些僵丝,或者是蚊虫和杂物,那么这一卷布都要报废。有时候好不容易争取下来的客户,由于产品质量问题,王建益只好亲自上门去道歉,并给予经济赔偿。

为此,一方面,王建益带领技术人员对设备进行改造。因为不管是土工布还是复合纤维的生产设备行业没有国家标准,都是非标产品,企业买回来都要根据自己企业实际进行改造,以适用各自企业的工艺配方要求。

另一方面,王建益努力提升企业内部管控水平。新生产线对生产现场洁净度要求很高,除了提升车间硬件条件外,生产管控也很重要。王建益加大了对员工培训的力度,提升员工的劳动技能,以适应新生产线要求。

意想不到的转型困难,使得企业经营遇到从未有过的亏损,王建益感受到创业以来最大的压力。益宏达新材料从投产开始,亏损一直持续到2019年。

如何提升产品品质?如何保持产品质量的稳定性?这些困扰王建益的问题,一直到2019年下半年,才比较好地解决。益宏达新材料公司新上的几款主导产品慢慢成熟稳定了下来,企业生产经营逐步开始好转。

疫情来临,危机中蕴藏发展机遇

"机遇总是垂青有准备的人。"2019年底新冠疫情暴发,危机为益宏达新材料孕育了机遇。

随着疫情发展,kn95口罩需求量越来越大。生产kn95口罩需要热风无纺布。热风无纺布是一种卫材,纸尿裤、卫生巾里面都是大量地使用。益宏达新材料生产的复合纤维正是生产热风无纺布的原料。

2020年,随着疫情扩散蔓延,防护要求越来越高,医用口罩需求暴增,热风无纺布无论是国内还国外,一下成了买方市场。满世界急需kn95口罩,原来普通的复合纤维一下成了香饽饽,一大波红利袭来,益宏达新材料公司一时炙手可热。

对于当时的情景,王建益至今记得很清楚,2020年1月24日大年三十晚上七点多,一家人正吃年夜饭,电视里在播放武汉建火神山、雷神山医院的新闻。突然,武汉负责方舱医院建设的施工方给王建益打电话,请求支援防渗土工膜、土工布。火神山和雷神山医院建设中要做防渗阻隔,要不然产生的污染物会扩散和污染土壤,甚至水体。

王建益立即联系物流公司,还好是自己多年合作的公司,物流公司很给力,第二天大年初一就协调了几台加长大货车,把建益公司赶制的土工布和土工膜运往武汉。后来又增加到几十台大货车,为包括广州第八人民医院等防疫医院提供防渗土工膜、土工布等材料。

冒着被感染的风险,公司组织施工人员逆行去武汉等防疫前线施工。当时,公司工程部一名"90后"年轻员工陶鹏飞,得知公司需要人员去武汉方航医院施工,主动请缨,载了几个人,直接从宁乡到了武汉,前往火神山施工,事迹在中央电视台播出。

同时,王建益立即组织员工进入战时状态,建益新材加班加点开

运送抗疫物质

足马力生产,生产防渗土工膜、土工布。

到了2020年2月初,王建益又响应政府号召,生产平面口罩。这种平面口罩生产设备有别于传统的口罩生产设备,是王建益跟设备厂家一起联合开发的,一条生产线每分钟可以生产六七百个口罩,而一条传统口罩生产线一般只能生产几十个。疫情期间,王建益坚持履行企业社会责任,发挥企业专业特长,保证口罩等卫材供应。与此同时,企业也在疫情防控战中获得了发展红利。

公司员工抗疫一线归来

度过了三年疫情期,王建益对企业发展有了更为宏远的规划,一方面改进升级现有设备,另一方面不断研发新产品。在此基础上,进一步开拓市场,立足长沙,在全国范围开设办事处,建立了全国经营网络。继续坚持线上推广与线下推广两条腿走路,以组织架构建设为重点,进一步完善销售渠道。

回想自己的创业历程,王建益十分庆幸自己遇上了好时代,其中两次决策奠定了整个公司的发展。一次是2008年,接过父亲的班后,决定在原来生产短纤土工布基础上,上新生产线,开发长纤土工布。尤其是与大连合成纤维研究所联合仿制生产线,以1000万元的投入开发出市值1亿元,当时国际先进的生产线,实现企业产品的升级,抢占了高端市场。另一次就是2017年,成立湖南益宏达新材料有限责任公司,开发卫材产品,进入康养卫材行业,建益公司成功实现转型发展。

在克服重重困难后,益宏达新材料有限责任公司生产经营进入稳定发展期,新冠疫情使企业迎来发展良机。

"正心正念正行,专心专业专注,共建共生共享,立德立功立言。"公司从事环保产业,就要牢记"正心正念正行""使工程更安全,让环境更美好"。"专心专业专注",告诫大家要专注于行业和产品,要专注创新技术。王建益把自己的创业体会提炼成企业文化,挂在公司办公楼的大厅,时时警醒大家要牢记初心和使命。

【人物简介】

蒋功夫,1969年出生,湖南永州人,湖南长峰电力集团股份有限公司董事长。计划经济时期,他在国有企业从普通员工做起,一步一个脚印,成长为全厂最年轻的销售处长。市场经济大潮冲击下,国有企业破产,他不等不靠,更不怨天尤人,带领几位老同事,靠敲敲打打做电表箱开始,搏击商海,创立湖南长峰电力集团股份有限公司。他以诚信、感恩为理念,将企业一步步做大。如今,集团总注册资本18亿元,拥有国内领先水平的高低压电缆生产流水线和智能电器设备生产流水线。

蒋功夫:不愿被提拔的销售员

"让大家过上体面又有尊严的生活,是我坚定的信念!"这是蒋功夫对公司员工常说的一句话。蒋功夫把"以人为本"的理念融入公司的企业文化建设中,像亲人一样对待每一个员工,让大家感受到企业大家庭的温暖。

"诚信是我的信仰!与其绞尽脑汁用一个谎言盖住另一个谎言,还不如实打实地讲真话。"这是蒋功夫对客户常说的一句话。讲诚信,一诺千金,自然也就会获得越来越多的朋友,创业路就能越走越宽阔。

从国企到民企,蒋功夫用"真诚"二字,将客户当朋友,将员工当亲人,最终成就了客户、成就了员工,更成就了企业。

牛刀小试，大学时代的创业实践

对于20世纪六七十年代出生的人来说，每年炎炎夏日的7月7日、8日、9日三天，总是最令人记忆深刻的。这三天，万千高三学子或忐忑不安或自信满满地走进考场，面临个人运命的一次重大改变。

1987年7月的这三天，就在万千人都在"挤独木桥"的关口，18岁的蒋功夫却显得特别轻松，他甚至高考都未参加。

那一年，蒋功夫就读于湖南省湘潭市第一中学。蒋功夫从小成绩优异，初中、高中是学校的"学霸"式人物，在湘潭的这所全省知名的重点中学，他的成绩能够稳坐前七。当时老师们认为，依蒋功夫的成绩有望上北大、清华。因此，蒋功夫在校就获得了湘潭大学的保送机会。

得知消息后，父亲喜出望外，只有中专学历的父亲一直期盼家中能早日出个本科生。他跟儿子商量：保送是一个绝佳的机会，一定要牢牢把握。

于是，蒋功夫听从父亲建议，顺利踏进湘潭大学，录取在机械系（后改为机电系）。

在读大学时，蒋功夫就尝试过经商创业。在湘潭大学读书期间，蒋功夫勤工俭学卖过皮鞋、承包过食堂。30多年过去了，当年的创业经历，蒋功夫仿佛仍历历在目。

时光回溯到80年代末期，在湘潭大学读书的他，获悉湘潭百货公司的皮鞋畅销，他孤身一人跑去厂家进货。没有资金，怎么办？他仅仅拿着家里一张存单，以抵押的方式说服了厂家，骑着父亲那辆二八式的旧单车，背走了沉沉的一箱货物，在湘潭一处人口稠密的菜市场旁燃起了他的"创业梦"。

当时，有一位顾客挑走了一双皮鞋，等顾客远去，蒋功夫才发现，这位买主带走的是一双"同边鞋"。对此，蒋功夫心存愧疚：一双新鞋买回都不能穿，顾客该有多难受？在苦苦等候不见顾客回头，蒋功夫在一旁的电线杆上留下一张纸条,写下了自己的住址,以便让顾客放心,自己会一直等候顾客前来更换。最终,事情得以圆满解决,顾客对蒋功夫感激不尽。

"卖皮鞋这件事,让客户最终得到了满意,我很开心!这件事可能也体现了我的性格。"蒋功夫表示,这是一种"让客户满意,自己就能满意"的个性。

在湘潭大学,蒋功夫担任系学生会副主席。

为响应学校倡导大学生勤工俭学,参加社会实践活动,帮助学校解决寒假期间食堂师傅回家过春节,食堂缺乏人手不足,没有回家的大学生无处就餐的难题,作为学生会副主席的蒋功夫召集校学生会7名成员,承包了湘潭大学的一个食堂。

"我们自己洗菜、炒菜、打菜。在学生时代,学生都反映'打菜的大师傅'都喜欢'手抖',为了公平和客人满意,我们学生尽量做到:手绝对不去'抖',这样一来,我们味道好了、分量足了,大家都比较满意。"蒋功夫笑言。

此前,每年寒假食堂伙食质量差强人意,食堂承包方却又叫苦挣不到钱。当蒋功夫和同学们接手后,一个寒假下来,他们承包的食堂不但没有亏损,还略有盈余。更重要的是,师生们好评如潮。后期,学校对校内几处食堂进行考评,蒋功夫承包的食堂满意度最高。

"因为承包学校食堂收获了很高评价,师生们又满意,这个勤工俭学、社会实践就给了我们信心,"蒋功夫结合自身经历说,"这个事情也让我意识到,我们'读万卷书,行万里路',不能光读书,而不去参加社会活动、社会实践!这些领悟或许跟我从小的性格培养也有关系。"

20世纪80年代的大学生被誉为天之骄子,那时的蒋功夫却能褪去身上光环,愿意去做摆摊的活,可以去干给人打饭打菜侍候人的事,放下身段从事极其普通的事情。

"青少年时代的创业实践,我的动力源自长辈们的示范,还有他们身上蕴含的精神力量。"蒋功夫说。

　　创业道路上，对蒋功夫影响最大的是母亲和爷爷。

　　小时候，蒋功夫的父母虽然在国有单位上班，属于捧着铁饭碗的"单位上的人"，但那时父母留给蒋功夫印象并不是安于现状的人，"勤奋、勤俭、刻苦、上进"是他们身上深刻的印记。

　　"记忆中，家里人一直揣摩着去做点生意。后来，母亲在湘潭饼干厂对面开了一个门面，因为条件受限，交通不便，不能每天回家，她就住在店里。"改革开放后，母亲主动下海，做起了生意。

　　"当时，在一个狭小的店面里，两面墙壁之间，架起了几块1.5米长的小木板，当床使用。没有洗手间，只能外出挤公厕。有一段时间，母亲还将外婆接来居住了一阵子，当时外婆睡床，母亲睡躺椅，好在两人都身材瘦小，勉强可以蜷缩度日。"想起当年母亲艰苦工作的时日，蒋功夫感慨万千。

　　"以当时那个年代的标准来衡量，我觉得已经很艰苦了，但是我母亲很开心，很开心。"蒋功夫感言。这些经历，给了蒋功夫人生最好的教育。

　　爷爷对蒋功夫的影响在于其为人。蒋功夫的爷爷是一个朴实无华、踏实可靠的人，但凡他做的事情，件件有回应、事事有结果。

　　当年，爷爷从老家道县专为一位老板"挑银圆"至长沙，以赚取生活费，这位老板谁都不相信，只相信他的爷爷。"吃得苦、舍得干，又靠得住"，传承爷爷身上的这些品质让蒋功夫在创业中受益匪浅。

工厂里，不愿被提拔的年轻人

　　1991年，蒋功夫作为"最后一届统招统分"大学毕业生，顺利分配到国有长沙电表厂。在那里，他一干就将近10年。

　　时间来到了2000年，蒋功夫已经从一名普通的大学生，成为长沙电表厂销售处长。

"领导在毛泽东思想研究所找我谈话,准备提拔我为副厂长。"蒋功夫回忆,当年的场景仍历历在目。

"当时我感觉到企业倒闭已经是一个趋势,90年代末,国企倒闭渐成高潮,自己想得最多的是,还要不要再往这个(升职)方向去发展。"面临一次难得的提拔机会,蒋功夫却并没有立即答应。

蒋功夫认真分析了工厂的实际情况,并摸索出企业发展的困境。他开始琢磨,自己具备丰富的销售经验,能否帮企业从营销领域做一点贡献?

经过仔细思考后,蒋功夫自告奋勇地向领导申请:对于当前企业面临产品滞销困境,自己愿意去外地为企业产品开拓新市场,为企业脱困贡献力量。

蒋功夫的这一举动,得到了厂领导们的高度赞赏。就这样,1998年蒋功夫来了湖南邵东,开办了长沙电表厂驻邵东办事处。

蒋功夫从这里一步步开始做起,他将公司优势与当地资源有效对接,办事处很快打开了工作局面。

自1998年到2002年,办事处从无到有,业绩从零做了到上千万,蒋功夫远在邵东,一心钻研企业的销售,使企业形成了一个新的增长极。当时,全厂业绩最高时期约9600万元,蒋功夫在小小的邵东县(现邵东市)便做到了3700多万元,超出了全厂营业额的三分之一。

尽管蒋功夫个人取得了全厂最突出的业绩,但也无法逆转国有企业一步步走向衰败。2002年,这家国有企业在历经一番垂死挣扎后,终于倒闭了。

"企业没东西卖了,我们只能回来。当时,我开办事处也带着厂里的一些人,厂里彻底垮掉以后,我只能带着原单位9个人,自谋生路了。"蒋功夫说。那一年,蒋功夫33岁,是全厂最年轻的厂级领导后备干部。

自谋出路,开启创业之旅

21世纪的来临,带来了一个机遇和挑战并存的年代,一场深刻的变革开始在人民群众中蔓延开来,给这个时代带来了希望和梦想。可谓时势造英雄。不少有胆识、有远见的人借力改革开放的东风,闯出了一条不寻常的路。

2002年,蒋功夫牵头成立了湘邵电力设备有限公司。公司和邵阳电力公司三产企业合作,所以取名为"湘邵"。

在与邵阳电力公司三产企业合作过程中,邵阳电力公司一些思想保守的人提出,邵阳电力公司是国营单位,不能跟民企公司合作。而且作为国营邵阳电力公司自身经济效益可观,不屑赚更多钱,重要的是不能承担任何风险,就这样双方的合作出现了间隙。

2004年,湘邵电力设备有限公司与邵阳合作方"分手",双方结束合作关系,无奈的蒋功夫只能选择自己干。

经过一番思考研究,蒋功夫决定从给江、浙企业做产品代理开始。他们选择代理业务,原因有二:一是大家均出自电表厂,对产品较为熟络;二是做代理业务,曾经的销售经验可以派上用途,也算是有些基础和积累。

命运总是眷顾有胆识、有远见的人。

其时,国内正处于"城乡电网改造"的高峰期。2000年初开始中国第一轮城乡电网改造,随后几年渐成高峰。

"应该说是恰逢电网农网升级大提速的窗口,我们刚好赶上国家在电网上的投资、发展,这么一个重大的机遇期。"蒋功夫感激地说。

公司中一起从长沙电表厂下岗的同事们都非常珍惜眼前来之不易的机会,此前,在国营电表厂的"认真"工作劲,在这里也得以延续,正是他们在工作上的"认真"态度,赢得了客户们的认可。

"2005年左右,我们卖电表还是比较顺利,因为我们在电表厂工作

蒋功夫接受媒体采访

很认真,客户都认可;同时,曾经电网的老客户,听说我们企业垮了,看到我又回来重操本行,都很欢迎我。"蒋功夫十分感激企业初创时期,老客户给的支持,"你们是下岗职工,是最困难的。肯定要帮你们!"

就这样,蒋功夫和伙伴们正式开启了他们的创业之旅。

现实,总是不断地给人难题

2005年,对于蒋功夫来说,是其创业旅程中较为特殊的一年。

"当时,我想做电表都有一个表箱。那么,我们既然能够去销售这个电表,如果自己生产表箱,应该也不愁卖。"看到公司电表销售渐入佳境,蒋功夫想拓宽公司业务,利用自己做电表贸易积累的客户资源,开始尝试生产制造电表箱。

就在这一年,蒋功夫勇敢地迈进了实体经济行业。

他们来到长沙市岳麓区观沙岭,将已经破产的原长沙锦纶厂的几栋厂房租下,摸索电表箱的生产。功夫不负有心人,如同此前的电表销售,"认真"精神,让他们很快尝到了甜头,电表箱的制作顺利完成。

"这样一个思路,起初开始做表箱,慢慢开始做低压开关柜,然后能够完整地制作开关箱、配电箱等'小三箱'。这应该算是电力行业、配电行业最低端的产品。"蒋功夫针对起初做的产品直言不讳。当"小三箱"的制作工艺日趋成熟后,蒋功夫又开始思考,如何打造产业链条的完整性。

"其实技术含量不高,当时只要你有个作坊,就可以起步,相对来讲,在投资、投入方面也还比较少。"回想当年的制作工艺,蒋功夫依然感慨万千。

然而,即使是这些简单的产品,制造起来也并非一帆风顺。在当年艰难的工作环境下,还频频遇到一些"意外"。

有一次,蒋功夫为提高制作工艺技术,外调一台检测设备来厂,由于设备体积庞大,途经一处道路狭窄的老旧社区时,磕碰到一张横霸路边的桌球台。当年,在娱乐极为匮乏的年代,桌球往往是"小青年"们的聚集地,"无证经营"的小店也是四处开花,店老板不分青红皂白,二话不说,开口就丢出一句话:赔偿损失1000元。

"1000元,对于刚创业的我们来说,也不是一个很小的数字。况且还是公司正式开业的第一天!"蒋功夫对这种突如其来的"天价勒索",并没有过多纠缠,同意了赔偿。在他看来,遇到问题,更多应是反省自己、让自己变得更为谨慎和努力,将来事业才能走得更顺更远。

自此,他们一步步从过去做低压开关柜,做到后期的高压开关柜。再后来,他们把高、低压的成套设备都完整地做了一遍,具备了成套设备的制造技术。

2010年,正当蒋功夫将企业做得刚有点起色的时候,位于岳麓区观沙岭的厂区传来消息,厂区要拆迁,需要规划重建。

何去何从?蒋功夫再次面临抉择。一天他在读《长沙晚报》时,无意间看到报上一则消息:宁乡高新区有人出售一块工业用地。激动之下,蒋功夫当即拨通了上述工业用地联系人的电话。

然而,现实却给蒋功夫上了生动的一课。

"这个老板钻当时工业用地不规范的空子,拿地后也不建设开发,让土地'晒太阳'。买地时2万块钱、3万块钱、4万块钱一亩,'晒'了几年太阳后,等土地价值大幅上升后,再卖给像我们这样真正做实业,需要土地的人。"蒋功夫是后来才知道其中的套路。

而此时的蒋功夫更加不知道的是,这一切还只是麻烦的开始。

正当蒋功夫的工厂准备开工建设时,被一拨拨"来路不明"的人团团围住。原来上述那块地皮的老板玩了个"一女多嫁"的花招。自己拿的时候,该老板已经收下了多批人的定金。

无奈之下,蒋功夫找到了宁乡市政府部门,令他颇为感动的是,政府部门很快就介入了事件调查。经过一番周密调查后,宁乡市高新区管委会对蒋功夫的企业表示认可,认定企业是一个真真正正、实实在在的公司,政府工作人员在仔细询问了企业的具体情况后当即表示,他们定会妥处地皮事宜。

原来,上述"来路不明"、将工厂团团围住的人,其实都是无辜的受骗者,他们打了定金,一听说这块地皮被人动土了,纷纷前来"维权",最后大家都被"地皮老板带进了沟里"。很快,宁乡的警方对地皮出售人进行了立案调查处理。

"后来宁乡高新区管委会很负责任,就把我们换到现在这块地。如果是打官司,也不知要到猴年马月了,债权、债务关系很复杂。关键这个主体(当事人)跑了,当时还找不到,后来花了两年时间才抓获并受罚!"蒋功夫十分感激宁乡市政府部门关键时刻的出手相助。

诚意,赢得"靠得住"公司的称号

新场地,新气象。

蒋功夫的企业在宁乡新厂开足马力生产,公司主营高低压成套开关柜制作与销售业务。

此时,机遇之神再次光顾他。蒋功夫一次偶然得到消息,国网湘潭电业公司旗下的三产企业(华力通电器),面临业务发展困境,公司正打算将其电缆业务剥离。其时,该公司先后跟一批公司洽谈过,不乏一些优质的上市公司。几番谈判,均未谈妥。

"有一家专做表箱,名叫'湘邵'的公司不错,他们有一定的能力,并且诚信经营、值得信赖,可以试试。"此时,业内有人提议。

上述提到的"湘邵"公司,即湘邵电力设备有限公司(以下简称湘邵公司),正是蒋功夫一手创办的企业。当对方找到蒋功夫之时,蒋功夫非常认真、真诚地接待了他们。

"我们就过去谈了一下,当场我就答应了他们,我说所有的设备,我们都作价接受,所有的员工只要他们愿意来,我们都欢迎!而且,家在湘潭的员工,我们周末安排专车接送。"蒋功夫和对方企业谈判后,当即拿出了十足的诚意。

"我们认可他们对这些资产残值的评估。因为只要是双方认可的第三方机构评估是多少钱,我就认。前面与他们洽谈的其他企业把公司现有的资产,当作报废的废品处理,这就涉及国有资产

合作伙伴考察湘邵公司,左三为蒋功夫

的流失问题,对方当然不能答应。"

蒋功夫谈到当时谈判顺利的原因,还有一点很重要:"原来公司所有职工愿意过来,我都欢迎,而且待遇比我自己员工更好,这更是解除了对方公司的后顾之忧。"

蒋功夫

那天，国网湘潭公司来湘邵公司实地考察，恰巧看到湘邵公司正在建设的设备厂，钢铸机构的厂房初见雏形，一根根柱子搭建牢实。国网湘潭公司看到眼前一幕，非常满意，他们都认为湘邵公司确实是一家"靠得住"的公司。

果然，在最终的评估会上，对方公司领导也纷纷给出好评，针对目前6家潜在合作公司，湘邵公司不是最大的一家，但是最有诚意的一家。

"刚好我们也适合于做电缆！所以我们是一个送枕头、一个打瞌睡，刚好合上了。不久，我们就在这里正式投产。"蒋功夫表示，2010年，湘邵公司与国网湘潭公司正式达成协议，双方以合资的方式，湘邵收购了国网湘潭公司三产公司华力通电器的部分股份。

"当时，对方公司评估了460万元，我们以500万元认购！"蒋功夫较为自豪地说，他和国企合作，也领悟了很多，"很多人说，民企、国企合作都是民企占国家的便宜，揩公家的油，我说在我们的合作当中，我们不但没有，而且还是溢价收购！"

同时，蒋功夫接收了原工厂9名正式职工，还有10多名聘用员工，合计20多个人。在这个国企发展较为艰难的时期，蒋功夫的这一举动，不但给这些职工带来了新的出路，也让这家国企的改制在没有造成社会和家庭波动的状况下平稳完成。不仅如此，原工厂一名副科级干部，因后期的出色表现，还担任了新公司的高管。

"我们也就是从这里业务开始突飞猛进，第一年就做了9000万元。"2010年，合资第一年，公司的营业额超出预期。

"这9个同志过来表现得非常好，我认为也超过了我的预期。我之前并没有指望着他们能够在这里扎根做事，但他们表示，会像我们这些工人同样去做事，他们做到了。其中，一个是调回工作，一个是生病回去，其他人一直工作到退休。"蒋功夫说。

信守诺言，价值何止千金

有了大家的齐心协力，有了所有人的坚守，公司业绩稳步上升。

"我们的业绩能够顺利做到9000多万元。当我们回过头来想，其实也是我们能够坚持'诚信'的信念，这些与做好企业密切相关！"蒋功夫对"诚信"二字有着特殊的感悟，一路走来，那些帮助企业成长的故事仍历历在目。

到国家电网公司考察，中间为蒋功夫

2008年,世界金融危机,这场自1929年以来最为严重的一次经济危机,引发了全球范围内的金融恐慌和经济衰退。

"就在金融危机前夕,当时从世界范围来讲,经济深陷滞胀深渊,最典型的特征就是,大宗商品的暴涨。我记得2007年铜价从2万多元,一直涨到了最高时的8万多元。"蒋功夫至今仍记忆犹新。

2006年底,湘邵公司参与一家中央直属企业长沙分公司的招标,成为其6家中标单位之一。

"2007年起,价格'坐飞机',从2万元到3万元,一直飙升,两次都是达到8万元附近了,仍在继续,价格高得离谱了。"哪想到,这个1000万元大单中标后,马上就遇上原材料价格暴涨。

面对这场数十年难遇的金融危机,几家中标公司几乎没有一家公司愿意履约,他们均以各种理由推脱,有的甚至直言,"公司产能有限,不可能交付!"

此时,蒋功夫也给这个项目算了一笔账。因为铜价的飙升,如果按照合同履约的话,那么这一年,至少要亏损180多万元。180万元,在金融危机爆发的当下,于公司来说,无疑是一笔巨款,即便是1万元,都显得格外重要。好不容易企业有点气色,一旦履约,就像"一夜回到解放前"的感觉,虽然不能说是"打得不能翻身",但从前的一些积累,基本上也是所剩无几。

经过几个不眠之夜,蒋功夫最后决定,不管亏损多少,都要以诚相待,诚信履约。

"我跟对方签合同,它是个闭口合同,如果铜价跌了,对方不会说,我原来跟你签的价格,你是不是要减一点价给我?现在涨了,我也不能用种种理由去推脱,所以当时我是唯一为此咬紧牙关兑现合同承诺的人!"

蒋功夫讲述当时为了诚信,宁愿履行这个明显要"亏本"的合同,"我一直跟自己做斗争,但是我不痛苦。我履行完合作,还蛮有成就感

蒋功夫

的。因为我经受住金钱的考验,我能够这么做,证明了我还是个男子汉"。

"不论怎样,我总比当年下岗、刚刚从企业出来还是好一些!"蒋功夫不断地勉励自己。很长一段时间,蒋功夫总喜欢开着当年的那辆奇瑞小汽车,每天重复听着著名歌手刘欢的《从头再来》那首歌。

转机,总在不经意之间

"有时候,人在做、天在看,真的是这样的。那次'诚信履约'的事,成为一件对我人生教育有着深刻意义的事。"蒋功夫说。

或许人生总是那么富有"戏剧性"。那一年,蒋功夫因为履约完合同,巨亏了180万元,正当他感到极其无助和迷茫的时候,命运似乎又给他打开了另外一扇门。

2008年,上述中央直属垄断企业实施改革,转作风、促发展。其中,有一条就是将实施"集中规模采购"制度,对此前"零散采购"一律叫停,将以"省公司"负责的集中采购模式,对此前供应商进行"洗牌",

并对此后新入围企业的资质进行严格审核。

这一措施,无疑给供货商们带来了前所未有的难题,正当这家央企的所有供应商感到问题重重的时候,一直默默无闻的湘邵公司却成了耀眼的"明星企业"。

一年前,这家央企的6家供应商企业,只有蒋功夫的湘邵公司坚守了承诺,也因此成了这家央企"2007年度唯一一个诚信履约的供应商",一时间,湘邵公司参被推荐到该央企的省级公司平台。

那一刻,就连蒋功夫自己都看蒙了。能够进入省公司平台,没有一个熟人,公司情况一点也不清楚,这个从天而降的"馅饼",让蒋功夫根本不敢相信。

"后来,我才知道了,是长沙分公司将我们以诚信供应商的身份,推进了省级公司,我当时就非常激动,那一刻也确确实实地让我感受到:诚信是金,诚信无价!"蒋功夫说,所以在之后的任何时候,他都以诚待人、理性做事。

"我也下定决心,这辈子一定要坚定不移地做一个诚实、守信的

湖南省长沙市光彩事业基金公益捐款,左三为蒋功夫

人,做一个诚实守信的企业,而且坚定不移地在这条路上走下去。"通过这件事情,蒋功夫更加牢固树立了"诚信"这个信念。

这次转机,让这家原本资金短缺、担子沉重的企业绝处逢生。自从公司作为"唯一诚信供应商"被推到省级公司平台后,订单像雪花一样飘来。

"我们作为一个小供应商,突然拥有了一个省级的平台,平台一下子就将我们放大了。规模、档次、要求、站位都完全不同了。"蒋功夫较为激动地介绍,因为"诚信",让他在事业上,更有自信,更有底气了。

"诚信"二字,让企业上了一个台阶,蒋功夫在其后的创业过程中,仍然坚守着这个承诺。

"至今,任何时候,我们都是非常注重产品质量、服务的。如果我们做出了承诺,今天答应给你完成,不管有100个理由、1000个理由,不管赚钱还是亏本,我都要做好,不讲多话,这就是我们企业的契约精神。"蒋功夫对自己的企业提出了严格的要求。

科技创新,始终是公司的核心竞争力

把企业做好,蒋功夫最关心是企业的科技创新和产品升级。

蒋功夫要求公司上下要紧跟国家、电网的需求,不断在产品上面谋求创新和升级。蒋功夫将公司产品定位为"以新能源为主体的新型电力系统",紧跟国家的政策方针来研发和制

中央电视台采访蒋功夫

造,以提供相应的产品,包括公司的高能效变压器。

"实际上,就是一种符合国家生态目标要求,一种新型高效节能的变压器,在全国电网和用户领域,都有广泛应用。"蒋功夫介绍说。

2024年,长峰集团获国网湖南公司表彰

值得一提的是,近年,蒋功夫还创造了一套产品,恰好响应了乡村振兴战略。

"这是一种宽幅、调压的装置,也是我们最新的一种产品,它就在乡村振兴战略当中,起到了积极的作用。"蒋功夫介绍,因为在农村电网,相对基础设施薄弱。农村电网的特点是:线路较长,户数较少,居民用电量不大,不太均衡。平日,往往是老人在家,开个小灯。春节一到,亲人团聚,用电负荷骤升,农村用电就成为难题。

这种状况直接导致一个矛盾:农村用户抱怨,买了电器,电带不起。作为电网而言,需要大量布点,费用很大,成本难保证。

为解决这个矛盾,蒋功夫带领团队跟德国施耐德合作,研制出一套有别于传统的开关柜,这种新型开关柜利用网络数字化技术,基于云边端,涵盖了电源、电网侧和用户侧,能够实现全智能化、自动化的这么一套管理系统。

"它就完全达到了新型电力系统的各项指标要求,而且符合'双碳'目标,具有前瞻性,是一个非常先进的产品。"蒋功夫介绍说,其能对小区实现全智能化用电管理,以最节能、最方便、最便于管理的方式进入家庭。比如节能,它可以探测到某个地方需要关电,还能够"削峰填谷",新能源能够自动接入,完全智能化。

这样一来,电网无须增加过多投资,就能够大幅、有效地改善农村用户的用电质量,大幅地提高农民的用电幸福感和获得感。

而今,公司正在创造的全智能化用电管理正在被外界接受。蒋功夫相信,虽然现在因为价格问题暂未普及,但未来一些高端楼盘会逐渐采用这些高品质、智能化程度更高的产品。

"这些年来,我们正在努力用'诚信'来做好企业,同时,我们对科技创新、产品升级有着极致的要求;在上述基础上,企业降本增效,我们通过这些努力,就是为了给用户提供最好的消费体验。我们有能力、有诚意,能够为你提供质量最好、价格最优的产品和服务。我们是基于这么一个出发点来做企业的。"蒋功夫说。

长峰公司参加湖南2024年抗冰保电工作

正是由于蒋功夫坚持科技创新,注重打造企业核心竞争力,长峰电力才能在关键时刻体现出特别的战斗力。

2024年2月3日开始,湖南出现大范围的大雪、冻雨、覆冰,急冻模式给电力带来极大伤害,湖南电网面临严峻的考验。

在国网湖南省电力有限公司和国网长沙供电分公司的调度下,长峰电力集团在临近春节的特殊时刻,迅速召集已经在休春节假的30多人,加班加点生产10多万米架空导线。同时,组织一支300多人的队伍第一时间奔赴受灾各地,紧张有序地进行电网巡检、除冰除雪、故障抢修等工作,确保了湖南抗冰保电的胜利。

目前,一直很注重科技创新、产品升级的长峰电力集团涵盖了电力设计、电力施工安装、电信电缆的研发制造、电力设备的研发制造、售电业务以及终能管理,能够为电网和用户提供一揽子解决方案的综合性电力服务商。

2010年—2018年,蒋功夫带领的长峰电力迎来了高速发展期,从最初的9000万元,逐步做到了10多亿元。2023年,公司业绩达到了25亿多元,纳税6750万元。

"我从不觉得是我养活了我们的职工,而是职工撑起了我们的企业!"蒋功夫把企业的成功归功于员工,作为一家集团公司的董事长,他仍然低调、友善、诚信。

任何时候,蒋功夫都不忘初心,他把藏在心底的信念深深地融入了企业。在蒋功夫的家里,挂着一幅字"诚信 感恩",恰好凝聚了自己数十年的创业心声。

【人物简介】

吴众,男,1988年3月出生,湖南邵阳人,长沙长恒智能科技有限公司董事长。高中毕业到东莞打工,从千千万万打工仔中普通的一员,到自己开办印刷厂,再到进入机械制造业,创办长恒智能科技有限公司,十几年时间,这个农村娃一路逆袭,活出了精彩,创造了自己的一片天地!

吴众:一路逆袭的农村娃

对于吴众,家里人包括父母从小就没有抱太多的希望,这当然既是农村人家一贯认命的处世哲学延伸到对儿女前途的希冀,更是对这个从小调皮的满崽的一种知足。因此,当吴众第一次拿到了万元月薪,第一次开奥迪豪车回家,第一次把一辈子没离开过家乡的父母接到东莞,第一次创办公司……这个从小不让人省心、离开家乡去广东闯世界的满崽,一次次让家人瞠目结舌。

工厂拜师"偷"学艺

1988年3月12日,吴众出生在邵阳县五峰铺镇一个农村家庭。以耕种为生的父母在物质上自然没有办法给子女太多满足,加上传统的父母管教严,即便是现在事业已经有所成就,吴众对儿时的回忆,仍全是对物质上的渴望和物质上不能满足的遗憾。

不要说农村小孩引以为自豪的自行车之类这些大件,即使是几块零花钱,家境困难的父母也不能满足吴众。上中学时,看到那些家里条件好的同学常常能穿上时髦的衣服,听着他们聚在一起聊着时尚的话题,从小没离开家乡,又受限于经济条件无法接触到时尚的吴众听起来很是羡慕。

每当有哪个同学家里买了电视机,吴众总是要想方设法去看看。对于当时流行的卡拉OK,吴众常常幻想自己哪天能尽兴地去唱上几首。

对于自己生长在农村,受制于经济条件不能尝试生活中的种种新鲜东西,不能享受到社会发展带来的更好的物质生活,吴众心中充满了强烈的不甘。

"一定要走出家乡去外面的世界,寻找改变命运的机会,精彩世界,自己一定不能缺失。"这种愿望随着年龄的增长,越来越强烈了。

2006年,18岁的吴众高中毕业,高考一考完,也不管自己的考试成绩了,立马就去了广东东莞,投奔父母给他联系好的亲戚,到一个印刷企业做学徒。对于大学,那时候的吴众并没有什么想法。吴众很高兴自己终于长大成人了,可以自己设计人生了。

"自己的人生自己做主",这个想法是吴众从自己喜欢的武侠电视中萌生出来的。一定要赚钱,把以前没看到的精彩世界看个够,把过去没尝试的新鲜东西玩个饱,这强烈的愿望一直支撑着贫穷家庭里长大、在物质上几乎从没满足过的吴众。

当然,实诚的父母是不会知道这一切的,看到这个自小就不安分的满崽,吴众的父母想只是让他学门技术,谋个铁饭碗。

在广东,当时印刷师傅还算是一个比较吃香的职业。到了东莞进了印刷厂,吴众才知道自己虽然是个高中生,学历却还算高的。因为那边工厂里大量的是初中生,甚至还有小学生,反正那里需要大量的像"打螺丝"之类的操作工,也不需要太多的文化知识,只要手脚麻利干活勤快,能吃苦就好了。

就这样,吴众来到了东莞塘下永诚彩印厂做学徒,学做标签印刷。标签或者说贴纸,在印刷这个大的行业里面,是一个小产品,却也是个大众产品。

当时在厂里做学徒一共有三人,除吴众外,另外两个在厂里做学徒已经有一年半时间了。他俩当时的工资是每月500元,吴众月薪是300元。

初到东莞的吴众,像匹脱缰的野马。

想到自己能挣钱,有了改变贫穷命运的机会,吴众很兴奋,学起技术来特别起劲,特别能吃苦,非常希望能尽快学出名堂做师傅,因为厂里自己的师傅月薪有5000元。

这样在工厂里做了3个月学徒后,从没离开过农村突然来到大城市的吴众新鲜感一过,就感觉到了迷茫。因为过去由父母管教变成独立自由的他,既喜欢出去玩,又喜欢结交朋友,每个月300块钱工资根本不够花。

吴众在工厂工作了3个月,却预支了5个月的工钱。看到那2个先自己来到工厂学了1年半的同事工资才500元,吴众更加感觉到绝望。

虽然才学徒3个月,但吴众却学得很快。因为当师傅挣更多钱的强烈愿望支撑着他比别人更加努力,很快就掌握了基本的印刷技术。可当想继续提高自己的印刷技能,特别是那些关键的印刷技术时,吴众却发现无法从师傅那里学到。

比如说印刷中油墨多了,字就会模糊,如果这个字本来有底色,油墨一多,就会把字盖掉。这种时候,师傅往往会趁你不注意调一下。印刷机器设备本身很长,当你发现问题告诉师傅时,他让你跑到很长的机器后面观察,同时他在设备某个地方调试个三五分钟。过后,等

2006年,吴众打工的东莞印刷厂

你发现印出来的产品变好了,他已经调试完了,你根本看不到师傅是如何弄好的。你向师傅请教,师傅往往会给你耍太极,所以你根本学不到他这个技术。正是这个原因,之前那个两个学徒学了两年都一直没能出师。

"教会徒弟,饿死师傅。"吴众在发现了这个秘密后,终于明白了这道理。

于是,对于那些师傅不愿意教的技术,吴众就会在生产中故意去制造问题,让设备出现故障,师傅就得去调试。几次下来,吴众就能暗中学到些技术。

为了尽快学会技术出师,由于白天脑子里老想着各种生产问题,晚上睡觉时也会梦到遇到某个自己不懂的技术障碍。第二天,吴众马上在工作中,故意制造梦中出现的那个技术障碍,让师傅去把它调试解决好,自己暗暗从中学。

油墨出墨均衡问题、印刷套色难题、油墨浓淡不均导致的浮字问题和印刷中纸张跑偏问题,印刷中的很多技术问题,吴众就是这样从师傅那里"偷"学到了。

既深知关键技术重要,又明白学习技术艰辛的吴众,总是利用一切机会学习,努力在最短时间学会出师。每天早晨很早起来,吴众给师傅买好早餐,尽量讨好师傅,让师傅愿意教自己。

同时,工作起来很卖力,因为他明白自己做的事情越多,就越有机会从师傅那里"偷学"到师傅不愿意教的技术。他知道,在这样的工厂里,如果你不灵活,学两年、三年都学不到真本领,师傅永远是师傅,学徒永远是徒弟。

面试途中"巧"学艺

"在游泳中学会游泳,在战争中学会战争",这句名言用在吴众身上十分贴切!

在永诚彩印厂当了3个月学徒后,感觉到自己在这里学得差不多了,吴众就想去外面厂子应聘,当师傅挣大钱了。其实那时的他根本不知道印刷设备有很多个品牌,有国内不同厂家的品牌,也有进口的品牌,设备结构并不同。

就这样,吴众以初生牛犊不怕虎的勇气开始了他的第一次面试,当然他只能利用休息时间,或者请假去。

那时周边的人,甚至同在东莞印刷行业打工的哥哥和亲戚们,对吴众来到这里打工才2个多月就想跳槽当师傅都不理解,甚至强烈反对。

"你几斤几两不清楚吗?你才搞了3个多月,别人出师要搞两年,你先学完两年再说。当师傅起码要在行业搞个三年五年的,要有丰富的经验,得要20多岁了。别人一看你这么年轻,谁会相信你。"他们对他说。

可18岁的吴众的想法与他们根本不同。他想到,永诚彩印厂有师傅把关技术,自己只是个做事的,最多两年后给你工资加到500元。如果自己从这里学徒成功,出去别的厂里面试,成功了就可以当师傅,工资马上就是三千五千的了。

即使过去了快20年,但吴众至今还记得去第一家公司面试的情景。

简单的情况介绍后,公司老板把他叫到了印刷机前实操面试。吴众来到机子前一看就傻了眼,手心直冒汗。因为这里的印刷机是台湾生产的,与自己在永诚彩印厂操作国产机有很大的不同,就连机子的开关位置吴众都不知道在哪里。因为设备上操作按钮很多是英文字母,开关也是英文标注的。

幸好当时公司老板把吴众叫进来后,把他交给了自己厂里的师傅进行实操面试就离开了。等公司的师傅打完样拿给吴众,让他照着印时,吴众找个机会出去买包烟给这个师傅,并对他说,你们这个机器跟我们那机器啊有点区别,不知道怎么开机。考核的师傅就很乐意地帮吴众把机子开起来了,遇到印刷面试中的问题,他也会有意无意地提示吴众,就这样面试马马虎虎应付过去了。

有了第一次面试经验,再去第二家、第三家面试,吴众慢慢地就不再紧张。这样的面试,当然也不会有什么结果。可初次独闯世界的吴众却从中发现了自己的差距。

吴众毫不气馁,继续去别的公司面试,有时一天要面试好几个公司。在面试中,吴众遇到自己不会的技术问题就会拿出笔记本记下,回到永诚公司后,吴众在生产中就有意操作设备,出现同样的问题,把师傅叫过来调试,从中学习掌握。有时永诚的师傅也不一定能解决,比如印刷过程中翻白导致的重影,吴众就在厂里的印刷机上仔细观察,反复测试,直到找到解决的办法后,又去面试。喜欢学习的吴众很珍惜这种面试中的学习机会,他把自己的印刷技术很大部分归功于这种面试。

特别是面试中,为检测你的技术水平,平时对原材料管控严格的老板们,此时会有足够多的材料让你去试错。而在永诚公司时,哪怕多用了几张纸,吴众都要被师傅责骂,因为厂里有严格的原材料消耗考核。

就这样，花了1个多月的时间，吴众去了东莞50多个印刷厂面试，有时一个上午要去两三个企业招聘面试。

通过这50多家印刷企业的面试，吴众对印刷行业的印刷设备有了较全面的了解。对印刷中的各种难题，吴众通过与这50多家印刷企业的老师傅交流学习，在面试中进行反复实操训练，学会了解决的办法。

一个多月时间的面试过后，吴众的印刷技术突飞猛进。不但远远超过了厂里那两个学徒，在某些方面甚至超过自己的师傅，因为永诚的师傅也没操作过那么多各种各样的印刷机，也没遇到过那么多生产中可能出现的各种各样的，甚至高难度的技术问题，更没有见识过那么多的印刷企业和印刷设备。

一个多月时间的面试，带给吴众的远远不只是技术上的进步。

比如说在湖南做制造业，就要去最优秀的企业三一面试，去中联面试，去三河智能面试，去铁建重工面试，这样会通过面试让你得到很大的成长。

通过面试掌握这些最优秀企业的面试要求，那么你再去面试别的企业，比如去楚天，去兴邦，你就会很有底气。因为那些最优秀的企业已经把面试的题目都让你考过好多回了，这样的话你还会心虚吗？

通过那些最优秀的企业面试，会让你发现自我的不足，你就会针对这个不足不断地去学习，去努力。比如你参加三一的面试，可是没有通过，别人肯定会认为是你不行。

虽然你肯定认为自己是很行的，但是你想去的工厂拒绝了你，你就会发自内心地去想，为什么我会被淘汰，差距在哪里。这样一来，你就会努力去学习本领，去适应社会的要求。明白这样的道理，一次的面试就比父母跟你讲100遍都要强得多。

就这样的面试过了1个多月，机会终于出现了。一次吴众去东莞德昌包装制品公司面试，面试时候厂里当然也是拿高难度的印刷问题来考吴众，吴众做出来自然还不那么理想。

公司老板当时对吴众说，你的技术比老师傅肯定是差一点，我给你3000块钱一个月，做一个小师傅。我不要你做高难度的东西，你就帮我操作机器，处理些生产中的简单的技术问题，你愿不愿意在我这里干？

吴众当时那个高兴劲啊，几乎跳了起来！每月从300块钱到3000块钱，哪有不愿意的。

后来吴众才知道德昌公司也是个小厂，只有几台印刷设备，厂里有三四个大师傅，技术上有保障，不担心有难度的印刷技术问题。请一个那种普工来操作印刷机，又觉得做不好，但请个师傅要5000块钱，又觉得不划算，因此想花个两三千元月薪招聘一个懂技术的小师傅。

高中毕业，打工才5个月，工资就从300元提升到了3000元，吴众感觉自己迎来了人生的高光时刻。

因为那时的他，一方面，因为月薪已经大幅超过了同时期从学校来东莞打工的同龄人，感觉到自己的价值已经得到了社会认可。

另一方面，自己是多么地渴望拥有财务自由，能实现丰裕的物质生活。提前达到3000元的月薪实在是对他太有诱惑了，做梦都没想到来到东莞5个月后就能拿到这么的钱。

折腾中，年轻人创业种子已经萌芽

"树挪死，人挪活"的道理，那时的吴众并不知道，但初尝甜头的吴众有了闯世界的勇气和信心，开始萌生了当老板的念头。甚至想，如果自己今后有机会当老板，就要像永诚公司的老板那样。

做老板就要像永诚公司老板那样。吴众对迈进社会接触到的第一个老板的印象，与自己从小在武侠小说和电视里看到的英雄侠客是那样的吻合。

吴众学徒时的永诚公司老板三十出头，看到吴众年纪小又灵活，就经常带他外出应酬。有时候老板拿100块钱让他去买包烟，可能买烟就是二三十块钱,零钱老板就不会要,给吴众做小费。这零钱对于月薪只有300元的吴众来说,可真不是小钱。

"小事见人品!"吴众从中看到了老板的豪爽和大气,也难怪他能跟客户处得好,把生意做得好,难怪他能赚到钱。

初出茅庐的吴众像张白纸,就这样印上了做人的准则。哪怕到今天自己事业已初具规模,吴众还是认为永诚老板值得自己学习和效仿。

而后来的德昌公司老板却是另外一类。德昌老板是福建人,当时快50岁了,厂里那些师傅资历比较老,很多事情都叫不动,仓库、收货包括跟单等内务工作,老板都只能自己做。吴众来了后,老板只把采购留给了自己的一个亲戚,厂里其他所有的这些杂务都交给了吴众。

看到吴众年龄小,老板对他也没什么戒备心,订单接回来,订单的传真就摆在车间桌子上面,单价他都不屏蔽。吴众一看,这个订单货值5万块,材料是自己签收的,印刷制版也是自己弄的,加上自己一天的工钱,只要600块钱印刷费用。最后,送货又是自己骑个电动车送过去的,一算成本,得出的利润吓了吴众一跳。

真是暴利,原来当老板那么赚钱。

赚钱公司的德昌老板,年轻的吴众却瞧不起。吴众发现德昌的老板并没什么特别本事,做人也差劲,之所以能赚钱,关键是他手上有几家质量很好的客户。只要把这几个客户做好了,一年就可以赚上几百万,以前的广东几乎都是这样赚钱的。

吴众在德昌干了2个月的时候,老板对他说:"小鬼,你做得好,辛苦了,请你吃个饭。"吴众兴冲冲地跟着老板去了,结果当晚老板在路边一个大排档,要了两瓶啤酒,炒了个米粉,最后还退了一瓶啤酒,算是干了2个月老板唯一的一次招待。

自己打工的第一个老板——永诚老板三天两头会请公司员工聚个餐,吃的还是大餐,有时还大方请大家去KTV潇洒一回。

德昌的老板与吴众初次接触的永诚的老板,为人完全不一样,更与自己从小向往英雄色彩的侠客,比如天龙八部的乔峰、神雕侠侣的杨过,还有小李飞刀那种大侠大相径庭。

作为刚从农村来到大城市的吴众,把与老板一起外出吃饭不仅仅看作改善生活,更是老板对自己工作的认可。

"这种格局的人都能做老板,自己为什么就不能做老板呢?自己不比他差在哪里,也更年轻能干,有失败从头再来的资本,自己做老板肯定能比他干得更好!"就这样,年轻的吴众萌生了当老板的想法。

从那以后,吴众在工作中就多了一个心眼,在德昌公司这样做了差不多三个月,印刷厂的各种流程和业务知识,吴众基本都掌握了。

特别是知道了印刷厂的利润率后,吴众觉得自己也可以做。只是受限于当时既没资金,也没客户资源,自己还不可能开厂,但自主创业的种子此时已经埋在了吴众心底。

"工欲善其事,必先利其器。"吴众一方面认真学习印刷行业的各种知识和技能,另一方面开始积累资源。

在学徒过程当中,吴众认识了维修印刷机公司一个贵州的叫韦磊的小伙子,与自己年龄差不多大,家庭处境也相似。书也没读多少就出来打工当学徒,工资也是300块钱。共同的处境,让两人有"同是天涯沦落人"的亲近感,每次韦磊到厂里来维修印刷机时候,吴众要么请他吃个饭,要么买个水给他喝,两人处得非常好。

其实,那时的吴众也没钱,讲义气的他每月工资都不够花,不够就预支工资,就是在德昌公司工资涨到了3000块钱一个月也是如此。

结识韦磊,吴众当时心里还有自己的小算盘,如果自己将来创业办印刷厂,设备肯定也需要这样的人来维修。就眼前来说,如果自己要想换个工作,韦磊因为到处维修印刷设备,当然清楚哪个厂工资高,哪个厂需要人,也就掌握了资源。

他当时凭直觉,认定韦磊这个人值得交往,未来或许是自己的好帮手。

当时的吴众也没想到,在自己事业中韦磊后来真的起到过重要作用,成了自己的得力助手。

愿望越强烈,离成功就越近

既然瞧不起自己的老板,自己创业又还不具备条件,听别人说跑业务比做师傅收入更高,吴众想到了做业务员。

当时,吴众的哥哥和堂叔他们都在东莞印刷行业打工,他们中有做主管的,也有做跑业务的,吴众的哥哥就是操作印刷机的师傅。得知吴众的想法,大家都反对。他们认为,吴众年龄小,没有社会经验,才打了几个月工,工作就换来换去,老想当老板赚大钱的想法不切实际。

尤其是哥哥以前也出去跑过业务,后来做不下去了,只得又回去工厂操作印刷机当师傅。

"业务不好跑,不要看到别人赚钱,别人是有资源的,能力也比你强。你自己几斤几两我还不知道吗?!"哥哥更是以自己的亲身经验,反对吴众丢掉现在每月3000元工资的工作,去做业务员。

父母知道后,更是极力反对。他们训斥吴众,本家一个堂叔从铅板印刷做起,30多岁干了十几年印刷,他每月才3000多元,你才学了几个月徒,每月就有3000元了,已经很好了,要知足。你辞职去跑业务,万一业务跑不下来,你的技术又是个半桶水,再找工作还能找得到现在每月3000元的吗?找不到话,你就还得回去拿300块钱一个月的学徒工资。

"如果你不听话,我就从老家过去了,把你抓回来。我好不容易托了关系,让你去学徒,你现在是个半桶水,拿了两天高工资就认为了不起了是不是?"看到儿子不听劝,老爸在电话里对吴众说。

每次与家里通电话时,吴众就这样在电话亭里面与父母争执,有时打上一个小时的电话,父亲在电话里使劲地骂这个不听话的满崽。

亲人们反对的理由,吴众心里并不认同。他认为他们的思想僵化,生活求稳,总认为自己天生就是打工的,做老板也是天生的。吴众渴望的是"我的人生我做主"的自由,他认为用年龄来衡量一个人的能力是毫无道理的。

对于亲人们"别人是很厉害,所以才当老板""你才多大,能干什么事"的说辞十分反感。

他反驳说:"你们不要看我年轻,你们能做的事,我哪个不能做!更何况我年轻,失败了大不了我再去当学徒嘛。""年轻时我如果不去尝试改变,那我今后势必会走了你们的老路。那你们干到三四十岁了,还是这个样子,难道我要重复你们的生活吗?"

"男人就要有自己的人生目标,朝着目标努力奔跑才是真正的男人。"从小英雄色彩很强的吴众的人生目标就是"做一番事业,做一方英雄"。

对于哥哥、堂叔还有一起在东莞打工的同乡们的状态,吴众是不怎么喜欢的。因为他们打工之余就喜欢在一起打牌,自己刚来东莞的时候,受环境影响,有段时间下班后也常常与他们在一起打牌,以至于每天做事的时候心里就想到玩牌。后来吴众才明白,玩物丧志,打牌会上瘾。而自己是想干一番事业的,不能继续这样下去了。

亲人的反对不但没有让吴众退缩,反而更加激发了他要去外面闯的强烈愿望。一无所有,吴众明白自己只有满腔的热情和强烈的愿望,如果自己连这都没有的话,那凭什么掘取第一桶金?今后谈什么创业?

可吴众也没想到,为这事会与家里发生那么大的冲突,后来吴众一直把这受阻的过程看作对自己创业意志的考验。

2007年6月,吴众最终决定辞去德昌的工作去跑业务。辞职后,吴众连晚上睡觉的地方都没有了。如果是以前,吴众还可以去哥哥租住的那个单间睡,至少还有个落脚的地方。

可如今,按老爸"都不准理他,冷落他一个月"的说法,亲戚们包括哥哥都不再接纳了自己。吴众只能背个包(里面是自己的全部家当)白天找个公园闲逛,累了就在公园里面躺一下,休息会儿。晚上也只能在公园里,或者网吧里,甚至桥洞下面睡一觉,像当时来自全国各地的流浪汉。

就这样,吴众与父母抗争了1个多月,父母拗不过他,加上担心吴众一个人在外面流浪时的安全问题,只好妥协。

于是,就让吴众的哥哥打电把他叫回来,陪吴众去一个印刷厂面试,做了一名业务员,在那个厂跑业务是底薪加提成,有基本保障。

自己当老板

凭着初生牛犊不怕虎的干劲,从学校出来没两天的吴众要跑业务,只能从头开始学习,吴众自己也没想到做业务员却只做了一个多月。

作为一个新人做业务员,首先得参加业务培训。厂里组织新业务员培训时,一次大家坐在一起闲聊到了抄单,一个业务员说,厂里给我们是800元底薪加提成,提成大概就一两个点,如果做个几十万的业务,可能你就是拿个几千块钱,万把块钱的工资,可如果是抄单话,那收入就高多了。

抄单就是业务员不固定在某个公司,自己去市场拉印刷业务,然后根据规格、价格和要求找对应的印刷厂做产品,相当于印刷厂和市场的中介,提取撮合两者的中介费。

说者无心,听者有意。吴众立即来了兴趣,干脆自己直接来抄单。结果厂里的业务员培训才学1个多月的理论,连客户拜访的实操都还没开始,吴众就让哥跟他老板求情,让自己挂在他们利兴印务公司名下,名义上作为公司的业务员,实际上做自己的抄单业务。

利兴公司听说吴众不要公司发工资,只是挂在公司名下,还可以给公司拉来业务,自然满口答应。

于是,吴众买了一个公文包,花了100多块钱在外面租了一个单间,2007年下半年开始跑业务了。

跑业务当然要找到客户,爱动脑筋的吴众想到了一个办法。那时东莞的工业园和村委会大门口常常会贴着公司招工广告,他就把上面公司的联系电话抄下来,回到自己租住的房子后,挨个打过去,问公司要不要印刷东西,比如标签。

联系了几天后,真的有家公司要印标签,约了吴众去公司洽谈。吴众高兴坏了,可从没做过业务的他,连基本的自我介绍都不知道,吴众只好求助哥哥陪自己一起去,因为老哥以前做过业务员。

即便过去了10多年,吴众仍记得第一次在哥哥的陪同下,照抄老哥临时传授的方法,十分笨拙地完成递名片、介绍自己公司、请求业务合作等流程后,早已紧张得满脸通红,

吴众挂靠的利兴印刷厂

汗水把新买的衬衣都湿透了。

再去公司跑业务时,吴众就不让哥哥陪同了,因为他明白,让哥哥带着,自己成长不了,只要这一次就行了。

靠着这种"笨"方法,吴众跑遍了整个东莞好几个镇的工业园,抄

做印刷业务员的吴众

写的电话号码有好几个本子,厚厚的一摞。

这样跑了1个多月,到了2007年11月份,吴众终于跑成了第一笔印刷业务,是东莞威驰手袋厂的出货标签和送货单。

慢慢地,吴众也跑出了经验,知道如何与客户交流,如何与客户洽谈,如何与客户建立感情。他还把从别人那里听到的、从书本上看到的各种做业务的经验抄下来,贴在床头。

有了第1家,很快就有了三四家稳定客户,业绩从一个月1万多元做到了4万—5万元,与此同时,吴众抄单的收入也从一个月两三千块涨到了1万多元。

从别人眼中的屌丝样,吴众很快成长起来了,变得稳重了。因为此时他有了自己的事业,要去见客户就要注意形象了,就要注重自己的言行举止。

2008年,广东开始禁摩了,想到今后跑业务肯定离不开车,虽然家人一贯地不理解,20岁的吴众还是按照自己的想法考了驾照。

一个月收入从3000元到10000元,吴众想做得更大。

欲速则不达。2008年,抄单业务开始起步,似乎一切都顺风顺水,吴众的胆子不知不觉地大了起来。没想到就在这个时候,吴众栽了个大跟头。

当时有一家台资企业,每个月有几万元的印刷业务,但很多抄单的都不敢做他们的业务,说那个企业结账有点拖拉。刚好公司的采购是一个湖南老乡,吴众向她咨询,她说目前公司没有什么问题,可以做。

当时包括堂叔也劝他说,这家客户做不得,有风险。但那时候的吴众年轻有冲劲,明知山有虎,偏向虎山行。结果,当吴众给这个公司印产品,按三个月九十天结一次账的规定,做到第四个月的时候就压了差不多二十几万元印刷款了。

没想到,2008年的金融危机越来越严重,第四个月刚收到一个月的货款,还剩下16万元左右的货款没有结,没过几天这个厂就倒闭了,老板跑路了。

台资企业的抄单是给哥哥工作的利兴印刷厂做的,16万元的未结货款债务,吴众只好自己来背。

怎么办?当时,每个月只有几千块钱到万把块钱的抄单收入,诚实的吴众只好跟利兴老板实话实说,我一边帮你开车,一边跑业务,开车3000块钱一个月的工资连同我抄单收入抵欠债。

利兴的老板看到吴众人诚实,就同意了。因为要帮利兴开车送货到工业园区,吴众就顺便去园区揽抄单的业务。这样给利兴老板开

2009年,吴众购买的第一台业务用面包车;2011年吴众购买的奥迪车

了三个月车，吴众陆续开发了好几个客户，一下子业务忙起来了。

吴众又跟利兴的老板说，感谢他对自己的宽容，现在自己抄单业务多起来了，我忙不过来，就不帮你开车了。欠你的钱，自己帮你抄单来抵扣。

就这样，吴众又开始了专职抄单。2008年下半年，吴众给一个福建老板的贸易公司做智能手机保护膜贴片做印刷抄单。

刚认识时，福建老板是在一个工厂的楼上租了一间房办公，那时候抄单的同行都不愿意与他做业务，因为他要的样品急，款式又多，打一个样无非100块钱，一个月也就是个两三千块钱的业务。

当时吴众想，本身自己生意也不多，自己麻烦一点，就算朋友之间帮忙吧，就把业务帮他做下来了。

有时打样他只要几张，但是机器一开就有100张，吴众就每次就只收个开机费，同时又送了100张给他，他可能就相当于就一块钱一张的贴纸，对于他来说成本就很低。

后来福建老板承印了刚进入中国市场的苹果手机贴片，很快就火起来了，需要的手机保护膜贴片量大增。他立马把整幢楼租了下来，关了贸易公司，专心办起生产苹果手机保护膜贴片工厂。几年后，贸易公司变身为了亚讯科技，主打产品就是智能手机3M保护膜。

抓住为亚讯科技3M保护膜印商标的机遇，吴众的抄单业务很快也随之红火起来了。看到业务越来越大，而且有几家较稳定的客户，吴众马上想到了自己开办印刷厂。

于是，吴众找以前当学徒时的朋友韦磊，告诉他自己手上只有1万多块钱，请他帮自己找一台二手印刷设备。

2008年11月份，韦磊帮吴众在一个印刷厂里找到了一台刚淘汰的旧设备。把这台设备搬到一个租的瓦房后，韦磊把这台老印刷机维修调试好后，两人仔细擦洗干净，吴众的印刷厂这就算办起来了。

厂子名叫利兴包装。吴众白天去外面跑业务，晚上自己开机搞印刷,第二天早上起来就把产品打包送货。晚上印刷常常要工作到12点,有时印到凌晨两三点钟,甚至通宵。

有了自己的事业,吴众全身有使不完的劲,根本感觉不到累。这样一个人连轴转了三个月左右,亚讯科技的标签量越来越大,从几万块钱一个月很快就增加到一个月差不多上百万的量,2009年上半年吴众开始雇请员工,增加印刷设备。

吴众自己开机搞印刷

2009年底,吴众的印刷厂已经有10多个工人,印刷量做到一个月100万元左右。

转换新赛道成就实业兴邦传奇

如果就这样做下去,吴众也许至今还只是个做印刷的。

时间到了2011年,广东印刷市场经历过爆发式增长后,进入了稳定期,行业竞争日趋激烈。

以前一块钱一张的标签印刷,两年时间做到了8厘,过去一个月做100万元,起码有四五十万元的纯利,两年后只能是微利甚至在盈亏线上。

随着普通的标签印刷市场竞争加剧,吴众通过扩大生产规模、开辟彩印业务、进军高端市场等,全面参与印刷市场业务。到2012年,吴众的利兴包装印刷厂一年印刷业务能做2000万元左右了,在当地算是一个中型印刷厂了。

吴众的创业进入了稳定期,几年打拼让吴众悟出了做企业的一个理:现实社会里,没有长久暴利的行业,合理的利润才能成就一个长久的企业。

此时,吴众想把业务再往上做,比如业务从2000万元做到5000万元,感觉自己的能力不够,做不了了,感觉遇到了事业的瓶颈,吴众请来印刷界的前辈来做管理。

感觉到过去印务行业的暴利时代已经结束,有了原始资本积累的吴众开始有意识地通过参与一些商务活动,比如与朋友打高尔夫,交流中看有没有新的创业机会。大家聊到慢慢火起来的汽车行业,吴众感觉进入

办印刷厂

这个行业资金不够,年轻的他当时还不知道运用资本市场。

整车做不了,可一次在与朋友交流中得知汽车中高压气缸既有技术含量,应用又广,吴众觉得自己值得试试。

2017年,吴众聘请专业技术人员,学习国内外资企业的最新技术,开发出拥有自主知识产权的气动液压配重缸。由于产品技术领先、质量过硬,产品很快应用到长安、三菱等品牌汽车。

参加商务活动,打高尔夫

考虑到广东在我国最南端,自己的产品市场定位在国内,特别是湖南长沙发达的装备制造业,加上小孩面临上学,吴众在宁乡市注册了长恒智能科技有限公司。

吴众组织技术人员进行技术攻关,相继开发了螺旋摆动液压缸及转向油缸,广泛应用于冶金、机床、注塑、军工、航空航天、矿山装备、工程机械和海洋工程等领域的机械设备。

经过2年时间的技术积累和市场开拓,2019年长恒智能科技有限公司实现产值1000多万元。

三年疫情,虽然机械制造行业受阻,但吴众的长恒公司依靠领先的技术和过硬的质量,实现较快增长。2024年预计将实现产值8000万元

对于创办企业,吴众有自己的理解,过去是质量服务效率,所以人

吴众接受中央电视台采访

们常说，"质量第一，服务第一，效率第一"。他认为，现在得加上一个创新，现在创新对一个企业很重要。因为再好的产品也不会让你做一辈子，你要不断地去创新，去满足市场需要。就比如自己现在畅销的油缸，未来肯定会被创新产品替代。所以要有市场的敏觉，不断创新，永远创新。

对于自己草根逆袭的创业经历，虽然现在事业可以说是渐入佳境，吴众却从没有回避自己文化知识方面的短板。他始终清醒认识到自己对人生的认知，对企业的认知、产品的认知、行业的认知，甚至对社会的认知都是欠缺的。

年轻爱玩的他，现在只保留了运动的兴趣，在办公室摆上了一套简易高尔夫，而把更多的时间用在了读书学习，努力学习文化、技术、管理等方面的知识上，为更远的将来积蓄能量。

【人物简介】

晏三明,男,1971年出生,江西宜春市上高县人,湖南锦峰集团董事长,湖南省江西商会会长,湖南省工商联(总商会)第十三届常委,江西赣商联合总会常务副会长,民建湖南省直湘赣支部委员会主委。从跟着父亲在家乡做门窗装修,到自主创业产业遍及华南、华中乃至华北;从简易家庭作坊式加工,到拥有钢结构工程专业承包壹级、钢结构制造特级等资质的特大型企业集团;从传统的钢结构,到涉足海上风能、码头运营等现代产业,晏三明走出了一条成功的创业之路!

晏三明:从小城走出来的大企业家

"风起于青蘋之末,浪成于微澜之间。"作为在湖南长沙、江西宜春、内蒙古巴彦淖尔、广西钦州拥有四个大型钢结构生产基地,从钢结构生意发展到投资、钢铁贸易、码头航运的大型集团公司的董事长,晏三明对自己当年刚来到宁乡高新区的情景念念不忘、唏嘘不已。

晏三明的长沙锦峰重工钢结构公司是第一家入驻长沙市宁乡县(现宁乡市)金洲新区的企业。然而,刚刚开始建设的开发区满地泥泞,不仅没有硬化过的道路,更是连正常用电、用水都无法保证,常常得自己用抽水机去水井抽水用。就是在这样的条件下,晏三明把长沙锦峰发展成了中南地区规模最大的钢结构企业。一路走来的创业路,晏三明敢想、敢拼,也幸运地遇上了好时代。

"敏锐感知市场,敢于第一个吃螃蟹"的父亲

出生于1971年的晏三明,是江西上高县人。兄弟姐妹四人,晏三明最小。大家庭中,父亲是顶梁柱,自小晏三明就对能干的父亲十分崇拜。

晏三明的父亲曾经在上高县机械厂工作,钣金技术当时是县里最好的。由于技术过硬,父亲担任了工厂车间主任,在厂里备受重视。

1982年,感知到改革开放萌动的信息,精明的父亲开始利用晚上休息时间承接铝合金卷帘门和汽车钣金制作业务。忙不过来时,就带着晏三明和两个待业在家的哥哥一起做。目的很明确,只是想改善下家里人口多、经济拮据的生活。

当时,虽然已经开始了改革开放,但对于内地的上高县来说,晏三明父亲这样以私人身份承揽活计还是有巨大政治风险的。

晏三明的父亲因为钣金技术过硬,在县里本来就十分引人注目,结果因为在休息时间揽私活,差点被有关部门抓为反面典型。

还好,到了1983年,即便是内陆的上高县,改革开放也呈风起云涌的大趋势,有头脑的晏三明父亲自然就成了敢闯敢干的优秀正面典型。

随着业务铺展开来,忙不过来的父亲不想影响到厂里的工作,干脆辞职下海,正式开了门店,取名为上高县卷闸门厂。

一个国有企业的技术骨干、中层干部,主动打破自己的铁饭碗,不要国家养活,下海自己干,这在20世纪80年代初的上高县来说,无疑是石破天惊之举了。

作为在上高县"敢于第一个吃螃蟹"的人,晏三明的父亲无疑抢占了先机和商机。

父亲虽然过去是国有企业的员工,可思想开明,更有敏锐的商业头脑,因此父亲的卷闸门厂虽然是私营企业性质,生意却十分红火,效

锦峰集团

益可观,每年都是县里的纳税大户,影响力在县里私营企业中是数一数二的。

就这样,晏三明父亲带着在家待业的孩子们热火朝天地干了起来。

1990年晏三明离开学校后,自然而然地也帮衬着加入了家庭作坊式生产。

由于家里人口多,经济自然不宽裕,创业之初家庭作坊式生产条件简陋,父亲却是没日没夜地干,全家人都跟着连轴转。夏天气温高,闷热的房间里连电风扇都没有,常常是赤膊上阵;冬天气温低,没有取暖设备,往往冻得全身直打哆嗦。

就这样,在跟着父亲学了三年加工制造后,晏三明钣金、电焊,什么活都干,自己也成了技术骨干。

吃得苦、霸得蛮,父亲的这种拼搏精神,让刚刚走出校门的晏三明佩服不已。后来创业中遇到困难时,晏三明常常回想起父亲的创业艰辛,以此激励自己克服一个个困难。

不满足于在生产线上忙活的晏三明,又开始跟着父亲学做业务。

由于肯吃苦,人又机灵,晏三明很快就独当一面,业务工作做得好,家里的生产几乎靠他的业务支撑。

从生产制造到做业务,晏三明虽然做的是不同工作,付出自然也不一样,可在大家庭中一切收入和开销都是父亲做主。大家都按父亲指令行事,收入也在家庭成员中平均分配。

改革开放初期,急速变革的年代中社会环境并不好,晏三明在经商过程中,常常会遇到危险,其中的艰辛至今令晏三明难以忘怀。

那时,晏三明为了节省成本,铝材等加工材料都是自己跟车去广东进货。改革开放初期,社会秩序比较乱,特别是国道上偷盗厉害,有些人盗窃不行就明抢,晏三明在跟车过程中曾经两次遇到持械抢劫。

在江西赣州和广东交界的陇南的105国道上,有一个长长的上坡,货车走到那里自然就得慢下来。1994年,有一次晏三明跟车去广东进货,车行到那个长上坡时,几个人趁货车行驶缓慢,拿着长刀从货车两旁欲扒车抢劫。司机见状立即要晏三明拿货车上准备的刀具去砍,而只会做生意的晏三明根本不敢,货车司机只好边开车边拿刀挥舞。

几个抢劫犯虽然被吓得跳下了车,但他们跳车后,用石头攻击货车时,飞溅的石块砸伤了晏三明的眼睛和嘴。晏三明只好在中途下车,到陇南医院对伤口进行缝针处理,以至于他的嘴唇现在都留有伤痕。

去广东进货,坐货车路途凶险,坐火车也不安全。从上高到广东,火车每次经过衡阳都会有人上车偷盗,偷不成就会明抢。那时,做生意的资金交易不便,小企业的资金往来都是以现金结算,晏三明每次坐火车都要将随身带的货款仔细隐藏好,生怕遇到抢劫。

在大家庭里做事,父亲是家里的领头人,大家都按父亲的安排做事,团结一心,家庭工厂越做越大。

看到铝材加工行业的发展前景,特别是在外面跑业务过程中开阔了眼界。晏三明想,有了父亲的庇护,自己成长会很慢,而机遇却不会待在原地等你。晏三明成家后,开支更是一下大起来了,感受到了经济压力的晏三明想到从家里出来自己创业。

严谨的父亲一开始并不理解,认为跟着自己干就行了,因此就没有从资金上支持晏三明。

可拿定了主意的晏三明已经顾不得那么多了。

1996年,25岁的晏三明咬咬牙找亲戚朋友借钱,另起炉灶做起来了。晏三明创业的底气来自自己多年积累的行业经验和人脉资源,他相信只要再加上自己的勤奋努力,一定会成功。

在老家县城租了三个店面,晏三明一边卖铝合金、钢材等装修材料,一边承接铝合金门窗和卷帘门的装修业务,开始了自己的创业生涯。

"看准的事就要大胆去做"

几年后,晏三明有了一些的积蓄。

小富即安,并不是年轻的晏三明的性格,他有了新的想法。看到江西各地大搞开发区、建设工业园,急需大量钢结构,晏三明敏锐地察觉到蕴含着一个巨大的市场。

他认真调研市场,认为自己现在做的铝材加工与钢结构在制作技术上是相通的,自己做铝合金生意积累的人脉资源完全可以运用到钢结构生意上。

"看准的事就要勇敢去做。"从父亲身上传承的"敏锐感知市场,敢于第一个吃螃蟹"精神再次激发了晏三明求新求变的创业胆识。

就这样,晏三明把业务拓展到了加工钢结构件,成为当地最早一批钢结构承包商。

为了制作钢结构，晏三明开始自己建设简易的加工车间，抓住市场急速膨胀的机遇快速发展。

在如火如荼的开发区建设工地，晏三明以钢结构总包的形式与开发商共同参与项目建设，在见证各类工业园区成长的同时，自己也在不断发展壮大。

2000年，晏三明开始在江西老家上高县买地，建设钢结构加工厂，取名江西锦峰。

遇上了江西园区建设对钢结构大量需求的好时期，创业进入了快车道，晏三明信心满满地要大干一场。

可没想到，现实给了他当头一棒。

2000年，湖南旺旺集团到晏三明家乡上高县投资，要在上高工业园建设钢结构厂房。

作为刚刚开始涉足生产钢结构厂房的公司，如果能把家门口这单生意拿下来，借助旺旺集团的品牌影响力，就能奠定企业在行业内的地位。

这对于刚刚建设了规模化生产工厂的晏三明来说，是绝好的机会。自己是县里首屈一指的钢结构生产企业，这单生意晏三明志在必得。

晏三明能想到，行业内其他企业自然也能想到。旺旺集团钢结构厂房招标公告发布后，嗅到商机的同行从全国各地赶到上高县，都来争这一杯羹。

可晏三明没想到，就在项目家门口的锦峰公司，自己却差点连参与竞标的资格都拿不到。

当时的县领导认为，旺旺集团是县里引进的重点项目，为保证项目能成为县里招商引资的形象工程，旺旺集团的厂房要建成县里的样板。

事实上，无论是投资规模和效益，旺旺上高项目都是旺旺集团最成功的项目之一，比旺旺集团在湖南宁乡总部的投资规模都大，直到现在仍是上高县的税收大户。

即使过去了十多年，晏三明对于当年竞标的过程仍记忆犹新，至今庆幸自己"初生牛犊不怕虎"的那份信心和面对困境永不言弃的那份坚持。

"承建单位必须是国内知名的大企业，最好是国有大企业"，县里对旺旺集团的钢结构厂房建设提出了要求。

得知县里对参标企业的要求后，晏三明明白，锦峰公司作为初创企业，规模当然难以达到要求，以前也没有做过叫得响的工程。他立即找到行业内的一个大企业，请求以挂靠合作方式报名参与竞标。

晏三明由此发明了一个合作方法，叫"抱大腿"，就是弱小的企业为了获得发展空间，让出部分利益给央企、上市公司，从而获得与大企业的合作机会。

得到行业大企业认可后，项目发包方现场考察，晏三明就有地方让甲方看了，技术和业绩也有大企业的"背书"。这样一来，至少具备了报名参与竞争的资格，自己也有了信心和底气。

开标后，晏三明的锦峰公司以520万元的价格中标，这个价格比排名第二的企业报出的650万元还要低130万元，其他企业的报价绝大部分都是七八百万。

"锦峰公司做不了，纯属搅局！"面对晏三明报出的这个低位价格，一些人质疑。

晏三明反复向旺旺公司、园区和政府解释，锦峰是本地企业，又相对年轻，不像那些国有大企业，有一大堆管理成员，负担重，利润自然要求高。锦峰公司负担轻，管理成本低，比如标书、管理都是自己做，不需要请人做，自然做得了别人做不到的价格。

同时，晏三明邀请旺旺公司、园区和政府相关人员到锦峰公司已完成的项目参观,详细了解公司项目的技术、质量和管理。真诚的沟通,让甲方对锦峰公司的能力有了认可,换来了甲方对锦峰公司的信心,终于打消了他们的疑虑。

其实晏三明自己很清楚,锦峰公司虽然报价低、看起来吃了亏,可只要自己管理得当,520万元的价格还是有利可图的,只是那些习惯了"暴利"的大企业还不习惯面对越来越激烈的市场。除了利润,晏三明更看重这个项目能为公司树立起来的品牌形象,其广告效应是花再多的钱也买不来的。

当时,旺旺集团钢结构厂房的跨度是36米,建设面积1万多平方米,其面积和跨度无疑是当时上高县所有钢结构厂房中最大的,更是锦峰公司承建的第一个大型钢结构厂房。

当然,锦峰后来承建的厂房就更大了,48米的跨度都很常见。但是,当时第一次建设36米跨度的钢结构厂房,对晏三明来说无疑是有标志性意义的重大工程。

随着旺旺上高钢结构厂房的顺利完工,晏三明的锦峰公司成功奠定了"大型钢结构厂房建设方"的行业地位。而在当时的市场认知里,只有沿海发达地区的大企业才能建设这种大型钢结构厂房。

随后,锦峰公司接连投中了很多大型钢结构厂房的标。

现在的晏三明常常回想,如果那时候的自己畏难,放弃了对旺旺集团上高钢结构厂房项目的坚持和争取,那么以后就很难进入大型钢结构厂房领域,也更不会有后来的锦峰集团了。

历史给了晏三明机会,晏三明庆幸自己把握了时代给予自己的机遇。

旺旺集团这样的全国知名企业对厂房的品质、标准、工期要求极高。通过承建旺旺集团这种大跨度、高难度厂房,仍处于初创期的锦峰公司在极短的时间内积累了宝贵的项目经验和管理经验,特别是锦峰公司的技术团队在实战中得到了锻炼,设备在实践中得到了检验,提升了公司的实战能力,在短时间内成功向旺旺集团顺利进行了项目交付,让公司上下对未来充满了信心。

通过旺旺集团这个高难度的项目,晏三明也悟出了行业的门道。时至今日,锦峰公司早已成为大型集团公司,晏三明内心依然十分感谢旺旺集团这个项目带给自己的行业经验和启示。

晏三明做事讲究效率,做旺旺集团项目时,为保证质量,他把自己定位为项目经理角色,什么事都自己盯着做。

他明白,世上任何事就怕"认真"二字,自己严谨一点盯着干,做出来的事就不一样。业主把工程交给你做,你能按时交付,然后价格又不高,自然就愿意与你合作。

事必躬亲,做事严谨的晏三明把业主交过来的项目全部亲自上手、盯着执行,做到低价优质、交付准时,赢得了甲方的合作意愿。

从那个时候开始,晏三明尝试与甲方进行深度合作。这种合作基于双方信任,甲方给到晏三明一个项目,提出要求什么时候投产,同时配给晏三明一两个负责工程的设计师,其余剩下的工作全部由晏三明来完成。晏三明代表甲方去跟当地政府沟通,与设计院沟通,甚至配套设计都由晏三明来做。

晏三明承包工程时,明白甲方最关注的就是控制成本,不仅要做得快,还要做得好。许多公司找到晏三明时明确告知,只管把地交给你,明确预算、工程给多少钱一平方米,剩下的由晏三明自己决定,只要求厂房在限期内投入使用。

后来,晏三明才知道,这种合作方式规范的叫法是EPC模式(工程总承包),也叫交钥匙总承包。是指工程总承包企业按照合同约定,承担工程项目的设计、采购、施工、试运行服务等工作,并对承包工程的质量、安全、工期、造价全面负责。无形之中,晏三明锦峰公司的经营理念比起同行已经领先了许多。

事实上,有了旺旺集团这个样板工程做敲门砖,锦峰公司接连做了好多项目,遍布整个江西宜春,甚至辐射江西全省。

"走出乡关,到湖南发展"

"人不出门身不贵,火不烧山地不肥。"

晏三明明白,在上高做得再好也只是"没有风暴的海洋是池塘",市场充其量是江西一个省。走出上高,自己将面向全国市场。

随着在行业深耕,晏三明把目光投入了邻近江西的湖南。2004年开始,经朋友介绍,晏三明的锦峰公司来到邻近的湖南茶陵、炎陵县等地开始承接大型钢结构厂房的建设工程。

时至今日,晏三明还得记得自己来到湖南做的第一个工程:承建老牌的国有大型纺织企业湘潭纺织厂搬迁炎陵县的厂房建设。

做出口碑后,锦峰公司承建的湖南纺织厂的钢结构厂房成为行业标杆,业务逐渐延伸到湖南西部的怀化市。

特别是晏三明推行的EPC交钥匙总承包模式深受湖南市场欢迎。这种超前的服务意识外加优秀的成本控制让锦峰公司以极高的性价比赢得了市场。湖南的纺织行业钢结构厂房建设项目一度有八成被晏三明的锦峰公司拿下。

进入湖南开拓市场后,晏三明发现湖南本地最大的钢结构厂还不能生产大型钢结构件,这对于自己来说,无疑蕴含着很大的商机。

原本晏三明只是为了简单在湖南开拓钢结构市场,所以他在长沙市区杨家山只是租了办公场地。随着业务的拓展,晏三明有了在湖南建厂的想法。

当时,晏三明公司有一位业务员是宁乡人,他把信息告诉了自己在宁乡招商局的姑父。时任宁乡市委常委、常务副市长吴世平立即带领招商局局长蒋鹏海一行来长沙找到晏三明,邀请他去宁乡金洲新区发展。

作为江西人的晏三明一开始是想在长沙县购地建厂,那样在心理

宁乡锦峰重工

上离家乡近些。或者建在长沙岳麓区,那里制造企业多。加上当时外界对宁乡的营商环境有许多负面评价,而且金洲新区才刚起步,连道路水电等基础设施都不完善,所以宁乡并非晏三明的第一选择。

宁乡招商的同志来长沙联系晏三明,每次和晏三明吃饭,晏三明都坚持自己买单,不肯让宁乡的同志请客。可宁乡招商团队很执着,一次、两次、三次……坚持不懈,慢慢地,晏三明被他们的坚持感动,同时,晏三明在接触中也了解到宁乡市领导开明的观念和优惠的政策。晏三明至今还记得,最后是在长沙富丽华酒店他答应了宁乡招商的同志,终于下决心来到金洲新区。

2006年10月份,晏三明经过考察,在宁乡购买土地,开始建设生产基地。

现在从长沙市区去宁乡金洲新区高速只需10多分钟,可当时没有高速,也没有现在的金洲大道,原先的路不好走,要绕道去常德的高速,下了高速还有二十来公里,一个半小时还到不了。

虽然宁乡市级领导,包括金洲新区的领导对锦峰的项目建设十分关心,给予了大力支持;虽然对于刚刚开发的金洲新区不完善的基础设施心里早有准备,可比起道路,初来乍到的晏三明还是被当地老百姓落后的观念困扰。

当时,为了保证工期和质量,晏三明的企业又是施工类企业,因此在与园区签订招商协议时,明确了自己企业的项目建设工程必须由自己完成,宁乡市表示很支持。

可没想到,等到项目开建后,一天清晨工地项目大门被人在晚上用拉来砂砾石给堵了。为了解决矛盾,晏三明立马找到园区和宁乡市领导协调。

宁乡市和园区领导非常重视,不仅很快帮晏三明梳理了矛盾的症结,更是主动在当地做工作,从此不再有人阻拦施工,项目顺利完工投产。

其实,一个地方在发展初期,都会遇到诸如此类看似小的事情,许多地方因为不重视,影响到营商环境,而造成发展受阻。宁乡市和园区对晏三明的支持,让锦峰公司的发展开了个好头。

工厂建成剪彩时,晏三明邀请朋友到宁乡考察,朋友去宁乡看了后,却说晏三明选择错了地方。因为当时去晏三明的工厂,从高速下来后,还要往回走十多公里的省道,工厂周边可以用"荒郊野岭"来形容,道路不完善,水、电都没通,用电是自己用柴油机发,水是自己用水泵抽,周围只有锦峰公司一家。

直到一年半后,园区基础设施才慢慢好起来,情况才得以好转。当然,现在高速公路在金洲新区专门开了口子,锦峰集团就在高速收费站旁,是金洲新区位置最好的企业。

2007年,晏三明的锦峰在宁乡建设投产五条生产线。宁乡的生产基地建成投产后,刚好赶上了湖南工业园区建设高潮,三一、中联、山河智能等大型企业大建厂房,锦峰公司的规模大、品种全,工厂满负荷生产,发展形势十分喜人。

2008年，晏三明抓住发展良机，将生产规模再次扩大，锦峰公司一跃成为湖南最大的钢结构生产企业之一。

"抢占风电风口，建设综合性企业集团"

"历史长河时而风平浪静，时而波涛汹涌，但总会奔涌向前。"

2013年，经济形势发生逆转，原先欣欣向荣的钢结构市场突然断崖式下降，很多大型上市公司都停止扩张，园区的厂房建设市场几乎停止，做钢结构的许多企业一年都接不了一个订单。

大形势下，锦峰公司陷入了从未有过的亏损局面。晏三明开始陷入深邃的思考，他意识到传统钢结构企业只会越来越困难。钢结构市场经过前几年的疯狂扩张，市场日趋饱和，锦峰公司急需开发新产品，实现转型发展。

面对困境，一些企业束手无策，一蹶不振，直至倒闭。

2014年，晏三明带领队伍四处进行市场调研，发现随着园区建设日趋完善，在钢结构市场逐步饱和的同时，随着新能源兴起，特别是风电建设即将引爆。自己可以利用做钢结构的基础做风电塔架，转型到风电行业。

"无论是材料要求，还是制造要求，相

锦峰海洋风电设备交付现场

2023年，晏三明参加第20届中国—东盟博览会

比普通建筑类钢结构制造，风力发电塔架都属高端制造业。"把锦峰从劳动密集型、技术含量低、粗放式生产、附加值低的传统行业转到技术门槛高、附加值高的风电行业，企业将实现转型升级。

可当晏三明把自己的设想提出来时，在锦峰公司内部却引发了一场争议。

当时，规模与锦峰不相上下，同样做钢结构的一个湘潭企业，转型进入"时髦"的装配式建筑行业，在行业内引起关注。为此，公司内部许多人议论纷纷，觉得锦峰也可以转型成为专门做装配式建筑的企业。

"装配式建筑今后可能是一个方向，但在短时间内难以产生效益，还需要国家政策扶持，现有的企业没有哪家通过做装配式建筑实现了盈利，这个行业的发展还需要时间。"晏三明给大家解释说。

晏三明从国家宏观经济发展政策，到行业发展趋势进行了冷静研判，结合锦峰公司的实际情况，给大家做了耐心细致的说服工作，公司上下迅速统一了思想认识。

后来，湘潭那家企业转型装备式建筑没有成功，实践再一次证明了晏三明对市场的准确判断，为企业锚定了正确的发展方向。

之后，晏三明带队到国外，到北京、上海、河北、山东等地考察风电塔架制造厂家。

"技术要求高,附加值也就高。"同比建筑钢结构,风力发电塔的单价、附加值高于建筑钢结构1.5倍,而一线生产人员仅为其所需的1/5,这将大大减轻企业负担。

经过认真考察,晏三明决定生产风电塔架。一方面投资建新厂,另一方面对原有生产线实行技改,将锦峰公司全面升级。

为寻求进入风电产业的突破口,晏三明曾去河北衡水寻找商机,在结束衡水考察准备返回长沙时,有一个朋友透露消息称,有一个上市公司准备到廊坊去布点风电项目。

在衡水没得到有价值信息的晏三明听到此消息如获至宝,立即请朋友带他去上市公司的总部北京找人。

"无巧不成书",到了北京中海国际大楼门前,正巧在大厅遇到了风电行业老大大金重工董事长金鑫,金鑫告诉晏三明,大金重工刚好正着手在南方布局风电设备制造项目。得知这个重要信息后,晏三明感觉到风电发展的窗口期已经来临,更加坚定了转型风电设备制造信心。

回到长沙后,晏三明马上把锦峰公司原有设备厂房按风电设备制造要求改造。同时,把锦峰公司发展风电方案向金鑫董事长汇报。金鑫董事长很欣赏晏三明雷厉风行的做事风格,很快安排集团分管副总来到长沙,考察锦峰公司,达成了与锦峰公司合作的协议。

锦峰海洋重工

无论是以前的"抱大腿",以挂靠方式,通过承接旺旺集团的项目进入大型钢结构行业,还是依靠行业龙头,以配套合作方式,进入风电制造行业,晏三明都很庆幸自己在合适时机,以适当方式实现了转型发展。

事实上,晏三明去衡水考察时,就发现当地风电企业发展并不理想,原因是风电行业不比钢结构市场,行业进入门槛高,市场基本全部被五大国电集团垄断。一个没有显赫业绩的企业,根本进不了这个行业。

如果没有与行业龙头的合作,即使企业转到风电行业,也拿不到业务。锦峰公司通过与大金重工合作顺利进入风电行业,获得了行业发展红利。

晏三明将客户牢牢锁定至国有企业和上市公司等"巨无霸"企业,通过严格提升品质、抬高准入门槛来确保公司的行业龙头地位。

锦峰集团产品整装待发

锦峰集团

晏三明知道重新选择赛道所面临的企业转型会带来巨大的风险与困难,所以他理智地选择"抱大腿"的做法,与上市公司合作,挂靠做风电塔架。通过与中车山东公司合作,他又签署了5年的战略合作协议。

涉足风电,有了技术积累和行业口碑后,晏三明再次扩大合作渠道,与中建五局、二局等单位建立合作关系,做他们的风电塔架集采供应商。

转型风塔,晏三明巧妙地与央企和上市公司合作,给他们做配套,不但使自己度过了转型的艰难时期,而且很便捷地进入了风电这个新行业。经过几年"抱大腿"式的合作,晏三明的锦峰公司的风塔品牌慢慢也显现出来了。

晏三明十分庆幸自己在2014年转型。

正是由于2014年的转型,把握了风电发展的机遇,锦峰的发展进入了快节奏。随后三年,锦峰相继建设了江西宜春厂、广西钦州厂和内蒙古巴彦淖尔厂。

目前,在风电装备制造领域,锦峰公司在我国南方市场的占有率名列前茅,特别是海上风电领域,钦州锦峰参与了广西、海南的每一个海上风电场的建设。

锦峰集团被推选为湖南江西商会会长单位

  塔筒生产更是遥遥领先其他企业。锦峰风电装备产能由最初的5万吨发展到了现在的30多万吨,公司也成为南方规模最大的风电塔架生产企业。业务由陆上风电塔筒扩展到海上风电塔筒、分片式陆塔、导管架、海桩等高难度风电塔架,成为风电塔架行业全生态链覆盖的大型风电塔架集团企业。

  经过多年的努力,锦峰集团已经拥有长沙锦峰重工科技有限公司、宜春锦峰重工科技有限公司、钦州锦峰海洋重工科技有限公司、内蒙古锦峰重工科技有限公司四大生产基地,以及锦峰港务、锦熠佳昇贸易、锦峰投资等子公司。

  集团的四大生产基地将锦峰的业务布局从原本的长沙单点布局扩展至从华南、华中至华北的全国化布局,形成对我国陆地风资源、海上风资源优势地区的业务覆盖。

  目前,锦峰集团年产钢箱桥梁、重钢、轻钢、风电塔筒等共77万吨。

集团旗下的广西锦峰港务码头年吞吐量600万吨,可实现风电装备部件的直接装船集港发运,能极大节约运输成本并提升运输效率,对于集团未来出口战略的实施具有重要意义。

2017年获评高新技术企业,2019年荣膺"湖南省装备式钢结构建筑生产基地",2020年公司承建项目获首届"湖南省钢结构金奖",锦峰集团的行业地位和社会价值不断凸显。

湖南锦峰集团董事长,湖南省江西商会会长,江西赣商联合总会常务副会长,2020年度湖南省钢结构行业优秀企业家……晏三明,一个从小县城走出来的企业家。

【人物简介】

王果年,男,1970年12月出生,湖南湘一环境科技有限公司董事长、总经理。1990年学校毕业后分配到国有宁乡水泥二厂工作,历任技术员,设备技术动力科副科长、科长。2000年国有企业改制,下岗后开始尝试自主创业。"跌倒了,爬起来,就是成功"。面对困境,他毫不气馁,总是把每次失败变成下次进步的阶梯。

王果年:跌倒了,爬起来就是成功!

20世纪70年代初,王果年出生在宁乡县巷子口镇南冲村。温文尔雅的外表让王果年平添了儒商的气质,从国企干部到民企员工,从捧着铁饭碗到自谋职业,从做代工到自主创新,身处时代洪流中的王果年从没忘记自己的初心和梦想,他总是迎着洪流勇毅而上,勇立潮头。

面对无常的岁月,平凡者往往会在前行中忘却初心,随波逐流;勇敢者却会越发清醒,奋发作为。"跌倒了,爬起来,就是成功。"王果年坚信生活中没有过不去的坎儿。

被命运裹胁的年轻人

走出农村后,安稳的日子是那样短暂,身份转换带来的阵痛却刻骨铭心,王果年做梦都没想到自己的命运会如此波谲云诡。

像中国千千万万个世代务农的家庭一样,耕读传家的儒家思想根深蒂固,即便是王果年的父亲外出当了9年兵,也没想到过要离开这片土地,复员后回到家乡继续务农。可地里刨食只够勉强果腹,终归无法改变家里贫穷的窘境。

1990年,王果年中专毕业后,分配到位于宁乡县双凫铺镇的国有宁乡水泥二厂工作,如愿以偿地成了一名国企干部。当时的宁乡水泥二厂是中型二级骨干企业,不只是在宁乡,在周边县市都是小有名气的国营大企业。

虽然水泥厂的工作环境不怎么好,但工厂效益好,职工工资福利很好,工作也稳定,知足的王果年安心地在宁乡水泥二厂上起了班。农家子弟好学肯干,工作三年后,王果年通过自学考试,考取了大专文凭,又过了两年,再次考取了本科文凭。

王果年当年笃定自己在这里会干上一辈子,工作之余,王果年把心思放在钻研业务上,努力将自己的聪明才智贡献给工厂,把自己的命运与企业牢牢地捆绑一起。

他在厂里设备技术动力科工作几年后,通过努力,一步步成长为副科长、科长,年轻的王果年是厂里当之无愧的中坚力量、技术骨干,成了当时厂里最年轻的后备干部。

日子就这样波澜不惊地过去,出身农村的王果年很是满足自己的生活。

20世纪末,国企机构臃肿、人浮于事、效益日趋困难之际,改革如火如荼。2000年,宁乡水泥二厂的改革也提上了日程。虽然厂里职工早已对宁乡市属企业改革有所耳闻,心理上对自己厂里的改革也有所准备,可那一天真的到来时,全厂上下还是人心惶惶,思想波动很大。

曾经是工厂主人公,马上面临下岗,曾经是安身立命之本的工厂,与大家之间的联系立刻要被一把刀子割开了。按上级要求,水泥厂推行企业改制,从厂长到员工,企业1000余人全部下岗,当时的心理冲击实在巨大。

回忆起一夜之间从领导干部到下岗职工的情境,即使过去了许多年,创业成功的王果年还是用"不堪回首"来形容当时的心情。

2000年下岗后,王果年住回到自己在宁乡城里买的商品房。自从参加工作后,长年忙碌的王果年一时闲下来,可真不习惯。想到自己还这么年轻,中专毕业后就在企业搞技术做管理,现在企业改制,干部身份没有了,过去的"铁饭碗"也没了。此时的王果年想,与其坐以待毙,不如趁年轻,利用自己在企业的工作经验自主创业,或许能闯出一条路来。

几经折腾,开始有了创业的念头

就在王果年有了创业想法的时候,宁乡水泥二厂进行承包经营改制,由于企业摊子在当时的宁乡国企里头算是较大的,承包经营启动资金较多,第一轮拍卖租赁的方式最终由于拍卖人凑不齐租金而流产。

后来改为协议租赁,牵头人组织10个大股东,每个大股东组织50万元股金,共计500万元租金。王果年当时组织亲朋好友,筹措资金也参与其中。

可没想到,人一多了,思想就复杂了,企业经营管理上的许多事情就成了问题,企业内耗大。王果年想到了这样搞企业肯定不行,于是他萌生退意,觉得还得自己单干好。

可想到创业,王果年心里却没底,自己以前在水泥厂虽然是中层领导干部,可长期从事的主要是技术工作,对于企业管理确实还不很在行。加上自己工作的水泥厂毕竟是个县属国有企业,属于传统的企业管理方式,离现代化的企业管理有较大差距。

于是,王果年想补上这一短板,到现代企业去学管理。要学就要到最好的企业去学,湖南民营企业发展势头最强劲的三一集团就这样成了王果年学管理的目标企业。

2001年,王果年到三一集团应聘,成为三一长沙工厂的一名一线工人。因为他觉得要学习三一的管理,最好的途径就是在一线,这样才能最真实地学习到三一的企业管理。

在三一期间,除了认真学习三一的管理经验外,王果年发现当时工厂生产的液压马达应用非常广泛,他萌生了自己创业就选择生产液压马达的念头。

为了仔细研究液压马达结构,一次下班后,王果年在装配车间待了一整晚,把液压马达全部拆了,对各个组织元件进行了仔细测量。在充分了解液压马达的生产技术后,王果年发现要生产液压马达,投入还是蛮大的,最后只好放弃。

在三一工作期间,王果年的创业梦想一刻也没停。其间,他曾去到广西考察,尝试去广西办造纸厂,后来调查了解到环保障碍后,只能作罢。

再后来,王果年在《中国建材报》上看到一则消息,介绍一种新型建材腻子粉,他敏感觉察到随着人们生活水平的提高,对产品环保性能要求越来越高,腻子粉将成为建材市场的新宠。

他立即走访市场,了解到长沙市场上已经开始销售腻子粉,市场处于培育推广期。当时市场上,只有广东一个厂家在长沙建立了销售点,但由于销售人员只是坐等客户上门,腻子粉的销售情况很不理想。

虽然当时市场对腻子粉接受度不高,但远期市场可观。2004年,在学习了三一的一些管理经验、了解了腻子粉市场行情后,王果年离开了三一。王果年多方打听、联系腻子粉的技术和生产工艺,同时得知湖南大学和广州一家机构均有腻子粉的专利转让。就这样他买来生产的腻子粉的专利技术,在宁乡办起了腻子粉加工工厂。

为打开销售市场,王果年成天往建筑工地跑。在工地上,王果年向建筑工地的工人们介绍腻子粉这种新型材料,请他吃饭,吃饭过程中与大家深入交流,动员大家试用。

由于王果年直面客户,直接与施工现场对接,加上建立了合理的价格体系,新型建材腻子粉很快打开了宁乡市场。

好景不长。一年后,看到市场做起来的广东厂家打起了价格战,原来市场零售30元左右一袋的腻子粉,他们把批发价格压到了7元一袋。

面对市场的恶意竞争,办厂不久的王果年根本没有办法应对,很快就出现亏损,只得退出。

刚好此时自己原来工作的宁乡水泥二厂开始第三轮承包,王果年回到厂里继续参与承包,做起了水泥这老行当。

2007年底,还在宁乡水泥二厂第三轮承包期内,王果年又与朋友一起合作,买下了宁乡煤炭坝水泥一厂,改名为长沙五环水泥有限责任公司,再次经营起水泥厂。

这一年王果年37岁,再次创业的他更加成熟、更加理性。企业经营中遇到的许多困难,王果年处理起来已经是得心应手了,加上又是自己一直从事的水泥制造行业,企业经营对于他来说已经不再是难题。

愈挫愈坚,迎头洪流勇毅而上

如果日子就这样过下去的话,王果年或许至今仍会安心地当水泥厂老板。

对于20世纪80年代末、90年代初跳出农门,吃上商品粮、捧上"铁饭碗"的王果年来说,农耕文明中知足常乐的烙印深深印记在身上。

可命运却是那样的喜欢捉弄人,人的命运总是被时代的洪流裹挟前行,平凡者往往会在前行中忘了初心,随波逐流;勇敢者却会越发清醒,迎着洪流勇毅而上,跃上潮头。

2009年，为落实宁乡县委提出的"工业兴市"战略，推动宁乡工业企业升级转型，当时的宁乡县工信局组织县域内中小企业家外出学习考察。

考察期间，县工信局带队的肖敏对王果年说，水泥制造属于高能耗高污染业，随着国家发展，环保政策将日趋严厉，水泥行业现在看起来红火，但今后将属于淘汰的落后产业。

一语惊醒梦中人。学习回来后，王果年决定转行。可转行做什么呢？经过深思熟虑，王果年想到长沙是全国的工程机械制造之都，在世界都有影响力，机械制造配套能力强，而自己学的专业正是机械。

王果年考察回来后，立即对市场做了一番调查，越发感觉到这个行业值得做，于是决定创办企业，进入机械制造行业。

2010年，王果年在宁乡经济技术开发区创建了长沙湘一机械有限公司。缺乏资金，王果年只好租赁厂房做生产车间，虽然是"寄人篱下"，却也终于有了自己梦想起航的根据地。

从2000年企业改制，丧失国有企业固定身份，10年的漂泊生活，王果年长期缺乏安全感。独资创立企业后，王果年并没有马上从水泥厂退出，而是与人继续共同经营，直到2012年，湘一公司基本稳定后才彻底退出水泥厂经营。后来，国家淘汰落后产能的产业政策出台，水泥厂终归被关停。

虽然确立了湘一公司业务范畴是机械制造，但要在机械制造行业寻找到适合自己生产的产品，对刚刚独立创业的王果年仍是严峻的考验。

因为曾经在三一打过工，王果年最初想到给三一公司做配套产品，给自己在三一工作过的混凝土搅拌设备公司做零部件配套。

"理想很丰满，现实很骨感。"王果年与自己的老东家三一的商洽过程并不顺利，只得放弃。

后来，通过朋友介绍，王果年承接了中铁在湖南修高速公路的一

王果年参加宁乡市组织的复旦大学培训班

处桥梁预制梁模板的制作业务。这是公司的第一单业务，王果然既开心，又担心，谈合同、设计图纸、购买钢材、组织工人生产，事事都亲力亲为。无论哪个环节，王果年都带着设计师和工程师守着，生怕中途出岔子。

就这样抓心挠肝地干了几个月，总算把桥梁模板顺利交付，公司的生产终于开张了。

新成立公司，找生产厂房、办手续、购置设备、招聘人员、洽谈业务，到完成第一笔业务，2010年独自创业一年，到年底一算账，公司亏了56万余元。

56万元亏损，这对当年的王果年来说，可不是小数字。面对沉重打击，王果年陷入窘境，幸亏此时老婆安慰他，鼓励他坚持做下去。她还辞去合伙承包原水泥二厂的工作，参与公司管理。

公司不但没赚到钱，还出现亏空，继续经营还需要投入，夫妻俩只好四处借钱，以维持公司第二年正常运转。

好在天无绝人之路。过完春节,王果年又拿到了一个订单,与宁乡一家公司签订了生产混凝土拖泵机架的合同。王果年立即筹措资金,添置设备,组织力量生产。由于是新上的项目,需要熟悉设备、采购各种材料、编制生产工艺流程、指导员工生产、摸索管理经验,生产第一套机架时,花了一个月时间。

生产慢慢走上了正轨,生产效能提高很快,一天就能生产一套机架。可没想到,交付少量订单后,甲方就由于产品转型,不愿意接收剩下的订货,王果年只好将投产不久的生产线停下来。已经生产的20多套产品,王果年去找对方要求按合同送货,却被对方以各种理由拒绝。

面对对方的无情,走投无路的王果年欲哭无泪,只得一次又一次上门,软磨硬泡讨要说法。对方拖了近一年后,只是象征性地给了王果年一点补偿,王果年一下子又亏了20多万元。

成立湘一公司,王果年满怀期望能大干一场,可没想到出师不利,几次尝试并没有预期的顺利,打击是可想而知的,但王果年却并没有灰心。

2010年前后,长沙一方面正值创建全国文明城市,另一方面又处于城市建设的高峰,为此长沙市出台政策,不允许现场搅拌建设用砂浆。

静下心来的王果年想到,不能在城市搅拌砂浆,那就只能异地将水泥等材料搅拌好,再运往城市施工现场,运输途中自然就需要干粉砂浆罐等存储设备。其中不就蕴含商机吗?于是,王果年立即组织生产干粉砂浆罐以及搅拌下料机等配套设备。

可政策在严格执行一段时间后,慢慢松懈下来了,施工单位又逐渐将水泥、沙子等材料运到工地现场搅拌。王果年卖出了几套干粉砂浆罐以及搅拌下料机设备后,产品又没了市场。

产品开发再次陷入了困局,敢于尝试的王果年仍然没有选择放弃。

随后,王果年利用自己机械专业知识,根据既有的经验和对市场的判断,先后尝试加工生产吸粮机、皮带机、空气斜槽和沥青搅拌站等设备,却没有一款产品能长久地做下去,公司一直没有拳头产品,生产经营也不温不火。

一次偶然的机会,王果年得知长沙盛泓机械有限公司需将混凝土搅拌站的围板部件外协,他立即组织人员,提供了具有性价比优势的生产方案,成功地争取到了配套生产搅拌站围板。

由于长沙城市建设的大发展,当时市场对混凝土搅拌站需求很大,搅拌站配套围板部件需求量也很大。2012年,湘一公司围板月产量达200台套以上。

几经磨难后,湘一公司终于能够稳定地生产,王果年也终于不再为企业的生存所困扰了。

一路下来,王果年对创业有了更深的体会。

回顾自己创业初期走过的路,王果年用饥不择食来形容。虽然湘一明确自己的主攻方向是机械制造行业,但对于生产什么产品,却并没有系统而深入的谋划。

为了解决初创期的生存问题,王果年只能凭自己的生活经验,以个人对市场的判断,确定公司生产什么产品。

当选择生产某个产品时,往往是先研制一个样品投放市场,看看市场的反应,再组织批量生产。这种做法,虽然解决了企业初创期资金不足、资源缺乏、市场运营能力差的问题,但却一直未能形成公司具有核心竞争力的产品,极不利于企业发展。

王果年将这种方式形象地称为"摸着石头过河"。

度过了公司生存危机期,王果年开始思考企业的长远发展。

一方面,虽然眼前混凝土搅拌站围板部件市场不错,但生产这类设备的企业很多,王果年估算一年有上万台这样的设备投入市场,市场将很快饱和。企业要能长远发展,湘一就必须有一个具有发展前景的产品。

另一方面，初创期的自己不断尝试生产了许多产品，但基本还是围绕建筑行业做的机械设备，这受限于自己过去在水泥建材行业的工作经历，更由于企业初创，为了解决生存难题，能拿到什么订单，公司就全力以赴生产什么，自然就谈不上长远考虑了。

仔细分析后，王果年觉得自己白手起家办企业，经过初创期的沉淀后，必然要有自己的品牌产品，为别的企业代工生产将制约公司长久发展。

湘一机械当时做的都是市场通用产品，而且基本上是为大企业做下游配套，属于依附型企业，虽然可以大树底下好乘凉，但却受制于大企业，难以形成自己的品牌优势。

多年的创业经验告诉王果年，企业发展一定要走创新发展道路，产品要靠技术创新赢得市场。

长远发展的路在哪里？王果年对公司有了新企求。

创新永远在路上

"摸着石头过河"，从2010年到2016年，王果年尝试做过许多产品，其中就包括湘一前期的建筑机械和后来确立公司行业地位的环卫机械行业。

湘一进入环保机械行业，看起来纯属偶然，但在王果年心里却是偶然中必然发生的事情。回顾其随后在环卫机械行业的创业生涯，从王果年一路所走过的心路历程，自然能明白其所言非虚。

2012年，一个朋友得知王果年的湘一公司专门生产小型机械设备，正在寻求定型产品，就专门带他去长沙市一个居民小区看垃圾站。

外表光鲜亮丽的小区环境优美，可小区垃圾站盛放垃圾的简陋铁箱四周却是污水横流、臭气熏天，居民都是掩鼻而过，邻近的居民更是苦不堪言。

朋友对他说,如果湘一生产环保卫生的垃圾设备,解决小区垃圾存放难题,必定大有市场。王果年想到由于城市人民生活水平的提高,垃圾量不断增大,而各小区以及市政所使用的垃圾收集转运设备简单粗糙,严重影响城市环境、居民生活环境。

直观的现场让王果年看到了巨大的商机,看到传统的地埋式垃圾压缩机,有些甚至就是一个简单的铁皮箱,学机械出身的王果年觉得有很大的改进空间。

王果年果断地将公司主营业务调整为生产垃圾处理的相关设备,立即组织公司现有的几名技术人员进行产品研发。

在研发过程中,王果年带领技术人员走访了解市场产品情况,找环卫工人了解情况,找物业单位、环卫主管部门咨询意见,了解当时垃圾站的弊端和需要改进的地方。在臭气熏天的垃圾站内进行测量、分析,王果年常常弄得从头到脚一身都是垃圾和臭味。

经过多次实地测试,花了近半年时间,公司终于开发出第一台底举地埋式垃圾压缩机。

王果年本以为自己好不容易研制出来的产品解决了垃圾压缩中的痛点,很容易会被市场接受,可没想到由于自己并没有相关的人际资源,结果在长沙并没找到用户。

直到3个月后,在朋友的帮助下,才把这第一台底举地埋式垃

湘一公司垂直式垃圾压缩机

圾压缩机销到了贵州省。

虽然第一台垃圾压缩机销售并不理想，但王果年却并没放弃，继续组织技术人员对这台设备中存在的举升不平衡、液压系统不稳定等问题，进行改进和完善。

湘一公司地埋式垃圾压缩机

销售人才缺乏，让王果年看到了公司进入环保设备领域的短板。王果年立即组织招聘，聘请了2个专业销售人员。自己带着这2个业务人员，上门找物业、找城管环卫部门推销产品。经过不断努力，当年公司成功销出了好几台底举地埋式垃圾处理设备。

后来，王果年根据底举地埋式垃圾压缩机存在的问题，继续进行技术改造，研发出侧举式地埋垃圾压缩机。相比底举式，侧举式在垃圾箱体升举过程中更加稳定、基坑更浅，深受市场欢迎。

产品慢慢有了市场，王果年更加深信自己的选择，他根据市场的反馈，不断加大技术创新，随后又创新推出了垂直式垃圾压缩机。

王果年借鉴高空吊机支腿原理，给地埋式垃圾压缩机安装了机械安全支撑设施，解决了当油管突然爆裂时，会导致安全事故的隐患。这种安装了安全支撑设施的地埋式垃圾压缩机，无论是在作业中，还是在设备维修中，当工人深入垃圾站基坑作业时，都能有效防止升举的垃圾箱体突然坍塌的危险，由此获得国家实用新型专利。

2016年，在考察沿海发达地区环卫设备时，王果年发现传统的地

湘一公司垃圾转运

埋式垃圾压缩机正在逐步被整体移动式垃圾压缩机替代，垃圾压缩机的升级势在必行。于是，王果年果断组织技术人员研发新式整体移动垃圾压缩机。

移动式垃圾压缩机对应的是地面垃圾站，过去地埋式垃圾站的垃圾转运需要箱式垃圾货车，而整体移动式垃圾压缩机站可以直接由专用运输车辆连同移动式垃圾压缩机箱一并运输。既节省了垃圾由站到车的装卸工序，还可解决垃圾转运过程中的二次污染问题。

从最初的整体移动式垃圾压缩机到移动分体式垃圾压缩机，后来根据市场所需，王果年对产品进行了升级，又研制出移动刮板式垃圾压缩机。

2017年的冬天，得知外地新推出的一种移动刮板式垃圾压缩机深受市场欢迎，王果年冒着大雪，带着4个技术人员，连续四天去外地的垃圾站察看，分析其工作原理，终于掌握了刮板式垃圾压缩机的技术奥秘。

回到公司后，王果年很快就结合客户的需求，研制出了适销对路的移动刮板式垃圾压缩机。

王果年十分注重公司技术创新，湘一公司成立了企业技术中心，与长沙理工大学机械与汽车学院进行产学研合作,先后获得专利80余项,其中发明专利5项。

厚积薄发,持续的技术创新使湘一公司很快迎来了发展良机。

2019年7月,上海在全国首推垃圾分类,9月,长沙在城区推广垃圾分类。此时垃圾分类面临最大的难题是湿垃圾的处理问题,凭借多年的技术积累,湘一公司很快就研制出了非常适合处理湿垃圾的压缩机。加上拥有系列垃圾处理设备,是长沙地区垃圾处理产品品类最为齐全的厂家,湘一公司被政府部门指定为长沙垃圾压缩设备提供商。

公司生产的首台湿垃圾压缩机应用到长沙市芙蓉区西隆苑,是长沙市推行垃圾分类,第一台实地应用的湿垃圾压缩机。

正是由于湘一公司在垃圾分类中的突出表现,当年当长沙市进行城市环境改造,推行改站(垃圾站)、改车(垃圾运输车)、改厕(厕所)"三改",在对环卫设备升级时,湘一环境作为垃圾压缩设备厂家被长沙市政府指定为合作供应商。

2019年,长沙市环卫"三改",上级领导考察湘一公司

随后,湘一环境公司的产品立足湖南,拓展到了湖北、广东、广西、江西、贵州、云南、河南、宁夏、内蒙古等省区。

随着人们对美好生活的向往,对垃圾站建设提出了更高要求,湘一公司又一次研制出适应高端市场的景观式垃圾站、高位直压式分体

湘一公司整体移动压缩机和整体移动垃圾站

站,等等。

深耕环保设备领域,无论是技术储备,还是市场资源,王果年在行业中有了更多的话语权,湘一公司再次对产品升级,研发垃圾二级转运站,为垃圾处理提供系统的解决方案。

激情澎湃的王果年踏上创新道路不停歇,十多年组织技术团队不断攻关,针对环卫垃圾压缩处理设备板块持续进行新产品开发,研制出在不同场合使用的各种类型的设备以及相关配套设备十大类型上百个型号的产品。

产品覆盖了从农村到城市、从乡镇到区县的全域范围垃圾收集、压缩、转运(含二次转运)设备以及配套的污水处理设备、喷淋除臭、负压抽风除臭、垃圾分类箱房等设施设备。

目前,湘一公司已经形成了系列环卫产品。无论是底举和侧举的地埋式垃圾压缩机,还是垂直式垃圾压缩机,都是地埋式,属于第一代产品。整体移动式、移动刮板式垃圾压缩机和分体式垃圾压缩机,都是地面移动式垃圾压缩机,属于第二代产品。景观式垃圾站、高位直压式分体站和大型二级转运站则是第三代和第四代产品。

随着智慧城市建设的加速推进,王果年认识到发展智慧环卫是必然趋势,智慧环卫应用到的精密传感技术和工业物联网技术是国家"十四五"规划中的重点发展产业,具有广阔的市场前景。

2021年5月,湘一公司与湘潭大学进行了产学研合作,联合开发"智慧环卫信息管控系统"软件信息工程产品。该产品依托物联网技术与移动互联网技术,把精密数据感应器嵌入各种环卫管理环节中,通过大数据对环卫作业管理全过程进行评估,对环卫服务所涉及的人、物、事实施全方位、全过程的实时在线监控、管理,合理设计规划环卫管理模式,提升环卫作业质量,降低环卫运营成本,提高环卫管理科学水平。

"湘潭大学长沙湘一机械联手进军智慧环卫管控系统",人民日报社环球网进行了专题报道。

随着公司技术发展进步,2021年公司名称由"长沙湘一机械有限公司"变更为"湖南湘一环境科技有限公司",并加入中国城市环境卫生协会智慧环卫专业委员会,成为业内为数不多的会员单位。

王果年参加宁乡市组织的深圳大学培训班

一路走来，王果年心中永远感恩创业路上扶持过自己的所有人。当遇到困难时，宁乡市工信局牵头，先后组织了市城市综合管理执法局、市机关事务局、市环境保护局等职能部门对其帮扶解困。

宁乡市委市政府十分关心中小微企业发展，公司先后被评为长沙市科技"小巨人"企业、长沙市工信"小巨人"企业、湖南省专精特新企业、国家高新技术企业、国家知识产权运行试点企业、国家科技型中小企业。

随着在环卫机械行业多年的摸爬滚打，王果年深感环卫机械缺少国家通用标准，环卫机械企业只能根据客户的个性化需求，研发门类众多、品种繁杂的环卫机械产品。这种状况在满足我国幅员广、地理情况复杂、对环卫机械不同要求的同时，却给生产企业带来生产成本和营销费用高的困扰。

由此，王果年对湘一公司未来的发展，心中已经有了更为远大的梦想。

近期，在重庆成立营销中心，面向我国西南市场，研制更能适宜西南地域的、具有特色的环卫机械产品，湘一公司迈出全国布局的第一步；

远期，在主管部门的支持下，牵头组建湖南环卫机械设备生产联盟，制定湖南环卫机械设备行业标准，并适时推行我国环卫机械设备行业标准。

湘一公司产品整装待发

20岁,中专毕业,进入国企,笃定在这里奋斗下去。

25岁,通过自学考试拿到本科文凭,踌躇满志中对未来满怀期待。

30岁,企业改制,国企中层干部瞬间成为下岗工人。

32岁,到一家知名民企打工,这家企业"人类因梦想而伟大"的信条点燃了创业梦想。

37岁,开始创业,一路磕磕碰碰,终于挺过了那段最艰难的时期。

40岁,创办长沙湘一机械有限公司,终于踏上成功之路。

"跌倒了,爬起来,就是成功。面对困境,你首先要相信有成功的可能。把每次失败带来的教训掌握了,便有了下次的进步。"王果年轻描淡写的话语中,透出岁月沉淀的淡定。

【人物简介】

邓国兴,男,1983年3月出生于湖南宁乡,湖南电力耐磨新材料有限公司总经理。作为一个985大学毕业的硕士研究生,面对进体制的诱惑,面对父母的不理解,他没有丝毫动摇,坚定自己的选择,坚守自己的理想。从公司销售做起,从企业最基层干起,经过各种磨炼,经受各种摔打,让自己变得越来越强大。终于有一天,年轻的他拥有了自己实现梦想的公司。

邓国兴:甘当销售员的985研究生

"创办一家华为那样的企业,做一个受人尊敬的企业家,是我的人生目标!"虽然现在还只是创业的起步阶段,但年轻的邓国兴对未来充满梦想。创业中,自己能遇到种种看似不可能遇到的机遇,他坚信:梦想总是要有的,万一实现了呢!

传承,乡里娃的愿望其实很简单

即便自己是毕业于名校的硕士研究生,即便自己创业10多年,在耐磨材料领域已略有建树,邓国兴仍始终认为激励自己成长奋斗的精神原动力是自己的爷爷。

爷爷是遗腹子,父亲在他出生前就在外地去世了,1岁时母亲也郁郁而终，自此爷爷成了孤儿，由自己的叔祖母抚养成人。没上过几年学的爷爷学习能力过人，木匠、泥匠、篾匠、皮匠，样样都行，几乎是农村的全能型选手。种田、当码头搬运工，什么苦都能吃，20世纪"大跃进""大炼钢铁"时还是突击连的连长。

改革开放，爷爷投身创办乡镇企业，负责营销工作，足迹遍及全国，获得全省乡镇企业系统销售先进个人称号。一个乡下的农村人，也没什么文化，却拿到了省级荣誉，爷爷可以说是当时宁乡的风云人物，当了几届的宁乡人大代表。

农家子弟邓国兴从小就把爷爷的励志人生，当作自己学习的榜样。

小时候邓国兴就知道自己的祖辈是四川人，祖父的曾祖父清末在南京为官，由于时局变化，辞官后带一众家眷回四川途经宁乡，经其幕僚介绍在宁乡购置田地，留在了宁乡。

那时候的邓国兴并不知道要向爷爷学什么，但他懂得自己父辈的荣光，懂得从爷爷身上传承下的家族使命，更希望能像爷爷那样走南闯北。

邓国兴常常想，也许自己后来把销售作为第一份职业，把销售作为自己人生历练的第一堂课，坚定不移从事销售工作，是爷爷对自己潜移默化的影响。

对邓国兴的影响，除了爷爷，无疑就是父亲了。

受爷爷的影响，邓国兴的父亲也在乡镇企业办工作。改革开放初期，乡镇企业特别红火，管理乡镇和村办企业的父亲炙手可热。可没想到20世纪90年代末，乡镇企业民营化改制，作为乡镇政府管理机构的企业办完成历史使命后被撤销。

2000年，邓国兴的父亲下岗了。

下岗后，父亲在宁乡的湖南忘不了服饰有限公司上了几年班。不甘人后的父亲，想到了自己创业。2002年，父亲贷款创办了一个布鞋厂,其间正在湘潭大学就读的邓国兴,为推销父亲工厂生产的布鞋,曾经去湘潭步步高等公司对接供货和回款事宜。

没想到父亲的布鞋厂最后还是没有坚持下来,反而还欠了一屁股的债。作为旁观者的邓国兴却从父亲的创业中,近距离看到了创业者自身的局限性对创业成功的制约。

1983年,邓国兴出生在宁乡县龙凤山乡新民村(现为宁乡市夏铎铺镇香山新村)。父亲基于过去自己没能上大学的遗憾,对于自己两个孩子中长子的邓国兴,寄予了厚望。

"如果你考不上宁乡一中就不要读了",当邓国兴按部就班地在村里读完小学,在镇上念完初中,即将中考时,父亲想到了"激将法"。

少不更事的邓国兴自然信以为真,直接参加了一中提前招生的择优考试。他想,自己如果考不上一中,宁乡其他的普通高中即使考上了,父亲也不会让自己去,所以普通高中邓国兴干脆就没填志愿。

考试结果出来后,宁乡一中没考上。这下父亲着急了,去宁乡教育局查分数,发现邓国兴虽然分数没达到宁乡市一中的录取线,却远高于宁乡四中的分数线。最后,父亲四处托人,终于在高中新生开学前夕,把邓国兴送进宁乡四中一个普通班。

"根据中考的成绩,你还能考更好的名次,要继续努力!"在第一次月考时,邓国兴考了班组第13名,班主任把邓国兴叫到办公室,对他说。争气的邓国兴,学习成绩稳步提升。高中第一学期期中考试第五名,第三次月考第三名,后面就稳定在班上前三名。

邓国兴升入高中,下岗后的父亲,虽然努力在创业,但经营效果不理想,家庭经济压力越来越大,邓国兴也越发懂事了。虽然是普通班的学生,但邓国兴与班上另外一个同学相互激励、相互竞争、你追我赶,成绩分列班上前两名,在全年级4个重点班6个普通班中,成绩常常超过重点班的同学,进入年级前30名。

"自从进入中学阶段,特别是到了高中,我的学习目标很明确,就是要考取一个好大学。"邓国兴的学习动力更多来自父辈的夙愿。

父亲因为家里条件有限,高考时考大学仅差几分,也曾想复读,但父亲作为家中男丁长子,受家庭经济条件限制,不得不高中毕业后跟随爷爷,帮助父母养活一家人。

在父亲那个年代,读没读大学的人生完全不一样,父亲的发小由于家庭条件好,通过复读考取了大学,后来两人人生轨迹全然不同。

父亲没能读上大学,成了祖父和父亲一辈子的遗憾。高中时代的邓国兴心无旁骛,立志一定要考上大学,实现父辈的夙愿。

异地求学,蝶变后他有了自己的想法

2002年,邓国兴如愿以偿考上了湘潭大学化学工程与工艺专业。

虽然考上了大学,但当时单纯的邓国兴并没有太多自己的想法,就连大学学什么专业,也是父亲帮自己选的。至于以后想做什么,当时邓国兴就更谈不上有明确的目标。

但当邓国兴看到自己很多同学考上大学,由于没有了考大学的目标,学习很快松懈下来后,他明白,父母供养自己和弟弟读书很不容易,自己要继续把学业成绩搞好,否则对不住父母的辛劳。

怀着对父母感恩的心,邓国兴有了学习的动力,仍然保持中学期间的那份学习劲头。大学期间,邓国兴并没有像很多同学那样,把时间花在娱乐和社交活动上,去得最多的还是课堂和图书馆,因而大学成绩十分优异,每年都能拿到奖学金。

对于自己由于经济原因,不能像家庭条件好的同学那样,住到4人一间的学生公寓,而只能挤在9人一间的宿舍里,邓国兴以自己独特的宇宙天文观,从宏大的视角看待个人成长中遇到困境,从而淡然地对待自己与他人在物质上的差距。

有这种心态上的坦然,物质条件上的不足,并没影响到邓国兴主

2006年，邓国兴从湘潭大学本科毕业

动参与大学社团活动。

他明白自己过去由于身处农村环境，对外交往少，导致性格比较内向。学习之余，邓国兴有意识地锻炼自己，包括与不同院系的同学交流，去参与院校学生会干部的竞选等。即便像追女孩子这类事情，邓国兴也勇敢地去尝试。

在大学这个熔炉里，邓国兴努力去适应、去锻炼，虽然期间，除了学习成绩优秀，他并没有收获到更多，他却更明白了自己的差距，也知道了自己今后要努力的方向。

邓国兴的大学生活就这样波澜不惊地进行着。读大二时，成长起来的邓国兴有了新目标——考研。

看到广州是众多湖南人发展的目的地，想想自己今后的发展，广州就成了邓国兴考研的目标城市！而且那里的华南理工大学是湘大学长学姐考得最多的学校！

"目标锁定，唯有奋斗！"2006年，邓国兴以华南理工大学化工学院初复试总分前十的成绩，考入华南理工大学，师从时任副校长邱学青教授，当年华南理工大学化工学院招录120人！

"如果湘潭大学用毛泽东思想来形容,华南理工大学就是邓小平理论!两所学校,两个城市!"邓国兴很庆幸自己大学和研究生阶段能在湘潭和广州这两座风格迥异的城市求学。一个处在内陆的红色城市,注重政治;一个处在改革开放的前沿,偏重经济!

经济、政治,支撑人类社会发展的两大支柱,让邓国兴以极为简便的方式所接触,这极大丰富了他的人生,视野一下子开阔起来!

来到华南理工大学后,邓国兴发现无论是校内师资力量,还是校外社会资源方面,作为头部重点大学,华南理工大学都拥有湘潭大学无法比拟的优势,在学习和科研上,甚至社会活动方面,自己都有更多机会。

经过大学四年成长,邓国兴已不再是初出农村的乡里娃,表达沟通能力有了很大提高,他很快加入了在湘潭大学一直没能进去的校学生会。在华南理工读研第一年成了校研究生会干事,第二年当了研究生会的部长。

以前因为体谅父母的艰辛,邓国兴大学期间一直没有买电脑,读研究生电脑就是必备的学习工具了,通过做家教邓国兴终于拥有了自己人生的第一台电脑。很快,邓国兴就掌握了C语言、网站制作、图片处理等知识,并学会了做网站,利用这些知识,邓国兴在校研究生会信息网络部承担了学院网站建设和学校机房的维护工作。

这些兼职,改变了邓国兴经济上的窘迫困境,不到半年便把买电脑的钱赚回来了。这样的锻炼机会很多,这对于以前几乎从没出过远门,对外界的切身感受很少的邓国兴来说,是那样的难能可贵!

有了这样的平台,邓国兴各方面的能力素质得到迅速提升。

2007年,邓国兴与另外两个学院的同学组成团队,参加了研究生全国数学建模比赛,获得了全国一等奖,当年邓国兴拿到了学校一等奖学金6000元,这对于邓国兴来说,无疑是笔巨款了。

更让邓国兴骄傲的,在华南理工还收获了爱情,追到了同是湘潭大学考入华南理工的校友做女朋友。后来两人一起回到宁乡打拼,结婚生子,成就一段佳话。

广东是我国最早改革开放的前沿,市场经济十分活跃,华南理工培养了众多的企业家,号称工程师的摇篮、企业家的摇篮。学校的商学院有很多企业家前来读MBA,进行知识充电。同时,学校也常常邀请校友企业家到各个学院做演讲,给学弟学妹们讲述他们的创业发展故事。

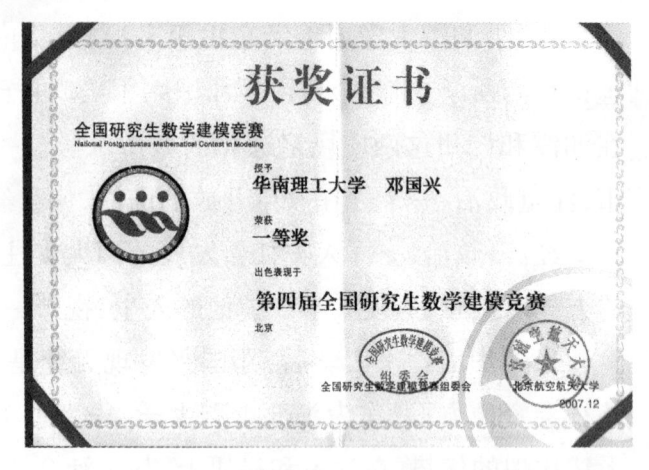

2007年,邓国兴获全国研究生数学建模竞赛一等奖

身处这种氛围的邓国兴,联想起自己爷爷和父亲的创业经历,很快激发了心底的那份创业欲望。他越发感觉到自己选择华南理工读研是正确的。

邓国兴想到,父亲创业多年不能取得成功,关键还是在于其能力和素质,自己吸取教训就要先从完善自身素质开始。

他想,如果是自己创业,应当具备哪些能力?从现在开始就要对此做好规划。

他进一步想到,无论是自己毕业后的就业,还是未来可能的创业,销售工作无疑是最能锻炼能力的。销售工作是求职就业和创业的基础性工作,如果能把销售工作做好,不愁没有好的发展。

"想到就要去做。"专业学习之余,邓国兴选修了商学院的课程,还旁听了很多MBA的课程,努力规划和提升自己这方面的能力素质。

在学好专业知识的前提下,利用一切机会,在华南理工这个大平台,邓国兴参加各类活动,学习各种知识和技能,努力提升自己。

艺多不压身!年轻的邓国兴精力充沛,尽可能学习更多的知识,"书到用时方恨少",邓国兴懂得这个道理。许多知识当时可能看不到它的用处,可往往在今后的某个重要时刻会体现出价值。对于新知识,邓国兴形容自己是个十分"贪婪的人"。

一次课题组研究,导师叫邓国兴写一篇综述,当时邓国兴感觉似乎与课题不怎么相关。但他还是十分认真地去查资料,看完了几乎所有的相关英文文献资料。

突然,导师又通知不用写综述了,邓国兴前面花费大量精力的劳动一下就没有了价值。但邓国兴却毫不气馁,通过查看众多文献资料,学会了大量相关专业知识。

这种学习态度,很快就有了回报。

研三前的暑假,是邓国兴毕业前择业的关键时间节点。当时,世界500强美国通用电气公司来华南理工,以暑期实习生的形式,物色管培生,作为后备人才储备。

1000多人投递简历,经过8轮淘汰,最终邓国兴成功入选两人名单。邓国兴庆幸自己的专业面试中,刚好用到了自己当年写课题综述时所积累的专业知识。

暑假实习期很快结束了,通用电气水处理事业部南方大区区域经理对邓国兴很满意,希望他能留下来。邓国兴想到自己很快要毕业,通用电气这样的跨国公司就业机会难得,就与导师商量,每周一到周五去实习两天,周末回学校补足课题实验,这样边完成学业,边在通用电气工作。

"在国际化的通用电气公司这个大平台,给我带来了很大收获。"按邓国兴自己说的,一是提前进入职场,了解到职场的为人处世、社会百态,以及职业规划;二是在通用电气公司的线上商学院,自主学习了很多知识。在研三近一年的时间里,邓国兴既没耽误导师的课题研究，又坚持在通用电气公司工作。

2009年，邓国兴研究生毕业。如果说，刚来到通用电气公司做管培实习生时，他很想在这个跨国公司的大平台好好干一番，可一年后，邓国兴就有了另外的想法。

因为马上面临就业，又在外企跨国公司实习过，邓国兴发现在中国的外资企业，虽然工资福利待遇好，但是大陆的职业经理人普遍存在成长瓶颈问题。

在大型外资跨国企业，当大陆职业经理人干到40岁后，面临进一步提升时，他们往往会找各种理由将其解聘。一方面，基于对大陆的职业经理人的歧视，跨国公司的高层管理岗位，更愿意用新加坡、马来西亚甚至印度人；另一方面，因为老员工薪酬普遍较高，基于节约人力成本考虑，往往也会解聘那些资历较老的员工，而重新招聘年轻员工替换。

2009年，受前一年金融危机影响，通用公司暂停全球招聘计划，原计划的水处理事业部招人计划被取消。而经过华南理工大学三年的学习，邓国兴的知识体系、思维体系、价值观的初步建立，对自己的职业也有了初步的规划。

"自己人生自己做主"，此时的邓国兴，对于刚开始十分中意的通用电气并不怎么感兴趣了，为了将来更好发展，他要做销售，在销售工作中锻炼自己。

一个985大学的工科硕士研究生，去做销售工作！这个石破天惊的决定，让邓国兴周围的人大跌眼镜。

"你学了7年的专业，为什么做销售？"面对众多的不解，主意已定的邓国兴只是笑着回答："我做了销售，你们以后研发的产品，或者公司的产品要卖出去，我就可以帮到你们啊！"

其实，对于销售工作邓国兴心里却有自己的想法：一方面这是最能培养能力和提升素质的岗位，另一方面基于在通用电气公司实习期的认知,世界500强企业的职业经理人很多都是从销售岗位或者财务岗位干出来的。做销售工作,发展空间很大。

很快,邓国兴就在广州的一家化工公司找到了做销售的工作,女朋友也应聘到了一个中学当老师。甜蜜幸福的蓝图,在两个即将走入社会的年轻人面前展开了。邓国兴想先在广州工作几年,待父母老了再回长沙工作,方便照顾父母。

就业,父亲的三个不满意

就在邓国兴要与广州公司签订就业三方协议之际,一个同门博士师兄通过邓国兴家乡湖南宁乡市实施的"5127"工程,到宁乡市工信局工作。("5127"工程全称宁乡县"5127"高素质人才引进工程,即计划用5年时间引进博士或具有正高职称的专家100名、硕士200名、全日制本科生700名,为宁乡历史上规模最大、规格最高、范围最广的招才引智工程)

邓国兴一打听,得知宁乡市所属的省会长沙,也在实施"万人人才工程",引进优秀高校学生到市直机关、重点企业工作。

他没想到家乡湖南经济发展起来,对人才这样重视。

过去由于大学生包分配政策,华南理工大学毕业生到湖南工作,都是进体制内单位工作。改革开放后,由于湖南经济发展落后于广东等沿海地区,像华南理工这样的名校毕业生大都选择沿海发达地区,很少到湖南工作了。

现在自己毕业赶上了好时代,湖南像三一、中联这样的有发展前景的大企业大量招揽人才,现在湖南各级政府也这样重视人才,中部的湖南必然将迎来大发展。

再一想,自己如果在广州就业,短期看这边工资高一点,但这边生活成本也高。如果早点回家乡发展,就可以在家乡早点扎下根,发展几年有了基础,也能搭上长沙发展这趟快车。

"迟回不如早回!"这下邓国兴坐不住了。女朋友得知他的想法后,也很支持。她立即参加宁乡市教师招聘考试,考入了宁乡十三中任教。

这样一来,邓国兴回家乡就业的顾虑彻底烟消云散了。

"宰相必起于州部,猛将必发于卒伍。"回到家乡就业,是坐机关按部就班地当公务员,还是储备能量准备创业,邓国兴没有过多的犹豫,他坚定自己从销售员做起的想法。

2009年7月,毕业离校回到家乡,邓国兴立即来到长沙设在贺龙体育馆的大型人才招聘会,在企业展台前投了几份简历后,忐忑不安的邓国兴回家等消息。很快,邓国兴就接到了长沙某上市预备企业H公司的复试通知电话。

虽然时间过去了15年,邓国兴仍然清楚地记得,2009年7月21日上午,他在宁乡高新区H公司建设项目部办公室的活动板房里,与该公司董事长朱总的对话。

"作为一个研究生你为什么选择做销售?"老板开门见山问。邓国兴回答:"作为一个工科专业的研究生,我能更好地理解产品,以专业的水平为客户提供解决方案,而不是去卖产品。"

一语说到了老板心里,随后的整个面试都是老板给邓国兴讲解公司的产品如何如何,公司为什么要推出解决方案型的营销模式。后来邓国兴才知道,该公司当时正试图从传统销售模式转型到为客户提供系统解决方案型销售模式。

面试当日下午,老板就带着邓国兴去拜访客户。面试当天也没有谁给邓国兴明确答案,他也没多问。过了几天后,公司通知邓国兴报到上班,但关于薪酬待遇还是一无所知。

后来公司人力资源部告诉邓国兴,公司在长沙贺龙体育馆人才招聘会原来是想招普通岗位的工作人员,高层次的人才公司已经进行了校园招聘,在此前公司在中南大学、湖南大学、湘潭大学已经招聘了十多位应届毕业生作管理培训生培养,而自己是唯一一名作为社会招聘进来的应届毕业生,也将纳入管理培训生培养。

同事后来还告诉邓国兴,感觉他与别的大学生明显不一样,比如虽然自己不抽烟,却带烟给老同事递上,主动与别人沟通,显得老成稳重,今后会是把做销售的好手。就这样,邓国兴正式开启了从校园到社会的生活。

对于自己的职业规划,邓国兴知道传统的父亲不会理解,刚开始,他想先瞒着父亲,等自己做出成绩后,再跟他解释。可没想到从华南理工毕业时,因为没及时落实工作单位,学校把邓国兴的户口退回了宁乡原籍。

得知消息的父亲非常不满意,气得不行。

第一个不满意,俗话说"人不出门身不贵,火不烧山地不肥!"好男儿志在四方,你本已在广州找好了工作,却又回到农村,没出息!

第二个不满意,"学而优则仕",一个名校研究生,不去考公务员进体制,去到一个不知名的私人企业,蠢得死!

第三个不满意,读了那么多书,什么工作不好找,偏要做一个连小学生文化都能做的,只管吃吃喝喝的销售工作,气死人!

目标确定后,你的选择就简单了

现代社会发展机会很多,面对很多诱惑,面临多种多样的职业选择,这考验年轻从业者的智慧。

可这在邓国兴看来,关键在于你的目标,目标确定后,选择就简单多了。当年,邓国兴放弃美国通用电气公司和广州某化工企业的就业机会,回到宁乡,第一份工作,正是由于他坚定做一名优秀销售的目标后,选择了当时规模并不算大,但属于成长型企业的小企业。

他认为与其去一个大公司当一颗螺丝钉,不如在一个成长型小企业,更能得到全方面的锻炼。虽然在大公司,工资福利肯定会比H公司这样的成长型企业要好。

自己作为初入职场的年轻人,当有了一个长远而不是短视的目标后,就剩下一件事要做了,那就是坚持!

随时校正目标,保证行动中不偏离。比如,有了长远的目标,你就不会再纠结眼前的工资福利了。邓国兴职业规划的长远目标是要创业,但要实现长远目标,研究生毕业他选择做销售,就是为今后的自主创业积蓄能量。

为了尽快成长为一名优秀的销售人员,邓国兴在工作期间,从没间断学习专业知识,也更舍得钻研业务。

一方面从书本中学,提升自己专业知识水平。他自费买了来厚厚的一本《销售主管》专业书籍,当作自己的"葵花宝典",自费购买各类销售视频课程学习销售技巧、岗位管理等专业知识。他还自掏腰包,从中级营销师一路考到高级营销师资格证。

另一方面,在实干中学,提升自己的实践能力。邓国兴在销售部门从最基础的工作干起,刚到H公司做销售时,他跟着司机押车送货就干了半年时间。在推广公司产品与解决方案的过程中,经常会遇到各种不可控的应用问题,这些问题有产品本身的原因,也有客户设备的原因,甚至还有经营管理不匹配的原因。邓国兴爬遍了客户现场各种类型的设备,善于思考问题背后的本质原因,向公司和客户提出建设性的解决方案,展现了一个技术型销售的业务能力,获得了公司与客户的

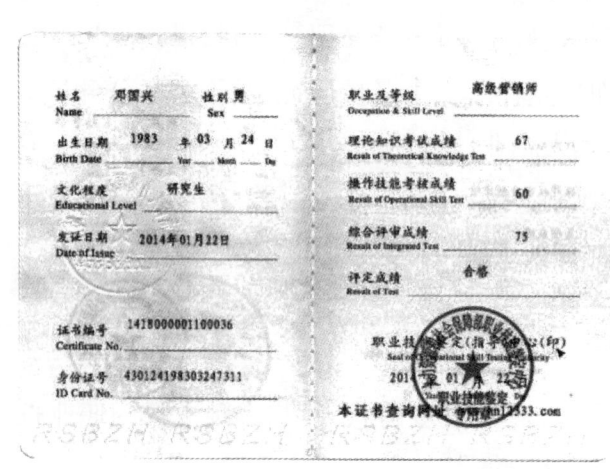

2014年,邓国兴考取了高级营销师证

邓国兴在H公司做销售员

广泛认可。

邓国兴发挥自己既有理论特长，又积累了丰富实践经验的优势，针对公司的营销政策、售后服务流程、部门制度建设、年度经营计划，等等，提出改革设想，得到董事长的大力支持，为公司建立了完善的销售管理制度体系。

半年后，邓国兴成为一名销售代表，很快又升为区域销售经理。董事长十分认可邓国兴的工作，让他牵头组建了湖南区域销售团队。

在H公司工作期间，年轻的邓国兴跑遍了大半个中国各个地方，到水泥、火电、矿山等行业销售金属耐磨材料。从最初的卖产品，转型到为客户提供系统性解决方案，卖技术、卖服务。

在邓国兴的参与下，公司基于材料的优势为客户提供的球磨机综合节能解决方案在应用实践过程中得到进一步的完善。比如客户根据设计院设计的球磨机里面装多少球，原来装100吨钢球，邓国兴他们根据生产实际和耐磨球产品特性，对球磨机进行优化，在保证同样的研磨效率前提下只装60吨，企业提升的收益就变成了公司服务的一个增值收益。

邓国兴带领团队,与湖南省内10多个电厂建立了牢靠的合作关系,他冒着危险爬进这些电厂的每一种型号的大型球磨机,仔细察看,帮客户提出切实可行的技改方案。

"在H公司工作期间,可以说我付出的比现在我创业还多。"作为销售人员,一般人热衷的交际中的吃喝玩乐,邓国兴却更喜爱花时间学习销售知识,为客户解决生产中的问题,研究和分析如何提升客户对自己产品的使用效率。通过为客户提供系统服务方案,提升客户生产效率,节约生产成本,在自己和客户双赢中达成销售目标。

2012年,年轻的邓国兴被公司聘用为销售部副部长。同年,公司成功上市,29岁的邓国兴成了上市公司的中层骨干。

随着岗位的不断提升,自己的业务知识、综合能力和格局视野都在稳步提高。对待工作,他勤勤恳恳,全身心地投入,很少能在晚上十点前回家,干到凌晨两点也属正常。

董事长知道邓国兴是名干将,总是把最艰巨的任务安排给他,把最难带的队伍交给他。比如,由于燃煤质量问题,湖南电厂的生产成本往往比北方电厂高,对耐磨球成本控制要求高,董事长就把湖南片区的销售任务交给邓国兴,让他带团队配合电厂通过优化耐磨球用量,为客户设计提升效益的系统性解决方案。

邓国兴既充分掌握耐磨球的使用情况,又有工科专业知识背景,因此,常常能给公司提出许多建议性意见。基于这些知识和经验,邓国兴作为公司产品应用研究的重要参与者之一,在公司的"球磨机综合节能解决方案"获湖南省科技进步三等奖时,项目完成人名单中,邓国兴的名字赫然在列。

"在H公司的五年,是我职业成长最快的时期。"付出和收获,通常是相生相伴的。邓国兴的努力付出收获满满:个人业务能力的迅速提升,管理思维的逐渐成形,已初步完成了由初入社会的毛头青年到能够独当一面的职场老手的蜕变。

打工还是创业，其实并没有过多的纠结

随着企业上市，大企业病在公司慢慢显现出来了，无力改变的苦恼让邓国兴心生退意。同时，成长起来的邓国兴有了更高追求，现有的工作不能给自己带来更大的提升，原始的创业冲动开始萌动。

最后触发邓国兴的，是一件偶然的事情。

2014年6月份，宁乡市在清华大学举办"宁乡四五工程——企业管理高级研修班"，作为上市公司的H公司有两个免费参加名额，但公司不愿意派人参加。

得知消息的邓国兴立即找到宁乡市组织研修班的相关部门，申请参加。因为邓国兴只是企业的中层管理人员，不是企业高管，企业也没有安排报名，按规定是不能参加研修班的。邓国兴提出以个人名义自费参加研修班，研修班的组织方特事特办，同意了。

2014年，邓国兴自费参加清华大学研修班机票

于是，邓国兴回到公司，请假参加了为期十天的研修班。学习期间，邓国兴通过与宁乡的杰出企业家交流，感受到了企业家身上创业的激情和活力，也从他们的成功中看到了生命的价值和社会的意义。

通过学习，邓国兴也更加看清了现在H公司虽然已经上市，但其管理与现代企业仍有较大差距，其局限性必然将影响公司长远发展。几年后，公司遭遇重大变故，创始人只得把全部股权转让，公司陷入重重危机。

"这不就是我所需要学习、需要践行的方向吗？榜样的力量是无穷的，我也要像清华班的企业家同学一样去创业，去挑战自我，去发挥自己的更大价值。"学习中的一切，无不让邓国兴心潮澎湃，热血上涌，他在笔记本上写下了这话。

"机遇不是天上掉下来的，得靠争取。"邓国兴很感激这改变命运轨迹的10天学习，十年过去了，他至今还珍藏着当年去清华大学学习的机票。

从清华大学研修班学习回到宁乡，邓国兴找到董事长说，自己与公司的合同马上到期，不再续签了。

"你为什么要走，离开公司你想过做什么吗？"公司的领导都极力挽留，当初招他进公司，非常看好他的董事长质问他道。

"回家帮弟弟卖油漆。"董事长理所当然地认为这是托词，生气地对他说："半年以后你肯定会回来找我的。"

2014年7月27日，邓国兴离开了H公司，从他2009年7月27日到公司报到，刚好5年时间。

决意离开H公司的邓国兴，对于如何开始新的职业生涯并没有明确的打算，只是想到在老家夏铎铺镇开油漆店的弟弟生意不怎么好，自己是学化工的，可以先帮帮弟弟，也趁机会自己好好休整一下。

在邓国兴的资助下，弟弟把油漆店从夏铎铺搬到了宁乡市区，生意很快有了起色。

正在此时，创业机遇悄然而至。

9月底的一天，在H公司工作时的一个老客户找到邓国兴，邀请他一起创业办企业。

原来创办于1996年的湖南电力耐磨金属制品有限公司是湖南省电力系统的一家三产企业，主要为湖南省火力发电企业配套生产耐磨钢球。后来公司改制，成为民营企业，当时公司的所有人由于年纪大了，而子女们又无意接手这样一个传统企业，公司的所有人有意转让股份。

2014年9月底，经友好协商，邓国兴和朋友以及原公司所有人王总三人以3∶3∶4比例持股，签订合作合同。入股的150万元，当时对于手上只有6万元现金的邓国兴来说，无疑是笔巨款。还好家里刚好拆迁，父母都很支持他，再加上亲朋好友借一点，邓国兴凑足了股金。

令大家没想到的是，9月底才签好股份转让合同，10月份厂里就出了安全事故，治疗带赔偿花了90多万元。原本就不想干了的王总就对邓国兴他俩说，你们找一个人过来把我的股份接下吧！

实在的邓国兴只好找了一个校友把王总的股份接了下来。

公司的几个股东，有同学、有同事、有朋友，有的是看在邓国兴面子上，出于帮忙入的股；有的还有其他工作任务，没有充分的时间和精力参与公司的全面经营管理，邓国兴只好全身心地投入公司。

就这样，铆足干劲的邓国兴开启了自己梦寐以求的创业生活。

公司立足于火电行业，主营金属耐磨材料，属于比较传统、竞争相当激烈的行业。原来公司起点低，在产品品类、产品质量、生产工艺、市场占有等各方面都不具备竞争优势。加上生产设备、厂房都比较陈旧，企业可以说是苟延残喘的状

湖南电力耐磨公司老厂房

态。

原有工厂建于20世纪90年代,坐落于长沙跳马镇农村一个半山腰上,位置偏僻,不利于企业发展。2015年,考虑到公司长远发展,邓国兴把工厂搬到宁乡经开区,租赁了3600平方米的厂房。

针对公司原来只能生产低端的低铬球,满足不了市场对于高端的高铬球需要的状况,邓国兴开发生产高铬球。

高铬球的生产涉及原材料配方、热处理工艺的问题,这对于原来做销售,对生产技术这块完全没有经验的邓国兴来说是个新课题,他一方面利用自己工科专业特长,查资料学习;另一方面主动拜访同行,比如安徽宁国和马鞍山,向同行学习。

2021年,湖南电力耐磨公司成立25周年

公司渐入佳境,从接手之初营收仅三五百万元,很快到2018年营收2000万元,公司正式入轨了。

按邓国兴的设想,2019年3000万元,2020年4000万元,公司就这样稳步发展。可到了2020年,因为疫情的原因原材料疯涨,邓国兴赶紧控制产能,停止扩张,同时企业内部挖潜,降低成本,2019年、2020年、2021年连续三年把产值稳定在4000万元左右。

到2022年,市场行情转好,银行信贷放松,邓国兴把握机遇,扩大生产，当年实现产值5000多万元。2023年，在全国宏观经济增速放缓的背景下，在所在行业产能过剩40%的前提下，企业产值稳定在6000万元以上。

从最初企业产能1000吨，到如今产能10000吨；从过去企业只能做低铬球，到开发高铬球；从以前的销售员，到自学原料配方、懂热处理工艺生产的行家里手，脚踏实地的邓国兴边干边学，边学边干，稳步地把公司发展壮大起来了。

目前，湖南电力耐磨新材料有限公司荣获长沙市专精特新"小巨人"企业、长沙市智能制造试点企业、湖南省新材料企业、湖南省专精特新中小企业、国家高新技术企业等荣誉称号。邓国兴深知，作为企业的负责人，个人的能力瓶颈就是公司的发展瓶颈，所以邓国兴一直保持了自我学习的习惯。

回顾自己的创业历程，年轻的邓国兴有着深刻的体会：首先要有明确的目标，有了目标后就要坚持。要有坐冷板凳的思想准备，这种坐冷板凳的时间或许很长。在这过程中，你会遇到很多困难，中间一旦松懈了，你可能就过不去某个坎儿，就会全盘皆输。

结合自己的创业经历，关于大学生创业的话题，邓国兴建议年轻的学弟学妹们：刚毕业的大学生不要急于去创业，因为在这个时候个人能力和经验积累还不够，创业中的很多困难都不是年轻的自己所能承受的。可以先在工作中积累经验，然后找到一个准确的方向、明确的目标，再坚持做下去。可以先就业，在就业的过程中找到自己的创业方向，然后再坚持下去。

"创办一家华为那样的企业，做一个受人尊敬的企业家，是我的人生目标！"面向未来，邓国兴充满自信地表示：努力提升企业新质生产力，一方面加快科技创新开发高附加值产品，以产能不变换产值提升；另一方面加快装备升级提高生产效率，以场地和产能不变换人均产值的提升。

【人物简介】

王振华,1972年10月生,河北沧州人,长沙市人大代表、湖南小洋人科技发展有限公司创始人、总经理。2014年,他从河北来到湖南长沙宁乡,率领小洋人团队一步一个脚印,攻坚克难,以"好人品出好产品,道德就是生产力"的企业文化理念,将企业带入了飞速发展。王振华先后获得长沙市优秀共产党员、宁乡市"优秀企业家"等荣誉。

王振华:"好人品出好产品"

他从国企辞职,从民企基层销售干起,一步步做到了营销部门负责人;他从河北来到湖南宁乡,在南方"开疆拓土",打造南方乳品饮料基地,他就是湖南小洋人科技发展有限公司总经理王振华。他坚守"好人品出好产品""道德就是生产力"的经营方针,坚持"专注+苦干+巧干",倾力打造"小洋人"和"妙恋"等品牌,在中国乳饮料行业里占据地位,成为中国乳饮料行业的先行者。

放弃国企,到民企做销售员

20世纪90年代,王振华从河北机电学院毕业后,顺利分配到了河北一家大型国企工作。

国有企业稳定的工作,如果安于现状,王振华自然可以如同大多数同龄人一样,过上安逸的生活。但是,王振华很快就感觉这样的生活并不是自己所想要的。

"当时在的国企里面工作,每天就是一杯茶、一根烟、一张报纸看半天。我不愿意过这种一眼就能看到头的日子。"王振华说,正是这种不适应,让他萌生了离职的念头。

机缘巧合,王振华一次看到了一则小洋人的招聘广告。王振华经仔细了解,发现小洋人虽是民企,当时规模并不大,但发展前景看好,王振华感觉这或许是自己改变命运的机会。

一路"过关斩将",凭借以往"大学生""国企员工"等优秀的履历,更以自己优秀的表现,王振华顺利进入"小洋人"。

到了公司,王振华发现,小洋人公司成立时间并不长,从沧州市青县盘古乡李营村白手起家的家庭作坊式生产到现在,公司发展可以说才刚刚有点起色。

公司到处都缺人手,自己现在进入公司,几乎称得上是元老级员工。这对于很多应聘者来说,无疑不是一个好消息,或许会打退堂鼓。可王振华并不这样认为,他想,一方面,在这家人员并不太多的公司,自己能力可以得到足够的锻炼;另一方面,公司或许还蕴含着更多的机会。

仔细了解后,王振华发现小洋人其实是一家不错的公司。

"原来,我们(公司)进入行业早,比方说,我们比同行业企业——'太子奶'做得更早,赶上了时代风口,公司产品在部分省份已经很有些名气了。"王振华介绍说。

其实,上述所指的记忆,是小洋人当时在北方城市主打的几款产品,已经对当时的消费者形成了深刻印象,特别是最早的"生命蛋奶""开心大奖果奶""四联包"低糖高钙的酸奶饮品,当时业内流传一种说法:小洋人已经成为一代人的记忆。

为了更为深入地了解企业，接受更多的挑战，王振华在公司诸多的岗位中，选择了销售员职位。

销售，该怎么做？如何开拓市场？这

营销活动，右四为王振华

些都是王振华所要面对的难题。所幸的是，王振华在大学时期，兼修了营销课程。

"我最早是学习的电气自动化专业，同时兼修了市场营销，后期，硕士阶段学习的是工商管理。"原本理工专业出身的王振华说，在20世纪90年代，他就深感营销专业非常具有挑战性，当即决定大胆地跨界学习市场营销。

市场营销专业让王振华产生了浓厚兴趣，在一次活动中，他获得了销售与市场杂志社与中央电视台颁发的中国营销的最高奖项——中国营销金鼎奖。

虽然大学期间积累了一定的营销专业知识，但那毕竟是"纸上得来终觉浅"。"绝知此事要躬行"，面对营销实践中的种种考验，王振华选择了专注。

1997年的一天，小洋人公司安排王振华前去河北某地谈一项业务，并要求完成现场的主题活动。王振华从早上7点出门，从河北涿州到徐水，再到了保定，做活动，时间紧，任务重，项目谈完一个又一个，结束一个项目又赶往下一站。

就是这样，他马不停蹄、扎扎实实地忙完了一整天。一天下来，谈妥了多项业务。直到晚上8点,当他拖着疲倦的身子赶回酒店时,才突然发现,因为专注于工作,一整天都没吃上一口饭。

经过一段时间的锤炼,由于忘我的工作投入,王振华的业务能力得到了稳步提升。"当时,要做好一件事情并不容易,但是,当你取得一些成绩的时候,那种喜悦感、自豪感油然而生,会驱散你所有的疲倦,让你感觉到所有的付出都是值得的。"王振华说,工作中取得的一个又一个成绩,是自己从事销售工作的"强心剂",也是一直吸引他的最大因素。

除了"专注+勤奋",还有"苦干+巧干"

王振华说,做销售就像登山,去征服一座座山,克服一个个困难。当你跨过艰难险阻、爬到山顶的时候,喜悦感、征服感油然而生,这种征服感,其乐无穷。他总结道:做任何事情,一方面要专注,另一方面还要勤奋。干一行、爱一行,这就是专注。"专注+勤奋",才能走得长远。

正是"专注+勤奋"这个特质,让他在毕业后的工作有了方向感,也让他在营销的岗位上做得如鱼得水。

除了有"专注+勤奋", 王振华认为,"真诚"对于一个人的事业发展来说,亦是至关重要。

当时,在小洋人发展初期,大家每到一个县,都要花三四天时间,才能勉强把小洋人的产品铺遍县城,困难的地方,也要想尽一切办法去突破。最终,基本上能够做到百分之百的覆盖率。

若要达到百分之百的覆盖率,就离不开"苦干+巧干"。

"有的老板在打麻将,你去打搅,他们自然会不高兴,你就要用你的真诚去打动他,用你的产品和质量去说服他。"王振华说。

小事见成败。当老板玩得热火朝天,有人去推销业务,打搅人家,老板不生气才怪。王振华说,这个时候,就要审时度势,抓好时机。一方面不能打搅到对方,另一方面要对方能够接受你这个人。当对方觉得你诚实可信,愿意和你打交道,知道你有足够的诚意,老板或许就能够接受你。

从国企到民企,从销售到主管,王振华凭借着"专注+苦干""巧干+勤奋",从一个基层销售新兵,成长为销售总监,最后担任公司的营销总经理。

多年后,王振华如此评价他与公司的关系,他成长在小洋人、发展在小洋人、成就在小洋人,自己的事业伴随着企业一起成长,与小洋人密不可分。

当小洋人在传统乳品市场步入发展快车道时,一心专注于产品研发、质量的集团董事长却敏锐地捕捉到了当时消费者的需求和心理的变化,提出小洋人要在品质、质量上有更高更严格的要求,特别在大众越来越重视的健康理念上找到新方向。

既有的概念式印象,

走村入巷推销产品,图左二为王振华

自然会束缚住想象的空间;一代人的记忆在固化消费对象的同时,也能限制更多潜在的消费群体。

在许多乳业企业还在传统理念里面摸索探索的时候,小洋人悟出了国人对健康越来越看重的趋势,打出了"低糖、高钙"这一新概念,推出了基于"低糖、高钙"的新产品。

新产品刚一上市,就在北方市场掀起了一个高潮,一些主流媒体给予了高度评价,甚至有媒体评价——小洋人的新产品"给乳品开创了一个新时代"。

"早些时候,大家都没有低糖的概念,只要口感好。让人印象深刻的是,那个时候我们一天销售达到了1000多吨,天天得增添设备。"王振华介绍。

产品一度供不应求。山东潍坊有一客户,来到小洋人订货,一天就发了12个半挂车(最大的货车)。更神奇的是,山东坊间开始流传:不喝小洋人,孩子长不大。

2003年,小洋人的品牌——妙恋果乳上市,这是国内第一支PET瓶装的果乳饮品,权威媒体高度评价:开创了"中国乳饮的新纪元"。其后,许多乳饮都学着妙恋的模式逐渐发展。

国内知名企业——营养快线单品销售一度达到了200多个亿,排名中国第一,世界第五,其创始人也曾在公开场合对妙恋这一产品表示赞叹,甚至表达,当时他们的灵感,亦是从小洋人的妙恋产品模仿创新而来。

随着时间推移,小洋人不仅仅是果乳饮品的开创者,还成为国内唯一的果乳饮品的标志性品牌。一说瓜子,就想到洽洽;一说凉茶,就想到王老吉;一说果乳,就想到小洋人。随着小洋人的第二、第三款频频出现,小洋人的品牌逐渐走向更为广泛的空间。

"这些年来,我们也不断地在推陈出新,比如小洋人ad钙奶,妙恋系列乳酸菌,等等。每年都有多个新品研发。董事长对研发有着浓厚的兴趣和敏锐的市场意识,亲自做研发,做质检。"王振华说。

越是发展顺利的时候,越要保持清醒头脑

面对蓬勃发展的乳饮品市场,小洋人公司一方面不断推出新品,满足不断增长的市场需求;另一方面保持清醒头脑,严把产品质量。

2008年,河北"三鹿奶粉"事件爆发。这场乳业地震迅速发酵,波及整个乳业上下游企业。当这个行业大多数企业深陷"三聚氰胺"危机、遭受各类审查调查的时候，小洋人则顺利通过了层层检测、关关考核，最终得出的结论是，小洋人没有三聚氰胺，其产品安全、合格。

"三鹿奶粉事件，对行业影响很大，因为我们不忘初心，反而促进了我们公司的发展，乳业地震之后，我们就成为河北最大的乳品企业了。"王振华说，公司当时经历了省市县几千批次的检测，全部合格。而今，每家企业的安全意识都上来了，大家达成了共识，不达标就是灭顶之灾。

王振华介绍，其实"三聚氰胺"事件爆发之前，小洋人就已经发现了一些问题。

2004年，小洋人公司在其12个奶源小区，发现了一些异常现象。当时，小洋人的工作人员发现一些奶农经常往奶源里面倾倒一袋袋不明物品，

慰问残疾人士，右三为王振华

为了消费者的安全着想，公司特意对产品进行了调查。

经调查，小洋人发现倾倒的东西是一种名为"蛋白精"的物品，美其名曰提高蛋白质含量，实则是"三聚氰胺"事件里的主要"元凶"。

小洋人公司经过研究发现，该不明物品并没有任何好处，甚至还对消费者身体有害。不日，小洋人公司就联合当地公安、质检等部门，对这些奶源进行了全面整理、清理，并坚决阻断了这些物质来源。

彼时，公司还遇到一个棘手问题。当时，整顿事件遭到奶农们的坚决反对,因为这样一来,成本将要大大提高。当时,"问题奶"仅售1块钱,矿泉水则卖2元。一时间,形成了一种"奶比水还便宜"的悖论。

王振华说,其实,当时压力很大,许多奶农都坚决不干。奶农们认为,整个行业都是这样掺入"蛋白精",为何小洋人就不行?

事实证明,小洋人的坚持是正确的,几年后,"三聚氰胺"事件爆发,整个河北涉奶企业,只有小洋人幸免于难。

因涉及三聚氰胺,"三鹿奶粉"倒闭后,许多奶农几近失业、破产。面对行业圈内前所未有的危机,小洋人公司挺身而出,针对即将颗粒无收的奶农们,公司出台了一个政策,"三鹿"的奶农只要其奶源经过检测合格,小洋人愿意照单全收。

王振华说,"好人品做好产品,道德就是生产力"的文化就从那个时候开始形成的。"三聚氰胺"事件以后,小洋人公司不但没有受到负面影响,反而发展非常顺利。

2013年,小洋人新上市的一款产品——奶嘴钙乳酸菌,更是火遍全国大江南北,也引起许多同行的学习和效仿,产品在国内再次打开了知名度。

开拓异地市场,迈出创业可喜一步

2014年6月4日,多年以后王振华还清晰记得那个特别的日子。那一天,他怀揣对未来的憧憬,以及对未知的忐忑,一路南下,第一次来到湖南宁乡。其时,王振华正供职于北方知名企业——小洋人生物乳业有限公司(以下简称小洋人)。

始创于1994年,起家于河北省沧州市青县盘古乡李营村的小洋人,经过20年的发展,彼时在华北、华东区域均设有基地及工厂,公司总部也搬到了北京,产品市场占率稳步向上,销售业绩一路看好。

当时,小洋人虽然在北方家喻户晓,但在南方,市场覆盖率却很低,小洋人集团看中南方市场空间广大,准备在南方设立分厂。

王振华推介产品

为了填补南方市场空白，小洋人决定开拓南方市场。为此，小洋人派出专人奔赴湖北、湖南、广东的多地实地考察。

或许小洋人公司自己也想不到，最后会把南方的基地落在湖南宁乡。

宁乡，缘何能够得到小洋人的青睐呢？其实那时，小洋人集团公司上下对宁乡这个城市并不了解。

宁乡当地的领导干部自从小洋人来考察后，几度奔赴北京小洋人总部，反复沟通洽谈，诚恳邀请公司到宁乡发展，曾6次专程赴小洋人公司北京总部。

"宁乡市真诚的态度，让小洋人集团高层感动不已。"王振华回忆，当时自己被企业委派来负责洽谈该项目。但在项目合同还未签订之时，宁乡便早已将承诺事项一一兑现。

"宁乡的招商人员太执着了，我们都被他们的敬业精神感动了。"多年后，王振华回忆起当年的经历，感慨万千。"当时，我们就想，有这么执着的政府领导干部，来到这里投资肯定不会错。能与这样热忱的领导、团队一起谋发展，对于我们做企业来说，应该也是种幸运。"

"我们到了宁乡又是重新开始，重新搞建设。当时，我们的市场非常薄弱，我们就从薄弱环节开始。"王振华说，当时公司相当于从零开始，所以这是最艰难的过程。

2014年6月6日是小洋人公司的厂庆日，只来了零星几个小客户。那天，王振华召集新招来的员工们一起开会，大家一一做了沟通交流。第一次跟新员工接触，谈出了一堆问题。"这一定得打一场硬仗，而且要打胜仗，不拿出一定的魄力，将举步维艰。"王振华明白这个道理。

"未来怎么办，又该怎么去开拓市场，又一个艰难的旅程就要开始了，摆在面前全都是市场的困难，大家都没一点信心。"当天晚上，王振华回到房间，躺在床上，辗转反侧，思绪万千，从来没有失眠的他，一夜几乎没有合眼。

经过一番调查研究，王振华悉知宁乡新工厂的问题和困难。但在他看来，越是困难越要前行，越要迎难而上。就在困难当头的时候，给王振华留下深刻印象的是，宁乡的领导干部给了他最大的精神支持。

企业是政府招商引资而来，随后宁乡市政府和园区的工作人员热情周到的服务，给了王振华信心。

"政府的领导干部，真正打动了集团上下，我们就下定决心，一期就投资了2个多亿。"王振华说。看到宁乡市政府领导干部主动前来为企业排忧解难，小洋人公司没有了后顾之忧。

2015年6月，湖南小洋人科技发展有限公司正式建成投产。

宁乡基地投产后，如何快速打开局面呢？

严把产品安全卫生关，图中为王振华

很快，王振华带领公司领导团队、销售团队、经销商团队创造"三血"精神，即不惜"血本"，"血拼"三年，杀出一条"血路"。同时，王振华提出大家要有群狼精神,即公司的团队要像群狼一样,快速奔跑,团结协作。

在这两种精神鼓舞下,新成立的小洋人湖南公司很快有了凝聚力和向心力,全体员工都拿出最大的激情,投入到工作当中,小洋人湖南公司迅速打开了局面。

公司上下齐心协力,努力开拓客户、维护客户、服务客户,得到了客户的认可。

"当时,每个人都有自己的目标,大家的工作都是如火如荼地进行,有了政府的大力帮助,还有集团总部的大力支持,包括我们的共同努力,感觉没有克服不了的困难。"王振华说。

"正是政府部门的高效和大力支持,优质的营商环境,能够让我们快速地进入工作状态,跑步前行!"王振华介绍。其后,很快又增加了一条生产线,三条生产线同时运行。

王振华进一步感受到了宁乡市亲商、安商的服务理念。"基本上只要一个电话,就有联点干部积极主动地帮我们解决问题。投产仅半年公司销售额就突破3亿元,公司纳税达到了1500万元。"王振华颇为感慨。

2015年,湖南小洋人获评为宁乡工业发展十快企业,王振华个人也被评为宁乡优秀企业家。

坚持创新,构建营销新模式

为让企业能够下沉到地方,湖南小洋人组建了一支营销团队,前后用了两年时间,开发了500个经销商。

同时,王振华推动小洋人连锁经营管理模式创新,小洋人湖南公司成立小洋人南区经营联合会,该会均由小洋人的客户担任联合会主席和副主席,大家一起共谋发展。

这种营销模式的核心就是把经销商当作连锁店,经销商的办公地

址即小洋人的办事处，生产商和销售方结成利益共同体。值得一提的是，该模式为小洋人公司在南方市场开疆拓土取得良好效果。

向客户介绍产品。中间为王振华

在该模式中，每个人既是业务员，又是老板，因为得到了合作伙伴的热烈欢迎，合作方全身心地投入，竭力为小洋人产品开发市场。

与此同时，公司又在全国开设了60多个工作站，站长均由经销商来担任，每个站下设10个左右连锁店或者经销商，每个月召开一次会议，共同讨论研究、开拓市场。这样一来，小洋人巧妙地把经销商变成了办事处，大家都是合作伙伴，每个人都是创业老板。

不久，湖南小洋人开始将业务布局下沉到区县，为了保护客户的利益，每个区县的经销商均为独家。这个创新模式，广受欢迎，被国内权威媒体评为中国最佳商业模式奖。

作为小洋人集团公司的第一任销售主管，本来对营销毫无经验的王振华在集团公司的充分信任下，经过自己的努力，不但出色地完成了销售任务，还逐步地培养出一大批小洋人的销售骨干，为小洋人营销团队的快速发展做出了极大的贡献。集团公司营销系统的骨干，比如张占军、张希安、白寿兴、王锡振、刘志华、庞天舒、张新瑞……他们都在小洋人工作15年以上，都是王振华带出来的一批营销骨干力量。

"后来，公司发展迈入了快车道。实事求是地说，做得还是挺顺利的，非常感谢宁乡的营商环境，让我们在行政事务上，基本上没有遇到什么难题,而且给我们提供的服务非常周到。"王振华感言。

近年来,宁乡又出台"三抓两促"政策,宁乡经开区安排了干部前来扶持企业;长沙市出台"千人帮千企"政策,解决企业难题,帮助企业做大做强。在许多人看来,政府这些行为,微不足道。但是,王振华看来,这些工作让企业吃了定心丸,助力企业的发展。

正是得益于宁乡的营商环境,小洋人克服了初期的困难,消费者越来越认可产品,经销商和公司的合作逐渐深入,凝聚力越来越强,路自然就越走越顺利了。

2014年—2019年,是湖南小洋人快速发展的阶段;2020年至今,公司进入平稳发展阶段。公司销售收入从2015年的数千万,再到2019年的超越5个亿,公司从飞速发展阶段,步入平稳稳健发展阶段。

2020年8月,"湖南小洋人"开启二期工程建设,并于当年12月正式投产。"这些年的发展,我们没有追求飞跃的发展速度,我们发展非常安全和稳

捐资助学,右三为王振华

健。"王振华如此评价湖南小洋人公司的发展。

王振华表示,随着湖南小洋人公司发展,今后要加强和知名研发机构密切合作,不断研发新产品。同时,利用电商渠道,将公司产品推向线上销售,全面进军电商。公司将大力招揽各类人才,特别是技术、销售、市场等方面专业人才,要引进新设备,保障产品质量。

社会公益捐赠，左一为王振华

打造核心竞争力，再造一个"小洋人"

当一家企业发展到一定时期，企业文化就会对企业产生越来越重要的作用。"我们有一个核心观点是，就是'好人品出好产品，道德就是生产力'，小洋人就是这么一步步做起来的。"王振华说。

果不其然，笔者在湖南小洋人科技发展有限公司看到总经理王振华在2022年就获得了多项殊荣，宁乡好人、长沙好人奖，此前，还被评为建党百年长沙市100名优秀共产党员，等等。

王振华正在用实际行动诠释着"好人品出好产品"的文化。

实践也逐渐证实，对于一家企业的发展，"好人品出好产品"是一个硬道理。王振华从销售员，做到销售主管、营销总监，再到营销总经理，一路走来，让大家印象深刻的是，随着企业的发展，在市场上能够一步步"攻城略地"，越做越顺，背后的诀窍正是如此。

"我们这个企业为什么能做这么顺利？归根结底，还是企业文化，比如好人品做好产品，我们绝对是真材实料。从投产到现在，每两三个月，省、市监管部门都会进行飞行抽检，至今为止，没有一个批次不合格，没有一瓶饮品是不合格的。"王振华说。

其实，公司在如何保障食品安全问题上，做好了多重护城河，以确保产品质量万无一失。

首先，是原材料关。公司在全球范围内采购原材料，有非常严苛的检查标准，不合格的产品绝对不能入场。早期，公司主要产品来自新西兰，后来增加了澳大利亚、欧洲等地，奶源产地的多元化确保了公司能从更大范围内选择最优原材料。

其次，就是设备关。公司从德国等西方国家采购国际顶尖的设备，公司所有生产环节都是实行国际通行安全卫生标准。

再次，把好人员关。公司对相关的操控人员、品控人员、检测人员严格把关，同时对生产环境制定严格保护措施，确保环境的绝对安全。

最后，就是检测和品控关。公司有20多位专职品控人员，严格把关每一个工艺流程；同时，不论原材料检测，还是成品出厂检测，公司均采用德国、日本、荷兰顶尖的检测设备，确保出厂的产品百分之百达标。

王振华表示，通过上述这些措施，确保公司的产品万无一失。

因为产品优良，公司得到了湖南省工信厅等政府部门的认可，获得了湖南省首批消费工业"三品"标杆企业荣誉，全省45家消费品中湖南小洋人是15家食品企业之一，也是湖南省首批智能制造标杆车间，唯一的食品企业。

"未来，企业将不断加大自主研发力度，深挖市场潜力，力争在五年内再造一个'小洋人'，完成10亿元产值，实现8000万元税收目标。"王振华对未来充满信心，也期待公司走得更远、更稳、更顺……

【人物简介】

喻正军，1977年5月出生于湖北襄阳，华中农业大学预防兽医学博士，农业技术推广研究员、高级兽医师，中净生物董事长。获评湖南省科技创新领军人才，被聘为中国动物疫病预防控制中心动物疫病净化评估专家、湖南省生猪养殖生物安全与疫病净化工程技术研究中心主任。他长期从事动物疫病诊断、防控及相关领域研究，包括猪场生物安全体系建设及应用、动物疫病诊断试剂、设备研发和应用、养殖场消毒技术及设备研发及应用。多项创新技术在保障动物健康、提升养殖水平上起到推动作用。

喻正军：博士后养猪记

"只赚自己认知范围内的钱"，对于创业，预防兽医学博士喻正军有自己的心得。放弃高薪，坚持自己创业，对未来有清晰的认知，学会在低谷时活下来并锻炼心智，喻正军的创业故事，给企业带来无限想象空间。

一而再，再而三，屡战高考

湖北襄阳有个名为泥咀镇的地方，当地又名"卧龙镇"，因毗邻卧龙隐居之地而得名。

1977年5月，喻正军就出生于这个与卧龙隐居地仅仅10里路的小镇。当年,他与父母、妹妹一家四口,全靠老爹老妈种地,朴实的父母深知知识的重要,竭力为儿女创造好的学习环境。喻正军兄妹俩也未辜负父母期望,先后成为当地最早的大学生。

"当年,我学习不太好,从农村来到镇上,镇上小孩欺负我们,我又爱打抱不平,从小有种行侠仗义的习性(我在古代肯定是位侠客),打完架就离家出走。"喻正军笑着回忆儿时的岁月。

有一天,年少的喻正军再次离家出走,几天后,当他回到家时发现,短短几天时间,母亲头发都白了,一股心酸突然涌上心头,看着老妈的憔悴面容、苍苍白发,喻正军既辛酸又懊悔,决意痛改前非。

高中时代,喻正军逐渐懂事,深知父母的不易,性格变得低调、谨慎。或许在外人看来这是个还不错的习惯,却给他人生之路带来了重大影响。

1997年,喻正军参加高考。因为精神紧张,他失败了。一边是贫寒的家境,一边是考试的失利。当时心情,或许只有喻正军自己内心最清楚。

他默默回到家中,准备材料,打算种蘑菇,并悄然帮助家里干起农活,以减轻家庭负担。

还是母亲最懂儿心,她拉着儿子劝慰道,"还是继续考考吧!"喻正军在母亲的鼓励下,重整旗鼓。他先后联系了襄阳一中、二中。后者可以不收学费,于是,喻正军在二中就读了半年,其间,他感觉一中学习氛围更好,继而转学去了一中。

1998年,高考再次如期举行。可是,喻正军一进考场,紧张情绪如影随形,几天考试下来,结果依然名落孙山。

"那种感觉真不好受!"多年后,喻正军回想起来,还是感到一阵阵的难受。可能人生往往就是在漫长的煎熬中获取新机。

1999年,喻正军再返襄阳二中复读,经历前车之鉴,这一次,他调整心态、保证营养、日食鸡蛋、踢球健身,睡前背诵毛主席诗词,他的睡眠终于有所改善。原本以为一切都已准备好，不料，随着高考日期的临近，他又开始紧张，每晚辗转反侧，无法入睡。

此时，一位王姓政治老师知悉，在考试前晚，将喻正军叫到家里，买了几瓶啤酒，煎上一条鱼，几瓶啤酒下肚，喻正军一觉睡到天亮。

这一年，喻正军再战高考，终于考上了华中农业大学。

"其实，母亲最希望我考襄阳师范学院（后名襄州大学），出来能够当一名老师。"喻正军表示，当时自己最朴实的想法则是，只要能够跳出农门就行，"我还是背着她报考了华中农大的兽医专业！"

背着红薯上大学

那年仲夏，或许是许多高考毕业生最愉悦最轻松的假期。然而，对于喻正军来说，他思考更多的是，家境的困难，父母的不易。

整整一个暑假，每到傍晚时分，老家的田埂上总能看到他忙碌的身影，他额头上挂满汗珠，厚厚的眼镜下透着一双纯净的眼睛，若不小心，脚一打滑，就会一头扎进田埂里。原来他在捕捉鳝鱼。

一天夜里，暗无星月，闷热难耐。喻正军如往常一样将"笼子"放置在半干不干的水里，用泥土压住尾部，这时，突然感觉旁边有动静，他立即打开头灯，放眼望去，一条色泽奇异的毒蛇藏趴在离"笼子"十几厘米的地方，毒蛇全身一节黑一节红。

"如果被咬到手掌虎口，是十分危险的！"喻正军描述，这种毒蛇，当地名为"桑树根"，一旦人被其咬伤，得不到及时救治，有可能会危及生命。

正是这种艰难，让喻正军更加体会到生活的不易。当然，这个特别的暑假，也给喻正军带来了些许收获：200斤鳝鱼，折价七块五毛一斤，这些挣来的钱，能够适当贴补新学年的开支了。

暑期渐去，终于迎来开学季。喻正军拿着父母递给他的1500元学费、600元伙食费，背着半蛇皮袋（一种农用塑料编织袋）红心红薯，踏入了华中农业大学校门。

"那都是我自己一个个筛选的,长短、粗细几乎一致的生红薯,刚进校那会,生活费太少,根本吃不饱,我就饭后吃一个(红薯),这半袋子能吃够三个月。"喻正军回忆起当年岁月颇为激动。

刚进大学,老师前来做思想工作,"我们这个专业其实挺好的!"

"我考了3年,肯定不会换其他专业的,不需要做思想工作。"喻正军听出了老师的话外音,当时很多学生都在追求热门专业,而他的想法却不同,"我觉得最重要的是所学专业是否实用,动物医学就很实用。"

当时,动物医学确实是一个很冷门的专业。时隔多年后,喻正军讲出了另外一个"渊源",在他儿时记忆里,老家那个地方,兽医算是一个出人头地的职业,甚至能够"娶上漂亮老婆",还"挺风光"的!

"比较冷门,也比较实用,我一开始觉得这个冷门一些的专业会更稳定,也更易考。"喻正军说,直到他入学后,才对这个专业有了更深的理解,也有了真正的敬畏感,"原来,动物医学,博大精深,我的硕士、博士、博士后导师都是中国工程院院士。"

勤工俭学读大学

新的学期,刚刚结束军训,喻正军就开始谋划,如何才能挣点钱,既减轻父母的负担,还可贴补家用。

"在大学里,大一到大二,我做了11份家教,一个星期赚60块钱。我一个月大概用120块钱,剩下的钱就留着。"喻正军说,大一开学时就带了600多块钱伙食费,到了期末,他居然还有700多块钱,室友们都纷纷找他借钱。

勤工俭学,让喻正军没有再从家里要过钱。新学期结束回家前,他特意去了一趟汉正街,给老爹、老妈、妹妹,每人买一套过年的新衣裳。

大二那年,喻正军在辅导员的支持下,在学生宿舍楼里开设了一个15平方米左右的小卖部。这一年,虽说挣钱不多,但基本上能够自己的生活费。

大三这年,各种小超市兴起,小卖部的生存受到了挤压,喻正军干脆将其关停。与此同时,一个"创业"计划在他头脑中逐渐成熟。

原来,在大二的某一天,他看到一个同学推着一辆板车,在学校里叫卖鸡蛋,当所有人花尽心思在购买鸡蛋上讨价还价时,喻正军考虑的则是,怎样才能像他一样,也能够卖上鸡蛋呢?

经过一番询问,对方才缓缓地告诉他,这些就是学校养鸡场生产的鸡蛋。喻正军听完,瞬间似乎领悟到了什么,他有心地将对方电话留下。

整个大二下学期,喻正军隔三岔五地就请这位卖鸡蛋的大哥吃饭,他请求对方一定要把他招到养鸡场做事。

"我们这里从来不招动医(动物医学专业)的学生!"对方直接回绝了,一直以来,这个鸡场都是由动物科学的师生在管理,其他专业人员过来,基本没有先例。

"我们家庭困难,很不容易读上大学。同时,你们让我过来,动物生病了,我们动医专业的学生,还能够给它们治病。"喻正军的坚持和真诚打动了对方。

大三时,喻正军担任了学院勤工部部长,其后顺利进入了养鸡场。他每天早起,插上电饭锅,煮上稀饭,扛两袋饲料,前往鸡舍。

喂鸡结束,他骑着自行车,赶往15分钟车程的教室上课,下课后又返回养鸡场。

养鸡场有一件重要的工作,就是给母鸡做人工授精。

这是一个较为复杂又烦琐的工作。他每天下午来到养鸡场,首先需要在公鸡身上采精,然后输精给母鸡,产生"受精蛋",经过一番程序,顺利的话,就可以孵化出小鸡。

当时,为了更好地孵化小鸡,喻正军经常"照蛋"照到晚上11点多。照蛋,是用一个有灯的装置来观察鸡蛋是否受精。鸡场的条件非常艰苦。每到夏天,40多℃高温的平房里,只有一台吊扇,野生的刺猬、蜈蚣、蛇都成了夜晚的"伙伴"。

每一个细节,喻正军都要做笔记,不懂的地方,就去图书馆借书翻阅,一沓沓厚厚的笔记,就是那个时候一点一滴积累起来的。在养鸡场的这一年,他几乎摸熟了禽类动物的常规病,并练就了一手好本领。

"当时我给母鸡做人工授精,成功率能够达到97.8%,这个成功率在当时来说,算是很高的纪录了。"喻正军颇为骄傲地说,"鸡场工作确实很辛苦,扛饲料那是家常便饭,我身体的好底子,就是那时候打下的!"

在这里,作为勤工俭学,养鸡场的老师每月会给喻正军300元伙食费。养鸡场几乎每天都有八九个被鸡啄破的破损蛋,但喻正军从来舍不得吃,他拿着这些蛋与周边农民换青菜蘑菇。这样,不但自己可以改善伙食,偶尔还可以请同学们小聚。

大一、大二,喻正军顺利拿到了奖学金;大三认识到"不能光为了得奖学金而去读书,要有专业修养和造诣",喻正军有了考研的目标。

2002年底2003年初,喻正军前往北京博爱动物医院实习,专攻宠物疾病诊断和临床手术。

值得一提的是,自从高中开始,喻正军就养成了做周记和近期工作计划的习惯,后又养成了做笔记的习惯。

"前段时间,我翻开了我的笔记,密密麻麻都是当年点点滴滴的记录。也正是这些实践经验,让我能够顺利读上研究生、读博士!"喻正军说。

爱动手的研究生

2003年,"非典"暴发,喻正军恰巧结束实习赶回了学校。他原本准备报考华南农业大学禽病专业一位老师的研究生,因为外校报考要求更高,最终只能放弃。

其后,喻正军经过调剂到本校一位即将退休、研究寄生虫专业方向的老师门下。不久,学校知名教授金梅林找到了喻正军,询问他考研情况。

金梅林表示,欢迎喻正军做她的学生,并且可以提供5000元钱的研究生学费,当问他是否愿意时,喻正军十分惊喜,但前提是要取得原导师的同意。

原来此前,一次偶然机会,金梅林教授带着一帮研究生来到兽医院,其他人都是拿着照蛋灯一个个鸡蛋去照,只有喻正军手脚麻利,技术娴熟,拿着照蛋灯一扫而过,一排鸡蛋中,无精蛋、死精蛋、弱胚蛋,他分辨得一清二楚。同时,在采集鸡血时,动作迅速。更让大家吃惊的是,喻正军能从刚刚死亡的鸡体内采集血液。这一系列动作,让金梅林教授非常认可。

一丝不苟

喻正军忐忑不安地找到了原导师,没想到原导师非常爽快地答应了,并表示,金老师是学校最好的老师之一,预防兽医系也是学校的王牌专业。

2004年,禽流感暴发。喻正军的研一时期几乎都是在实验室内度过的。他一边读书、一边做实验。

"他一人做实验,能够顶做三个人用。"金梅林看好这位动手能力强、勤于学习,但凡有工作任务,喻正军都能随叫随到,又能独当一面。

研究生阶段,学习任务繁重,似乎没有多余时间再去干外活了,喻正军一直琢磨着能够在校内做点事情。

这一年,他再次瞄准了一个机会。当时,学校有个"校中村",毗邻学校食堂。于是,喻正军在民房里租赁了一间小屋,购置了20台电话,专供学生使用,两毛钱一分钟,交给电信部门一毛,还可赚取一毛。

在那个手机尚未普及的年代,公用电话室成为时代的产物。那年八月十五日,喻正军手里积攒了厚厚的一叠钱,有几千块钱,已经是研究生中的"富裕户"了。

手里有钱,他购置了一辆摩托车,成为校园内的有"车"一族。手头宽裕后的喻正军还帮一位家境贫寒的同学垫付了一年硕士学费。

手头稍微宽裕后,喻正军把老爹、老妈接到了身边,一家人重聚在一起了,父母也无须再干农活,他们在闲杂时间也会帮儿子照看一下生意,此刻一家人过得其乐融融。

在校创业的同时,喻正军并没有耽搁学业。就在攻读硕士期间,喻正军可以专心扑在实验上,在学院里,他在国外发布的论文也成为学生们的榜样。显然,他也成为那一届最优秀的学生之一。

"虽然水平不一定很高,但是被我抓住了一些机会。"喻正军颇为谦虚地表示,他观察到优秀的论文,多为技术性文章,或者资源性文章,他则采取技术性与资源性相结合的文章写法,所以论文都顺利得以发表。

令猪场老板侧目的年轻人

有意思的是,2003—2008年,喻正军在硕博连读期间,他所学专业虽是禽类,但他通过业余时间,跟随实验室两位研究猪病的"大咖"老师(何启盖教授、吴斌教授)学习临床。由于喻正军"喜欢动手",老师们也乐于带这位勤快的学生。

有一次,老师给了喻正军2000块钱去河北省"采样"(病猪病毒采集)。当时猪流感盛行,喻正军带了一位同学,迅速踏上了北上之路。当他们到了"养猪"现场,顿时傻眼了,现场环境恶劣,联系人玩消失,更没有人愿意搭理他们。

两人陆续拜访了几个猪场,结果如出一辙。猪场老板们因为"病猪"缘故,一个个心情都糟透了,当看到眼前来的是两个小年轻,根本不愿相信他们能解决猪病,更不愿理会他们。

"自己不是专家,为什么要让我们进去(养猪场),我认为这也是人之常情!"喻正军说,他很能理解猪场老板们。

在一番劝说下,终于一位猪场老板勉强同意了,他提了几头准备丢弃的小猪出来,当时,我听了猪叫声,观察了一下猪的病态,一眼就判断出来,这个猪有伪狂犬病毒!

老板找出了一把连刀柄都没有的刀片,不屑地丢在一边,任由喻正军他们去处理。

不料,接下来的一幕,让猪场老板惊呆了:喻正军拿着这个小刀片,一刀剖下,猪肠、猪胃丝毫不伤,猪已完全开膛。猪场老板一下子就来神了,眼前这个小伙子居然有这么好的刀法。

当喻正军清晰地将这些病因逐一告知猪场老板,并给出解决方案后,猪场老板被喻正军的专业知识说服。老板瞬间变得非常礼貌客气,接连称赞喻正军有能力、有水平,马上把两位年轻人请进猪场。

那天,喻正军忙到大中午,猪场老板为表示对喻正军的感谢,坚决要留下两位年轻人在猪场食堂吃饭。他特意炒了四五个好菜,拿了两瓶好酒来盛情款待。

"这些也是平时培养的好习惯、好技术,每次老师带我下去,我就来动手,动手能力强也是这么培养起来的,老师也愿意带我出去。"喻正军表示正是勤奋让他养成了"动手"的好习惯,实践又让理论知识能够学以致用。

在实践中检验真理，又在实践中发现真知。在这些丰富的经历中，喻正军也提前满足了博士毕业要求，顺利获得了博士学位。

猪场实地检测，右一为喻正军

值得一提是，"当时，一个小美女（师妹）来找我，借用DEPC水泡的EP管"。这个女孩让喻正军眼前一亮，他立刻找到了女孩同实验室的同学了解，随后喻正军展开了热烈追求，这个女孩后来成了喻正军的妻子。

岁月静好，淡定安然。此时，喻正军既收获了学业，亦收获了爱情。

当"兽医总监"的博士后

2008年，喻正军博士毕业的这一年，他将面临人生的又一重大选择。其硕士导师金梅林建议喻正军继续做学术；博士导师陈焕春则建议他做企业。喻正军在经过多番思考后，最终选择了后者。

喻正军的博士生导师陈焕春还有一个特殊的头衔，即中国工程院院士，同时还创办了武汉科前生物股份有限公司（以下简称科前生物）。彼时，喻正军一边攻读博士后，一边担任科前生物的技术总监。

"那一年也非常辛苦，要管理'做诊断'的兽医院，还要外出讲课。那一年，我讲了100多堂课程，平均3天就有一堂课！"喻正军说，那些时日,隔三岔五就踏上绿皮火车,吃着泡面,奔波于讲课的路途,当时很拼,想做事情,可谓不惜一切代价。

有一次,喻正军在去东北讲课的路途中,接到导师的电话:"小喻,你愿不愿去扬翔(广西扬翔股份有限公司),我们校企合作的一个企业需要人!"导师建议他代表学校去这家在全国做饲料颇有名气的公司工作。

2009年10月10日,喻正军以博士后的身份,代表华中农业大学前往扬翔。

刚刚到达扬翔的第3天,喻正军被安排和同事们去扬翔旗下的养陆川猪的养猪场。猪场不光是场地规模小,关键是其恶劣环境让他始料未及。40多°C的高温,没有空调,到处蚊虫叮咬。

更为可怕的是,有种"隐翅虫",虫子小,毒性大,一眼看去,外表黄黑相间,像只长了翅膀的蚂蚁,其带有强酸性毒液。喻正军初去当地,对这种小虫不甚了解,被叮咬在两腿之间,手一触碰,全糜烂了,那些天只能踮脚走路。

"到了扬翔,我就改变了自己的认识,要忘掉自己是个博士,一切从头开始。" 喻正军说,"紧接着,我在扬翔就发挥了功能,发明了很多东西,比如一些特制消毒剂、治疗腹泻的药物,特别是'脐带血检测'也是在当时有了初步的认知。"

"脐带血检测"这一技

喻正军演讲

术被喻正军发明掌握后,对后期治病产生了重要作用。喻正军在扬翔也得到了重用,同时担任了扬翔实验室主任、培训学院院长、兽医总监。

有意思的是,因为"兽医总监"的位置在行业里极其重要,每天有很多会议,也有很多人拜访、很多的"应酬"。

"年纪轻轻,就这样下去,荒废了青春,确实不好。"正值国家提倡"大众创业,万众创新",喻正军决定创业。

2014年10月10日,在扬翔整整待了5年的喻正军选择创业。而今,扬翔母猪数量达到了几十万头,成为国内饲料前十强。

磕磕绊绊的初次创业

"刚刚创业,我是做了一个贸易公司——广西新南方。"喻正军说,其实他的创业想法在2013年就已形成,并于2013年9月23日成立了新南方公司。在扬翔公司主管养猪的总裁的挽留下,他在扬翔多留了一年,其间帮助扬翔培养了后备干部。

2014年底,一个偶然的机会,喻正军在天津瑞普生物技术股份有限公司(以下简称瑞普生物)授课,一堂课下来,瑞普生物的老板对喻正军产生了浓厚兴趣,他对眼前的小伙子非常看好。中午时分,老板拿了一瓶酒,备了一些好菜。饭间,老板向喻正军抛出了橄榄枝,希望其加盟瑞普生物。

"我有自己的企业了!"喻正军直言不讳。瑞普生物的老板并没放弃,紧接着说,"你到湖南来,我在湖南给你新成立一个'新南方',同时请你担任湖南中岸生物药业有限公司(瑞普生物子公司)总经理。"

其后,这位老板投资350万元,占湖南新南方35%的股份,同时借给喻正军300万元资金。

"其实,他(老板)的心思我也很清楚,他是很欣赏我,也想培养我!"喻正军表示。

2015年，喻正军在陕西上元，承包了一个猪场。

"从2015年7月到2016年12月31日，一年的时间，我是从行业最低谷时候，

健康养猪芙蓉论坛上发言

以最高价买进；又在行业发展最高潮的时候，以前一年收购时的价格转给了他们，然后退出，我就赚了1000万元！"喻正军说，当时卖主看到行业向好想回收，自己也有意转手，双方达成了最后的协议。

在资金结算完毕，喻正军来到了湖南工业重镇——宁乡市，当即在宁乡购置了2400平方米地，他一边担任湖南中岸生物药业有限公司总经理（以下简称中岸生物），一边打理湖南新南方的工作。

起初，中岸生物位居长沙县盼盼路7号，喻正军注册的湖南新南方公司从中岸生物借了4间房，中岸生物象征性地收了少许租金，也算是对喻正军的一个支持。当然，在喻正军担任中岸生物公司总经理期间，保持了业绩40%的增长，双方的合作也算是圆满。

对于一直存有创业梦的喻正军来说，心中那团创业之火从未熄灭。

"新南方公司创业，太难了！创业与之前在扬翔工作不一样。我们出来就做'养猪托管'，做得好的时候，人家说你技术好；没做好时，人家就议论：你技术不过就那样！"

喻正军说，在创业初期，已经感受到一旦离开大公司、大平台，一堆前所未有的艰难就会摆在面前。公司当时的主业是养殖托管，更是

卖书

应收账款高、回款艰难，许多养殖企业不愿为技术服务掏钱，时至若干年后的今日，有些欠款也未能完全收回。

"做托管不行，我们就开始做培训业务，专门给很多大企业培训。"喻正军无奈之下转换了赛道，没有教材，就自己撰写。

2016年，喻正军全身心地投入编书工作中。"贷款300万元，编写了3次，请了10多个专家到岳麓山，请他们做校对。往返飞机票、食宿费全包干。我付出了很多精力、代价。编书，我们都非常用心。专家们对内容的矫正也十分用心。"

但在临出版的前一天，喻正军突然将书否定了，"觉得现在的编写框架太常规，没有意思，更没有市场！"

编辑、修改、校正、再编辑，在这种反反复复地的编辑、修改、培训中度过了2017年，虽然这些零零散散的工作少有盈利，甚至亏损，但也开创了行业里一个"著书培训"的先河。

从零到1个亿

时间来到了2018年7月，喻正军创办的公司遇到了前所未有的困难。

"账上一分钱都没有了。"怎么办？卖书！所幸的是，这一年，撰写的书籍终于在反复修改后，正式出版发行了。书籍受到了业内人士好评,一共卖出了200多万元。

虽然书籍热卖,但是要持续养活一家公司,又谈何容易。几个月后,公司深陷经济危机,资金捉襟见肘。这一天,喻正军前往浏阳一家企业参观学习,第一次接触到了一种研制"冷焰设备"的技术,喻正军大受启发,心想这种技术是否能够利用在自己的专业之上?

2018年10月的一天,喻正军安排两个工作迷茫的年轻人跑市场去卖书。卖书并不轻松,要下沉到农业高校、研究机构,甚至要到猪场去谈业务,累、苦均是家常便饭。喻正军看着两位年轻人劳累不堪,心有不忍,劝慰他们:"如果觉得卖书太苦,你们可以考虑跟着我去搞一个消毒的东西!我当时就吹牛,市场能够做50个亿。"

两位年轻人也根本不相信,私下嘀咕:能卖个100万元就很不错了。

2018年10月,喻正军准备重新注册一家公司,但是手头拮据。

"当时,我们的检测技术还有点名气,我就找了广东、湖北的代理商!我让老婆准备了一个消毒剂,将客户请到了我们自己的碧桂园别墅参观。"喻正军说,当时,客人刚一进门,消毒机就开始作业了,几分钟后,整个房间烟雾缭绕。

少顷,两位一一出来,喻正军就开始跟他们讲解这个技术的功效和特点,这位广东老板听后,兴致盎然,决定合作,为表达诚意,当

消毒药品检测

喻正军创办的新南方和国测生物两家公司

即给喻正军打了100万元定金,同时表示,"只要你搞出来,我负责给你在广东卖!"

在日子最为艰难的时候,历经多年努力,公司研制、储备的检测和消毒技术得以开发利用。"我一分钱都没有,就靠这个起家。"喻正军说,在公司最为艰难的时期,技术改变了命运。该项目启动前,"我就请了我的导师,行业里的多位专家,国内几个最大养猪场的技术总监,都来给我做鉴定"。

2019年4月23日,鉴定会正式召开。5月18日,首发了两台机器给牧原食品股份有限公司做见证,该公司具有融饲料加工、生猪育种、生猪养殖、屠宰加工为一体的猪肉产业链,是业内知名企业。这一举措,可谓一发不可收。

2019年5月18日—2020年5月18日,喻正军找到了一批优秀的兽药、疫苗代理商,历经一年的线上宣传、线下代理,"1年就销售了1个亿,在行业里创造了一个奇迹。公司当年的税收就过千万了。"喻正军颇为自豪地说。

"我是兽医,很清楚兽医行业有几个重点可以挖掘的地方,比如消毒、免疫、诊断、给药、重大疾病的生物安全防控,'国测生物'属于我们做的检测公司。而今,疫苗有很多上市公司,药企也有1500多家,但消毒行业并没有一个特别好的上市企业,我就认为在消毒行业,可以试图改变消毒模式。"喻正军复盘了这次成功的诀窍。

"2018年,我们公司的销售额一下子就达到了几百万元。2019年,销售额做到了8900万元。同时,我们成立了一个公司(湖南幻影三陆零科技有限公司),从2019年5月18日到2020年5月18日,我们销售了1个亿。"喻正军介绍。换言之,他们仅仅这一单品,从零做到了1个亿,当时,就整个行业而言,都是一个奇迹。

在低谷时活下来,在高潮处享受辉煌

2020年,喻正军将手头几家子公司重新整合,国测生物、幻影三陆零、国测检测,均整合归属到湖南新南方旗下,改名湖南中净生物科技有限公司,公司进入快速发展期。而今公司员工达到了100多人,其中硕士将近1/3,多为高素质、高学历的年轻人。

尽管公司在几年时间迅速崛起,并步入快车道。但对于掌门人喻正军来说,他对市场却有一位企业家难得的高度警觉,"2021—2023年,国内猪价持续下跌,往后的几年,我们可能又要面临养猪的低谷,要做好要再次面临低潮的准备,能否短时间好转,暂不得而知,周期复苏可能要到2024年、2025年以后,我们面对着巨大的考验!"

在猪场工作也是开心的

当然,喻正军对未来依然看好,他经历过行业里太多的高潮、低谷,他每天思考最多的则是,如何让团队更好地生活下去。

而今,迈入不惑之年的他,依然保持对生活的热爱,他喜欢乒乓球、爱好写作,每天都会坚持写日志,定期给公司内部编写一些信件,聊聊体会谈谈心,与员工们达成心理交流。他会把周末留给爱人和8

岁的女儿,享受一下家庭的欢乐。

"我最近看了《长安三万里》,我喜欢'高适',感觉自己有些像这个高适。我比较笨,喜欢坚持不懈,事实证明'我也比较笨',高考都考了3次,将来能不能修成正果也不得而知!"喻正军笑着说。

高适,年少时生活节俭、天资平庸的唐朝唯一封侯的诗人,一生大多时候穷困潦倒、碌碌无为,年过半百,迅速发迹,其大器晚成、厚积薄发,拜将封侯。喻正军从高适身上找到了自己的影子。

喻正军还钦佩晚清重臣曾国藩,他读了曾国藩的书,学会自省,学会了坚持写日记。谈及多年来的创业感悟,喻正军说:"我的感悟很多,对于创业,一个人只能赚你认知的钱;要走窄路、走远路,并坚持不懈。对于靠资源、靠政策、靠热门的事,都不是我们可以走的路。"

喻正军接着说,要学会把当前的企业做好,锻炼清醒的认知,锻炼自己的团队,学会在低谷时活下来,在高潮时才能享受辉煌。低谷时候的心智要锻炼出来,不然在高潮的时候你蹦多高,你就跌得多惨。

同时,喻正军给即将迈出社会的年轻人建议:一定要有一个项目再去创业,有个合适的项目,要把前前后后的发展想清楚,并且能够讲出来、说清楚,因为这个社会不缺机会,缺的是系统性的管理。学会了管理,还要实战,从一个个小事做起、一个个项目做起。就像古人言,"人情练达即文章,世事洞明皆学问"。

年会演讲

【人物简介】

李济成,男,1976年2月出生,湖南桂东人,湖南万容包装有限公司董事、总经理。他从一名公司普通员工做起,用心做好每一件事,从打工仔到公司高管,从公司员工到公司股东,从农村娃到都市白领,一步步成长为公司总经理。从业以来,他多次推动了国内乳品容器包装市场更新迭代,主导纸塑杯、模内贴标杯、PP耐高温瓶等升级换代,成为业内知名的"包装大王",引领乳品容器包装行业发展。

李济成:从打工仔到"包装大王"

对于有着30多年历史的湖南万容包装有限公司(以下简称万容包装)而言,李济成可谓公司发展的见证者、参与者。那年,18岁的他参加公司招聘,踏进万容包装。30年,他从普通员工做起,边干边学,在实践中成长,将每件事做得超乎预期。班组长、分公司经理、区域经理、总经理……他一步一个脚印,从打工仔到公司高管,从公司员工到公司股东,从农村娃到都市白领,他一路前行,成为业内知名的"包装大王",成长为"万容包装掌门人"。

创业公司从一根雪糕棒开始

20世纪80年代,一位供职于郴州一家火柴厂的年轻人发现,曾经畅销全国的火柴品牌正在褪去昔日光环,打火机逐渐替代了一根根依靠摩擦生火的火柴棒。这位明姓年轻人叫明果英,他同时发现在中国大大小小的城市里,被暖壶捂着、棉布裹着的雪糕和冰棍,均需要一根与火柴棒同材质的雪糕棒。

明果英意识到:火柴棒的黄金时期已经褪去,正在崛起的雪糕行业面临着庞大市场。于是,他找到火柴厂领导,建议厂里转型生产雪糕棒。可惜,前瞻性建议并没有得到厂领导的积极回应。国企的领导并不愿打破成规,主动放下端在手中现成的"饭碗",去挑战一个未知的新产业。

在多次建议被厂领导否决后,心有不甘的明果英决定辞职自己干。经过一番调研,明果英选择了自己的家乡——郴州市桂东县,作为自己创业基地。

一方面,桂东属于林区,原始森林贯穿全域,其木材茂盛,加之当年国家政策允许伐木,无疑是个天然的货源之地;另一方面,桂东属于贫困地区,物资匮乏,当地急需脱贫,百姓日夜都盼着脱贫却致富无术。

明果英的父母均是当地知名教师,备受人尊重,自己回家乡创业自然有天时地利人和之便。同时,把木柴加工技术带到贫困的桂东县,于当地而言,亦是一次难得的发展机遇。如此一来,不仅能够反哺、回报家乡,也会得到更多人的支持,更利于提高大家创业的积极性。

就这样,坐落于湖南东南边陲,曾经属老少边穷的湘赣边区的桂东县,成了万容包装公司梦想起航的地方。在这里,万容包装从生产一根小小雪糕棒开始,完成了一次次蜕变,发展成全国知名的包装巨头,在多个细分领域,成为"隐形冠军"。

1987年,明果英东拼西凑,并找朋友借了3万块钱,在桂东县普乐乡成立了一家雪糕棒生产工厂。自工厂成立伊始,一堆堆难题就接连诞生。

首先面临的问题是，原本可以就地取材的"原料"——木材，并不是雪糕棒的最优之选。因为中国南方树木生长迅速，木质疏松，做一次性火柴梗没问题，但做成光滑的雪糕棒就难了。为了拿到上好的原材料，打造优质产品，明果英踏上了北上之旅。

在经过多番寻找和对接，明果英最终将目标锁定在一种生长于东北的桦木上。桦木是一种具有广泛用途的木材，其颜色均匀、质地坚硬、表面光滑。东北的桦木不但材料优质，而且价格便宜，产能较高。

明果英很快从东北采购来了桦木进行雪糕棒加工。借钱给明果英的朋友兴致勃勃地前来参观，可当他看到一根原始树木，要经过热水蒸煮、裁锯、冲切等多道工序，才能最后打磨成一根根细小的雪糕棒，朋友直摇头。

看似简单的一根小木棒，生产工艺之复杂，生产工序之烦琐，生产效率之低下，一根小木棒本就值不了几个钱，这样的工厂如何赚钱。朋友心里想，这借出的钱，只怕收不回来了。3万块钱！在20世纪80年代可是一笔巨款。

就这样，一个外界并不看好的行业，从1987年开始，明果英带着老乡们，心无旁骛，专注于生产小小的雪糕棍子。让许多人意想不到的是，至1991年，4年时间明果英不但还清了所有借款，公司还实现赢利50多万元。一根小小木棒赚足了50万元，在80年代简直就是一个神话。

1991年，明果英刚满30岁，虽然工厂生产雪糕棒，效益不错，但年轻的明果英并不满足，期待拥有更大的发展。

一个偶然机会，明果英接触到长沙一家名为美登高的企业，这家公司采购的冰激凌杯子价格不菲。相形之下，雪糕棒、小勺子在冰激凌产品中，价值占比非常低。当时一根雪糕棒卖1分钱，一个冰激凌杯则能卖到1毛钱，两者相差10倍。

明果英决定对公司产品进行全面升级,生产冰激凌杯。同时,将企业扩展到郴州市,那里有更广阔的市场空间。

虽然手上有了50万元资金,但明果英觉得要有更大发展,这点钱根本不够用,他决定进行市场融资。

于是,他找到了郴州市科委,跟他们讲述了自己的"一根火柴棒故事",这个故事让当时科委旗下高新技术中心的领导有了浓厚兴趣。该中心随即协商参股,成为企业的第一个"VC项目"。同时,企业所在地的郴州市郴江乡政府也伸出了援助之手,投资入股。

经过协商,明果英团队与企业所在地的地方政府和机构两个重要股东,合作成立了郴州万容吸塑包装厂。

1992年,郴州万容吸塑包装厂正式运营,理想很丰满,但现实却很骨感。当时国家工业基础非常薄弱,设备做工、精确度都不尽如人意。摸索一年,也没有生产出多少合格产品。不到一年,就把注册资本亏损得所剩无几。

一年下来,地方政府两大股东失去信心,要求停产、撤资。

面对窘境,明果英不言放弃,反复与两个政府股东沟通,并向他们保证:将自己的房产、积蓄拿出做抵押,个人承包工厂,如果年底不能分红,就把所有家底赔付给其他股东。顶着巨大压力,明果英最终说服了两大股东。

小平同志南方谈话后,1993年创业之风席卷中国。明果英请来了一些大学同窗,一起探寻市场、技术、设备等,半年之后迎来生产、市场大爆发。

1993年底,此前亏得一塌糊涂的账,通过一年时间,扭亏为盈。另外,账目上还躺着几十万元现金。

与此同时,公司再次迎来一个契机。

随着两岸关系日渐融洽,明果英一位在台湾生活多年的舅舅回大陆探亲,了解到明果英的创业后,决定给万容包装投资10万美元。舅舅只提了一个朴素的要求,他希望把老家面朝黄土背朝天的后一代带出务工,或到工厂工作,让下一代摆脱贫困。

有了这笔巨款注资,明果英成立了合资公司——郴州万容塑料包装有限公司。当时合资企业可以享受许多优惠政策,公司开始购买当时最先进的设备,引进更优秀的人才,加大与美登高、美怡乐等行业知名企业合作。

走出高中校园的年轻人

随着公司的快速发展,明果英开始按照公司制度标准化运营管理。

首要任务就是队伍扩建,开始对外招聘。有了合资企业这个金字招牌,前来公司应聘者的,不乏许多优秀者。笔试、面试、体检……环环相扣,公司公平公正从中选择优秀人才。

就这样,1994年1月4日,刚从高中校园走出的李济成应聘成为公司当年录取的22名员工中的一员。

"那一届招聘对公司的

年轻时的李济成

发展极为重要,现在公司的主要管理层,很多是22人中间培养起来的。"李济成感叹。

时代从不缺机遇,特别是在20世纪90年代。于李济成以及刚刚步入社会的广大学子们而言,亦面临人生一次重要的转折,但是,并不是所有人都能抓住机会。

李济成进公司时，公司有54位员工，30年过去了，至今还有8位留在公司，大部分都成了公司股东。"公司给员工提供了成长平台和尊重，员工对企业发自内心地信任和热爱。"李济成对此颇为自豪。

"我最原始、最朴实的想法是，没大学文凭，相比条件好的孩子，我能吃苦耐劳，我更有耐力，去将每件事做好。"李济成初入公司时就反复告诫自己，要特别珍惜公司给予的工作机会。他一边虚心学习，一边埋头苦干，曾创造了在公司连续工作36小时的纪录。这种苦干精神，获得了公司上下的认可。

苦干的同时，李济成也意识到自身在学识上的短板。在知识短缺、信息闭塞的情况下，他经常搭乘三毛钱公交车，前往市内书摊购买《环球时报》《南方周末》等报刊，在那个信息落后的年代，书摊成了他获取精神食粮的最好去处。

李济成的师傅是一位八级钳工，要求严厉，徒弟们跟着他学机械制图、钳工，若没画对画好，他就手拿尺子打徒弟手掌，以示惩戒。相对于科班出身的师兄弟们，李济成进入角色相对较慢，对于师傅的严厉苛责，在李济成看来，则是一份沉甸甸的爱。

"他(师傅)是公司聘请的退休人员，与我非亲非故，完全可以不管我个人的实际进展！"30年后，回想那段岁月，依然让李济成感怀，"他带了我一年，过去30年了。那一年时间，为我后来的对设备、模具的理解，打下了良好基础。老师傅已经仙逝了，但我和师傅全家人感情都很好！"李济成感叹，当时让他不仅仅学习到了设备、模具等知识，更重要的是，学习了师傅为人处世的原则，为将来做好每一件事夯实了基础。

让李济成印象深刻的是，当时公司里有一位从国企过来的领导，他送了李济成一句话，让他受益良多："你们年轻人目标就是：老板没想到的地方，你要想到；老板想到的地方，你要做到。"这句话深刻影响了李济成,他将这句话牢记于心,践行了30年。当年传授这个观念的领导后来也自己创业,并将事业做得越来越大,旗下新工厂与万容包装宁乡工厂毗邻而居。

得益于这些良师益友,李济成在公司很快成长起来了。

从普通员工到管理者

1995年底,公司董事长明果英将李济成从维修车间抽调到生产值班长岗位,他开始正式接触生产管理工作,手下有30多人,并管理接近8台设备。

当时,车间由两个班组组成,由两个班长纵向管理4道工序8台设备。起初,系一个人管理到底,员工们辛苦不说,收入也不高,怨言不断。

经过一段时间的思考,李济成给董事长明果英写了一封长信,提出自己的改革设想,核心内容是:技术专业分工,管理横向分级。信中提出的解决方案与董事长的想法不谋而合,改革方案很快在公司实施。

按照工艺分级,车间横向划分为3个工段,3个工段长根据专业分工进行管理。改革实施后,效果很快显现:改革前顾此失彼,效率低下;改革后技术问题聚焦,相同人员、设备情况下,产量增加了,收入增高,工人们的积极性得到了快速提高。

1996年,业绩突飞猛进,在同等条件下,工序产量提高了30%以上。"这个事情让我体会到了管理岗位,就是要绞尽脑汁地组织大家干好一件事。"李济成说。

1997年底,董事长明果英召集车间管理团队5人开会,提出希望以车间为单位,进行利润核算,公司以业绩来确定超越工资外的报酬,类似于股份分红,相当于公司与管理团队实行合伙人制度,首期邀请车间主要管理团队参与。

什么是合伙人制度，什么是股份？这一切，对于埋头干事、一心踏踏实实做事的"李济成们"来说，无疑是一头雾水。董事长介绍，如果车间创造毛利达到了172万元，将给予2.5%的奖励，折算下来即4万多元的奖励，每超过5万元，再多奖励0.1%；当时车间主要的5人管理小组，对上述这种制度虽然一知半解，但凭着对公司的高度信任，分别和公司签署了责任状。

　　1998年底，经过一年打拼，最终车间的毛利润创下历史纪录，高达190万元。根据责任状，公司当即就拿出了5万多元作为奖励，一时间，主要管理层都成了"万元户"。

　　"董事长非常具有前瞻性，他建议我们就不要将奖金全部拿走，先分配现金50%，剩下接近3万元，可以转换成公司股份。"李济成说，当时大家都没有股份的概念，认为董事长怎么说，那就怎么做。"其实我们当时都没有意识到，我们已经从一个打工者，变成了公司的股东。"

　　1998年下半年，中国暴发特大洪灾。

　　当时，冰激凌行业的大多企业没有固定厂房，许多租赁的厂棚被洪水席卷一空，万容包装的一些客户厂房一夜间彻底消失。彼时，公司管理层对当时的灾害进行了综合评估，有400多万元的应收款成为烂账。

　　与此同时，冰激凌行业还存在明显的淡季、旺季，每年仅有4—10月有生意，业务好的时候，可以忙得一塌糊涂，其他时间则无所事事，员工只能放假回家。

　　在洪灾的打击下，叠加行业季节性收缩，万容公司陷入了困境。正在公司高管们苦苦思考转型之际，董事长在《中国食品报》上看到一则通知：1998年7月，上海一家宾馆将召开中国乳制品工业年会。董事长依稀感觉，这可能是一次好机会，他立马安排专人订购火车票，循着地址，奔赴会议现场。

　　在这次年会上，他们听到行业专家介绍："中国人平每日喝的牛奶,还不如一瓶眼药水多,而国外人均消费是中国的上百倍。""日本人为何二战后,身高已经超越中国人？背后原因,就是因为喝了牛奶。"……

有了这些基础信息的扫盲,加之当时上海的"光明"、内蒙古的"伊利"、北京的"三元"等乳业巨头均到了现场,让公司高管们真正了解到了什么是大产业。而令他们印象最为深刻的是,牛奶行业,产品销售几乎没有淡季,一年到头需求旺盛。这让参会的董事长以及营销副总们大开眼界,他们顿时有种豁然开朗的感觉。

乳业年会后,公司迅速开会讨论并决定:正式进军酸奶杯行业。

"我们经过研究发现,冰激凌包装与酸奶包装相似度很高,生产资源上完全可以匹配,当即决定快速转型。"刚从车间主任提拔为副厂长的李济成很赞同公司的转型。有了此前的工艺基础,产品几乎不用做太多调整,仅仅需要完善调试相关模具,并按过去经验,公司将冰激凌杯的配套技术套用在酸奶杯这一产品上即可,打样、生产、出货,很快就试验成功,似乎一切都那么顺利。

但是,让李济成料想不到的是,当时做的酸奶包装,产品交付后频频出现投诉,大家都蒙了。"我跟董事长提议,前往投诉方——武汉扬子江客户工厂去看看。到那里才发现,原来酸奶都是机械化灌装,完全摆脱了冰淇淋式的手工填充生产模式,这对包装有更严格的要求。"

李济成回来后,为公司量身定制标准和质量管控。经过一段时间的整改,当年公司产品终于得到了客户认可,并且在行业内形成了好的口碑。

"有了上述事件,我们的产量、质量、服务都逐渐跟上来了。"李济成说。

1999年12月31日,公司董事长聘请长沙轻工学院徐丽教授授课。李济成第一次接触到了ISO 9000质量管理体系。"当时,我们听了一整天,听得云里雾里,脑袋都是晕的,起初感觉像天书！"李济成坦言,但是通过那一次学习,给整个团队打开了一扇新窗,如何提高管理水平,懂得做企业需要抬头看路,才能在竞争中立于不败之地。

执掌一方

20世纪90年代,湘潭市一家国企从德国引进了一套价值4000万元的塑料杯生产设备,计划生产制作飞机上的航空杯。但生产线自从购买回来后,由于种种原因设备被束之高阁。

当时,湘潭市市长是从郴州调任来的,他邀请我们万容公司董事长到湘潭,动员他把这条生产线整体盘下来。"对于我们民企而言,看着这些洋枪洋炮,极为羡慕,当时我们还在小米加步枪!"李济成说。经考察后,公司决定采取租赁的方式,每年支付100万元,将这台国际顶级的设备承租下来。

现代化设备的加持,公司业绩迎来了爆发式

2004年,李济成调湘潭分公司工作,图左一为李济成

增长:2000年,公司刚到湘潭,塑料杯单品年销售约1300万元;2004年长沙星沙基地开业时,塑料杯单品年销售做到了4500万元。合并在郴州主营"牛奶包装膜"的公司,公司旗下两家企业销售额已经达到8000万元。

经过10多年发展,万容公司逐渐成长为一家中型企业。1991—2000年,公司成立于郴州,得以生存,并找到乳品行业,属于第一阶段;

2000—2004年,公司进军湘潭,"借鸡生蛋",企业从默默无名到全国行业内名列前茅,属第二阶段;2005年往后的5年时间,公司完成了全国领跑,属第三阶段。随着企业的发展,李济成也从生产部经理升任了湘潭公司总经理。

2008年,到美国参加展会

因为公司专业特色是包装,又专攻乳品,公司将广告语变成了"千家乳品,万容包装"。2005年,公司向外迅速发展,成立上海万容,李济成担任总经理,重点拓展了肯德基、必胜客等洋快餐包装业务板块,同时打通了出口业务板块,实现了国际市场拓展。

2009年,又成立了北京万容,李济成再次担任北京公司总经理,拓展了今麦郎方便面包装,以及伊利、蒙牛、君乐宝等套标杯包装,北京万容成为全国最大的老酸奶包装基地。

虽然企业发展不错,但一阶段有一阶段的压力。当一家企业成长到一定阶段,新的问题也会萌生。彼时,虽然企业经营得挺不错,但产品客户端是伊利、蒙牛、肯德基这些行业巨头,产品定价万容公司没有过多的话语权;原料供应端是中石油、中石化等巨头,原料价格万容公司依然没有什么话语权。

2006年,万容公司决定拓展"循环经济"板块,成立湖南万容科技有限公司,期待以一种全新的模式规避包装公司当时被原料和销售两头夹击的窘态。

2011年，公司业绩一度出现明显下滑，集团决定将李济成从北京公司调回湖南本部任总部董事、总经理。李济成到任后，立即调整公司之前综合包装供应商的定位，集中精力主攻塑料杯。塑料杯一直是公司的拳头产品，是公司的核心项目，客户认可度最高。

随后，公司以塑料杯为核心进行市场整合、产品宣传、设备优化以及人员配置。可令大家没有想到的是，当公司业务进行重新调整完成，两年后销售额从1个亿，骤降到了6000万！

李济成并没有对业绩做过多解释，他正在布局一步大棋。他认为，中国乳制品行业经过近15年的发展，各细分供应产品均已经形成相对稳定供应布局，形势逼迫公司必须从"大、全"模式转为"专、精"模式。

2012年，李济成参加中国塑料协会年会

"2013年10月，我第一次去欧洲参加全球最大的橡塑展，在荷兰发现有一家企业生产麦当劳专用的发泡塑料杯，外加一层纸张标签，采用热熔胶压延黏合技术，产品非常漂亮，唯一缺陷是生产效率并不高。"李济成说，回国后，他组织团队采用塑料杯为内胆，用纸标与胶水黏合合成为纸塑结合的纸塑杯，确保外观精美。

2014年，产品一经推出，就受到国内知名企业光明乳业的认可，其赞扬该产品为"巧妙的创新"，光明乳业旗下上海、北京、广州、长沙、武汉等工厂与公司迅速合作。同年5月,伊利集团派出团队考察,随后与公司全面合作纸塑杯,最高峰期,伊利集团单品月需求量超过了2000万只。纸塑杯产品在市场上全面铺开,一时间供不应求。

市场一下子铺开了,如何能做得更好呢?为了集中所有的资源将纸塑杯市场做大,李济成当机立断,将当时的其他杯类产品逐步淘汰,同时非常前瞻性地配置了当时最先进的视频监测系统,将所有不良品通过视频进行监控和计算后进行剔除,将产品做到极致。

很快,万容的纸塑杯市场占有率在全国一骑绝尘,让所有的同行望尘莫及。2015年,公司销售额从上年的6000万元迅速提升到1.1亿元,纸塑杯日产接近300万只。2016年,公司业绩更是迅速增长。随后数年,业绩翻倍,利润可观,万容包装终于再次迎来高光时刻。

引领行业发展

2003年,万容曾经引进过一台进口注塑机,尝试生产薄壁注塑贴标杯,但由于当时国内配套资源不完善,最终未能实现批量量产。

时间来到了2016年,随着中国经济的发展,国内配套资源已经趋于成熟,李济成认为,应该可以再次考虑启动该项技术并进行市场化。

他通过市场调研,发现国内已经开始小规模供应该类产品,但当前国内最好的技术是1模生产4只杯子,一天生产4万多只产品,产品确实漂亮,客户也非常喜欢,但是价格极高,在材料直接成本不超过一毛钱的情况下,单只产品售价在四毛钱左右。生产效率低下导致制造成本居高不下,薄壁注塑贴标杯无法形成市场认可。

当年底,2016届全球塑胶展在德国杜塞尔多夫召开。李济成再次远赴欧洲参会,与世界一流供应商耐驰特、赫斯基、阿博格、德马格等进行洽谈。

通过多次论证与磋商,最终确定以1模生产8只的注塑"模内贴标"技术为核心突破点,引进德国德马格设备和技术支持,单机台日产能由原先4万只,提升到13万只,生产制造成本降低到原来的1/3,直接将原来市场售价拉低40%,这样就保证公司有适当的利润和回报率。

万容公司的新老客户得知消息后,纷纷要求合作,广州光明产品高端致尚酸奶和王老吉龟苓膏等产品全面接受该产品。

恰逢此时,国家为扶持新疆经济发展,提出疆奶外运。万容公司开发的这一新产品,刚好能解决新疆与内地因气压差异,极易导致产品外运时外包装内凹的问题。一时间,从喀什到乌鲁木齐再到阿勒泰,天山南北的乳品企业,纷纷与万容合作,短短一年时间,万容成了注塑模内贴标行业的领航者。

2018年,为了确保产品质量,在李济成主导下,万容公司引进了当时世界技术最先进的意大利萨克米公司生产的曲面检测仪。这种检测仪可以在480只/分钟的高速度运行条件下,逐只360度无死角检测每个产品,在线剔除0.3毫米以下异物。

但是欧洲企业分工太细,萨克米只生产检测仪,如何让塑料杯快速上杯、传输、收杯、打包、装箱等工序与检测仪协调运行工作,又是一道难题。于是,在万容公司主导设计规划、组织了6家国内供应商分包协作研发配套设施。

历时6个月,终于成功打造出了国内第一条拥有自动上料、检测输送、成条打包、自动装箱的萨克米曲面检测生产线。当萨克米负责亚太地区的业务负责人到公司参观时,简直不敢相信自己的眼睛,放眼全世界,他们也没有找到这种有效配置,却在中国实现了,当场夸赞:"万容太了不起了,中国人太厉害了。"

"2016年开始,公司将客户的采购模内贴标杯成本降低了一半。从2016年至今,公司的模内贴标杯市场占有率相当于国内其他同行企业的总和。"李济成颇为欣慰地说,"万容已经成为国内该细分行业的头部企业。根据行业上游原料供应商以及国内主流标签供应商的合并数量统计,多年来,万容一直是'模内贴标乳品杯'细分领域当仁不

2019年，赴农夫山泉公司考察

让的全国隐形冠军。"

2021年，由于公司所在地星沙基地面临拆迁，万容决定入驻宁乡经济技术开发区，新规划36000平方米高标准工厂。从2022年2月12日开工，到2022年12月9日完成搬迁，实现"当年奠基，当年竣工，当年投产，当年纳税"。

在新工厂规划中，李济成全面布局了数字化建设，并在工厂开建后得到了迅速实施。新投产工厂采用数字化技术，以人工智能机器人取代了大部分人工操作，配套建设智能化立体仓库，同步引入MES、WMS系统，合并打通ERP系统，公司的高度自动化和智能化已经成为行业标杆。

发展到新的历史阶段，万容公司投入资金，盯住行业痛点进行突破性研发。

"鲜牛奶大多用两种瓶，玻璃瓶不适用微波炉，同时容易开裂，瓶体太重。目前市面上透明的PET塑料瓶，遇热水则变形，同时还容易产生异味。我们着力开发一款既可耐微波炉高温不变形,又无异味,同时还可以减少塑料用量的新型塑料容器。"李济成介绍说,这是万容包装2023年立项的新项目。目前该款产品已经小规模测试,将为整个行业发展赋能。

"我们的产品一直围绕食品行业塑料包装容器进行迭代,产品的目标是隐形冠军和单一产品冠军。在具体实施上,采用'人无我有,人有我专,人专我新的战术'。""我们的使命是让您的包装轻松迭代。"李济成认为,一个企业,不管所在行业大小,均需抱有突破瓶颈,立志在全国甚至全球细分领域争夺领先地位的情怀。有这样的内驱力的企业才能走上行业的巅峰。专心致志、持续不断在单一细分市场耕耘的人,最终一定会收获成功的硕果。

2023年底,经过权威机构中外管理杂志历时半年的调查和严格的评比,万容公司获得第六届中国造——隐形冠军评选"隐形冠军·工匠达人"企业称号。

世界在发展,万容在前进。面向未来,李济成坚持科技创新,立足环保、科技,引领湖南万容包装奋勇前行!

【人物简介】

李忠要,湖南立成机械制造有限公司董事长。男,1980年4月出生,湖南省新邵县人。"做事先做人,把人做好了,事情就好做了",作为农民儿子的李忠要以人品结人缘,白手起家,走上创业路。"实干兴邦,实业强国",李忠要有自己的目标:未来三年,公司制造业板块产值要突破6亿元。

李忠要:做事先做人

初见湖南立成机械制造有限公司董事长李忠要,大高的个子,浑厚的嗓音,直率的话语,透露出敦厚和干练。"做事先做人,把人做好了,事情就好做了。"李忠要常常念叨的这句朴实无华话语,蕴含的是儒家思想的哲学理念。"做事先做人,做人先立德",李忠要在自己创业实践中感悟出来的中华传统文化中的为人处世原则,对其影响是如此深远,以至于他把自己创业道路上获得的每一点进步,都归功于此。人生一世,一是做人,二是做事。做事先做人,做人就要先立德。李忠要自觉地把修身立德,作为自己人生的必修课,练就干事创业、有所作为的基本功。

做贸易，靠人品聚人缘

无论是创业起步之初做的钢材贸易，还是现在从事机械制造的立成机械，李忠要总是感叹机缘巧合，自己所做的一切，冥冥之中总是与"做人做事"这四个字关联在一起。

1980年4月17日，李忠要出生于新邵县城关镇一个普通农村家庭。虽然在城关镇，可李忠要上下七姊妹，五个姐姐一个妹妹，家中排行第六。

农村家庭，一大家子生活自然过得很艰难。虽然家庭经济条件不好，但李忠要父母"耕读传家"的传统观念很强，7个小孩，无论男孩女孩，只要孩子们愿意读书，善良的父母都很支持。即使是到处借钱，李忠要的父母也要设法保证孩子们读书上学。

李忠要姊妹7人，也都很争气，十分珍惜父母艰辛劳作换来的读书机会，七个孩子全部通过读书而参加了工作。没有一个留在农村，这在那个年代的新邵县无疑是难得的。

家中七个孩子，李忠要是唯一的男丁。自生下来，李忠要就被寄予了全家的希望，肩负着家庭的未来。家里对他没有娇生惯养，李忠要从小就养成了勤快的好品质。

在父母的教育下，小时候的李忠要常常想，长大后自己要努力挣钱，改变家庭贫困面貌，为全家人提供丰衣足食的生活，靠自己的努力撑起这个家。李忠要至今仍感受到沉甸甸的责任，似乎冥冥之中肩负着家庭的使命。

因为贫穷，李忠要从小就懂得要为家里减轻经济负担。八九岁时，不但要承担力所能及的家务活，家里的农活也常常要为父母打打下手。暑假时，李忠要会利用假期卖冰棒，贴补家用。由于吃得苦，勤快的李忠要一个夏天可以赚两三百块钱，20世纪80年代那可是一笔不小的收入。

"穷人的孩子早当家！"为了减轻家里的负担，1995年15岁的李忠要初中毕业后没有继续读高中,而是选择考技校,只是因为那时的技校国家包分配工作。读了一年技校后,搭上最后一年国家统一分配的车,参加工作到了新邵县一个1000多人的国有企业上班。那时的国有企业欣欣向荣,家里都倍感有面子。

可没几年,市场经济大潮中的国有企业日薄西山。2002年,眼看厂里没什么活干,职工常常放假,企业难以为继,李忠要只好来到长沙打工,打工的企业是一个物流公司。物流公司当时承担了一个钢厂物流业务,工作中李忠要认识了钢厂的领导。一来二去,做事认真、待人热情的李忠要与钢厂的领导很快成了朋友。

"打工不是长久之计,你可以自己做钢材生意。"钢厂的领导对李忠要熟悉后,看到他诚实可靠,就鼓励他自主创业。

就这样,在钢厂领导的鼓励下,2005年李忠要辞去了物流公司的工作,自己尝试做钢材贸易生意。

刚开始做生意,一般人遇到最头痛的事就是资金。比如,钢材贸易需要大量周转资金,贸易商按规矩必须预付30%的款项给钢铁公司,下游的用户要把30%的货款打给贸易公司。但钢厂的领导通过几年的接触,对李忠要为人十分认可,非常愿意帮助这个年轻人创业,并没有要求按行规付预付,直接把货发给他,让李忠要把货卖了后,再给公司结算钢材款。

这份信任和认可,对于做贸易的李忠要来说十分重要,尤其是在创业之初,资金往往会是每一个初次创业者创业成败的关键因素,至关重要。

在上游的供货方出于信任,免除预付款的情况下,李忠要作为贸易商不但可以预收客户30%的预付款,而且在钢材销售出去后,能收到全部货款。只要能合理利用这期间的时间差,白手起家的李忠要做起生意来,可以说是"从不差钱",这对于钢材贸易这种资金密集型生意来说,充裕的流动资金无疑是至关重要的。

就这样,几乎没有任何积蓄的李忠要在需要大量启动资金的钢材贸易行业很快就把生意做起来了。"做事先做人!"对于初次创业就能遇上如此好的机缘,李忠要悟出了这个道理。

"做人诚实,不说假话。"李忠要认为做人要体现一个"诚"字,这个诚字,简单来说,就是人前人后一个样,说话直来直去,不拐弯抹角。

做事诚实可靠,说到做到。率真的李忠要以自己的为人赢得周围的人,包括领导、朋友对自己的支持。

"一个谎言要用100个谎言来圆",说谎是李忠要所不齿的。在李忠要的字典里没有"谎言"二字。喜欢就喜欢,不喜欢就不喜欢。虽然遇到不同意见,李忠要会委婉地把意思表达出来,但直率的李忠要从不隐瞒自己的观点。

许多接触过李忠要的人觉得他率真耿直的性格。这难免容易得罪人,许多人不理解,认为这样的性格做生意怎么行。

确实是这样,刚开始接触李忠要的人,对他这种几乎是不留情面的直率,都很难理解。李忠要与长沙水泵厂的交往中就遇到过这种尴尬局面。

那是2007年,李忠要刚刚开始做生意两年。

长沙水泵厂的水泵轴业务,李忠要与同行几家公司竞争。其中一家公司负责人能说会道,巧言令色说动了当时水泵厂负责采购业务的部门领导,别的公司知难而退了。

李忠要知道竞争对手更多的是以言语打动了水泵厂采购部门负责人,在水泵轴的业务上,产品质量和价格自己比他更有优势。

于是,年轻的李忠要找到水泵厂负责采购的副总经理,对他说:"厂里水泵轴,我既能保证质量,价格又比别人低。"当时,副总经理就说,那你就先试做几根。

"你能不能做好?你有没有这个能力?"水泵厂采购部副部长感觉到李忠要的盛气凌人,十分反感,就直接质疑李忠要的能力,质问李忠要道。

"我没个金刚钻就不揽这个瓷器活!"性格耿直的李忠要直接回怼说。

两人你一句我一句,当时就在办公室争起来了。矛盾激化后,副部长更加偏向竞争对手了。

后来,还是在了解情况的水泵厂采购部长调解下,李忠要与副部长的关系才缓和下来。因为部长一则了解李忠要的为人和性格,另外部长通过过往与李忠要的合作,知道李忠要不是靠搞关系,靠的是产品质量好。部长告诫副部长:"不要看忠要讲的话不好听,关键是要看他的产品质量。"

后来通过公开竞争,李忠要赢得了水泵轴业务合同,但这个副部长始终怀疑李忠要公司的实力。为此,在产品生产过程中,副部长坚持要跟着李忠要到长城特钢和四川江油两个加工厂,去查看钢材原材料生产和产品加工。一则不放心产品质量,二则看李忠要承诺的到底是真还是假?

在工厂蹲守的半月时间,李忠要每天早晨6点钟就起床去车间,一整天与工人们待在一起,监督生产。2007年那时制作工艺还不是很成熟,生产加工有难度,加工六根轴承,第一次只合格了两根。李忠要与师傅们一起分析,反复调试,常常工作到深夜,饭都是在车间吃。就这样,李忠要每天守在机床旁边,半个月时间轴才全部加工好。

别人做不出的东西,李忠要做出来了,别人做不好的东西,李忠要做好了。这下,李忠要的名声很快就在业内传开了。

目睹了这一切的水泵厂的副部长,看到了李忠要的敬业精神,改变了对李忠要的看法,十分认可李忠要的为人。回到厂里后到处宣扬李忠要的诚实为人,与李忠要慢慢地成了好朋友。

2020年,曾经对李忠要很有看法的这个副部长,辞去水泵厂的职务,应聘到立成机械公司担任综合管理部长,成就了一段"不打不相

参与社会捐赠

由于李忠要为人诚实，做事又认真细致，时间一长客户都愿意将业务给他。李忠要一个人一年就可以做四五个亿的销售额，顶起了公司一片天，公司员工负责做好客户的日常维护就行了。

不违心说奉承话，不喜欢拍人马屁，性格直率直爽，从开始的不被人理解，到慢慢地被人接受、被人认可，甚至成为朋友和伙伴，李忠要鲜明的人格特征慢慢地展现出独特魅力，成为创业路上的助力器。

做实业，边干边学建工厂

从2005年创业开始，李忠要总是戏称自己只是个做小事情的人。钢材贸易业务慢慢走上轨道，即便是有了一定规模，李忠要却始终有种心虚的感觉。

自己从客户企业拿到产品订单后，从钢材生产企业购买原材料，拿到别的企业去生产，然后再卖给客户。这种模式看似有自己的产品，但终归还是做贸易，自己本质上就是一个贸易中间商。

他认为，干贸易就是人们通常所谓的"提篮子"公司，就像浮萍，是没有根的。李忠要认为做贸易不像做实业，其生命力往往短暂。

李忠要想，自己所在的产业上游下游都是做实业的，贸易商属于中间环节。如果自己是生产厂家，从钢厂买原材料后自己加工成产品，卖给用户，就省去了自己找加工厂生产这个环节，也就降低了产品的成本，自然就提高了竞争力。

自己建工厂可以说是延伸了现有钢材贸易生意的生命力，也是提升了自己的竞争力。

如果说自己做贸易，更多的是靠与上下游企业长年建立的感情的话，那么现在依托原有产品销售渠道，做产品就可以在原有感情基础上，加上自己做贸易时与钢材企业拥有的原材料渠道优势，企业就有了双重的竞争优势。

想到就做，李忠要开始筹划建工厂。

建工厂就要先购地，李忠要在长沙周边的株洲和湘潭等地寻找合适的地方，一直没有如愿。一次偶然的机会，一个朋友对他说，宁乡正在搞开发，政策环境都不错。

2011年，经朋友牵线，李忠要来到宁乡经济技术开发区考察，很快就买了50亩地，成立了湖南立成机械制造有限公司。

做贸易时，公司里只有20多号人，业务也比较简单，加上李忠要自己是从业务员做起，公司里事无巨细李忠要都亲力亲为。现在建工厂，公司里既没人手，也没人懂，李忠要只好从头学习建筑知识。

对于自己这种事事亲力亲为的做法，李忠要有清醒的认识。他明白，这种方式企业发展自然会慢些，但作为初创型企业，自己学识和能力只有在亲力亲为实践中，才能快速成长，适应企业的发展要求。

反之，在企业还未走上规范化发展前，如果董事长当甩手掌柜，企业管理跟不上，企业就会垮得快。到了一定时候，企业建设了一支可靠的管理队伍，企业创始人就不用事事亲力亲为了。

从厂区规划到厂房设计，从建筑质量到设备安装，李忠要边学边干边总结。2015年初，工厂建好后，李忠要自己也快成了半个建筑工程师了。后来因为发展，2017年又在宁乡经开区新购20多亩土地，总共有70多亩地。

工厂建起后，李忠要将第一款产品选择了为长沙水泵厂生产加工水泵轴成品。因为,李忠要之前就与长沙水泵厂建立了比较稳定的水泵轴供货关系,以前自己不能生产,李忠要从钢厂购买卖给水泵厂,现在李忠要要在自己的工厂加工成零件卖给水泵厂。

积累经验后,李忠要围绕自己做的钢材贸易,来延伸开发产品。有水泵外壳,有液压油缸的活塞杆,有电机轴,等等,产品越来越多样化和系统化。供货单位也由长沙水泵厂扩展到中联重科、湘电集团、邵阳纺织机等单位。

抓生产,外行变内行

2015年10月,立成机械工厂正式建成投产。

因为自己以前都是做贸易的,没有搞过企业生产,李忠要就从家乡邵阳请了一个国企退休的老同志来做公司的生产部长管生产。

没想到,外来的和尚念不好本地的经。师傅是请来了,但管理却没上来,生产自然达不到预期理想。

立成公司村企结对帮扶

老同志做事,一方面管理松散,另一方面思维老化,缺乏精细化思想。老同志也许是碍于面子,管理上不能严格要求,每天员工想做多少就做多少,既没有科学的计划,又不善于调动员工积极性。

劳动纪律上,迟到早退也没有处罚,穿戴工作服和安全帽都没有规定。结果就是,"钱多办不好事""油多也坏事"。往往是一个小时能做的事,给工人定的是两三个小时工作量,工价定得也高,导致的结果就是工人"磨洋工"。钱花了不少,工作没效率,产量上不去。

有想法的员工感觉企业没前途,直接跳槽,留不住人才。

经过观察,李忠要发现了问题。正想与生产部长商量如何加强工厂管理时,生产部长得病住院,无法坚持工作了,这样就把李忠要逼到了前台。

2018年,李忠要干脆自己来管生产。

其实,李忠要创业以来,一直是做贸易和销售。对于工厂生产可以说是门外汉,要不也就不会请"高参"了。现在没办法了,生产再不管,那么大的投入就会打水漂。

从不服输的李忠要一头钻进了工厂生产车间。他首先把工厂的生产工艺流程一步一步研究下来,通过仔细的分析,他发现计件工资标准定得不合理,这直接导致员工生产效率低。

比如,加工一根轴承,正常情况是70分钟可以完成,但厂里定的工时却是140分钟。工作中大家自然是松松垮垮,不会认真做事了。更严重的是,有的员工连140分钟加工一根轴承也做不到,"磨洋工"磨到了160分钟一根。

李忠要明白,把定额标准算高了,员工会"磨洋工",降低生产效率;把标准定低了,又会挫伤积极性,员工同样不会积极做事。

为调动员工积极性,提高生产效率,在充分测算基础上,李忠要

现场生产核算,右一为李忠要

把加工轴承的计件工资的工时调下来,然后工价调高一点。比如把原来虚高的工时调下来,一根轴加工工时从140分钟调到70分钟;把以前1小时18元的计件工资,调到1小时21元。

这样就可以在不减少员工收入的前提下,把员工的生产效率提上去,公司就再也见不到过去"磨洋工"的现象了。

刚开始,员工并不理解李忠要的改革,认为是老板为了减少工资开支,个别人对此有很强的抵触心理,为此公司还开除了两个人。起因是这两个人还停留在过去"磨洋工"的工作状态。

为了让员工有个适应过程,李忠要没有直接将加工一根轴承的工作量调整为70分钟,而是由过去的140分钟,改为90分钟。

李忠要设想将140分钟降到90分钟,正常情况70分钟能完成,如果员工努力,可以拿到超出正常的20分钟绩效收入,工资也就上来了,就能提高积极性。

这两个人平时工作吊儿郎当惯了,还是按过去的140分钟工作状态,还提出90分钟他做不了,仍要求按160分钟做。结果一个月下来,自然拿不了什么钱。

"你愿意在这做,就要按我要求。"李忠要就对他俩说。最后,这两个人适应不了新制度,只好主动辞职。

为搞好管理,李忠要把自己过去做销售的那套办法借鉴过来了,凡事都自己用心去揣摩去研究。

为尽快熟悉生产,2018年接手企业生产管理后,李忠要成天待在车间,与工人在一起。每天从早晨7点到晚上11点半,李忠要在车间里转来转去,仔细看、用心学,遇到看不明白的就向老师傅请教。

遇到工人们忙不过来的时候,李忠要就自己搭把手,顶上去。车间里推车、开行车、转货,李忠要什么活都干,就这样李忠要每天在车间要走上三四万步。按他自己的话说,就是看也要把生产看"熟"。

就这样,一段时间后李忠要对车间生产流程、工艺、质量把控都了然于胸,管理生产就不存在问题了。以至于员工说咱们的老板厉害了,连产品细微的尺寸错了都知道。

其实,了解李忠要过去的人都知道,李忠要做事情是能下狠功夫,有拼命劲的。

2005年,李忠要刚接触钢材贸易业务时,也是这样的。从一个对钢材一无所知的门外汉,到熟练掌握各类钢材型号、排号、性能、用途,等等,李忠要花了半年时间就成了钢材贸易行业的行家。

生产走上轨道后,李忠要开始建章立制,加强企业管理。

一方面,在公司管理层,李忠要每周三召开管理例会,公司管理层十几个人,一起回顾总结上一周工作,通报生产经营中的重点,安排部署下一段工作。

另一方面,在生产层面,要求生产班组在当天生产结束后,利用休息前的空隙,召开工作例会,生产线上的同志,一起就"今天的任务完成得怎么样?今天的安全生产有什么问题没有?明天的任务安排?"三个方面,小结当天的工作。

领导参观指导,右二为李忠要

除此外,全公司每个月开一次全员大会。会上,李忠要除了通报公司的生产经营情况外,重点就公司发展战略、发展愿景和企业文化进行宣讲。特别是对"一家人一条心,一起拼一起赢"的企业文化,李忠要总是不厌其烦进行宣传阐释。他要求员工有当家作主精神,大家一条心把企业这个家搞好,努力与企业一起赢得未来。

"一家人一条心,一起拼一起赢",李忠要是这样说的,也是这样做的。公司对所有员工都实行包吃包住制度。对于一线员工,只要是肯干的,李忠要舍得花钱。一线技工,最多的每月能拿到2万多元的工资,平均也有1万多元。

2019年,李忠要引进新技术,强化生产现场监督。工厂生产现场安装监控设备,采用大数据,运用网络技术,既可以在电脑上即时查看工厂的生产现场,还可以在手机上实时看到现场生产的情况。

现在,即便是在外面出差,李忠要都可以遥控指挥家里的生产。企业管理上,安全生产、劳动纪律逐步完善,制度建设越来越规范,管理一步一步顺畅了。

在生产实践中学习,在学习中成长,在李忠要的管理下,公司生产就这么走上了正轨,管理逐步规范化了。

遇到不懂的,李忠要就在实践中学。建厂房,李忠要就学建筑知识;办企业,就学质量、技术、工艺、咨询、生产,等等。有时去外面企业参观,有时在自己企业里琢磨,慢慢地李忠要成了行家里手。

检查安全生产,右二为李忠要

搞管理,企业发展规范化

虽然是做贸易出身,李忠要做起制造业企业来,也是一板一眼的。

为营造良好的生活环境，李忠要是舍得投入的。立成公司建起了现代化的五层员工宿舍楼，配备了包括灯光、篮球场、KTV、台球、乒乓球等员工休闲设施，光健身器材公司就花了几百万元钱。

公司在完善了硬件设施后，李忠要把精力投入以企业文化为内核的规范管理方面。他时刻提醒自己随着企业规模越来越大，如果管理跟不上，企业就会垮得很快。

对此，李忠要形象地比喻自己公司要从"土八路"变"正规军"。

李忠要一手抓制度完善，一手抓员工培训。

为将自己的企业管理理念传达到每一

立成公司主题党日活动

个员工，李忠要在管理层每周三召开一次例会，对公司生产运营进行回顾总结。生产线上每天晚上开会，通报当天生产任务的完成情况，安排第二天生产任务，强调安全生产。

比如，劳动纪律公司安排了专人抓，违反了公司规章制度就要处罚。如果今天有人迟到一分钟没人管，明天别人就可能迟到半个小时，规矩自然起不了作用，企业就没法管理了。

为倡导大家敬业奉献，李忠要将薪酬向一线员工倾斜。对于那些不能适应企业规范管理要求的员工，李忠要坚决不留情面，按制度处理。为此，李忠要不惜对簿公堂也决不迁就。

2023年7月14日,立成公司接到人社部门通知,公司被一个员工投诉,说自己旷工半天被公司开除,侵犯了劳动者权益。

原来,有一个父亲在立成公司工作,他儿子待业在家,父亲就找到李忠要说,请求公司把他儿子招进公司来,由他自己带着做学徒。

基于关心员工的想法,李忠要同意了。

由于当时父亲是要求孩子来公司学技术,按公司规定,第一个月做学徒公司管吃管住,没有工资。但由于儿子跟父亲做学徒,帮衬了父亲,父亲工资当月增加了不少,有17000多元。

于是,父亲又找到李忠要说,可不可以从自己工资中分一部分发给儿子,这样自己就可以少交点所得税。

按公司规定,儿子做学徒期三个月是没有工资的,所以李忠要当时没同意父亲的要求。但到第二个月发工资时,本着人文关怀角度,李忠要就帮父亲从他工资中分出了5000块钱,发给他儿子。

因为第一个月李忠要没有答应父亲的要求,公司据实代缴了其个人收入所得税。父亲心生不满,故意在公司刚好生产紧张的时候,与儿子一起不去公司上班,连续旷工6天。

他以为自己是技术骨干,公司在生产旺季离不开他,这一次刚好利用这件事,我就不完成任务,看公司能把我怎么样。

公司负责同志打电话,通知他去上班,他不去。

到了第7天,父亲来到公司,公司人力资源部门找他谈话,征求他的意见,问是不是还愿意在公司做。如果愿意继续在公司做,那就要承认错误,公司只按旷工一天对他处罚,给他台阶下;如果不在公司继续做,就让他自己写辞职报告,按规定办手续。至于儿子,因为在公司一共才上了两个多月的班就连续旷工6天,还在学徒期,按公司规定就不能录用了。

父亲不同意公司提出的解决方案,就写了辞职报告,但报告中写是因为请假而被公司辞退。这明显与事实不符,与公司关系就僵下来了。

心生怨恨的父亲就以儿子的名义写信给人社部门,信中捏造事实,说公司在他儿子工作满三个月试用期后,不按规定与他签订劳动合同,不缴纳社保,只旷工半天就开除他。

现场产品质量会商,右三为李忠要

宁乡市人社部门经过到公司调查后,了解到事实并不是举报信中所说的那样。经协调,父子俩只能辞职。

这件事对李忠要触动很大。

过去,自己的公司负责人管理松懈,计件工资工时定得长,工价定得低,员工懒散,员工收入和企业生产都上不去,企业效益差,公司濒临破产。现在自己搞规范化管理,工时短了,工价高了,员工收入和企业生产都上去了,但矛盾和问题仍然不少。

此间的道理肯定是有规律的。所谓"十年企业靠制度,百年企业靠文化",李忠要买来企业管理的书籍,开始钻研起管理学知识。慢慢地他明白了一个道理,要把自己的改革主张变为员工的行动自觉,就得建设公司的管理文化。

"把别人的钱装进自己的口袋难,但更难的是把自己的思想和主张装进别人的头脑中。"

于是,一方面,他在企业各层面的会议上,在与员工相处的时候,宣讲自己的改革主张,宣讲公司新的规章制度,号召大家适应公司发展；另一方面，他倡导公司上下一家人理念，号召大家一起干，与企业同呼吸共命运，与企业共同发展进步。

经过实践探索，李忠要提炼"一家人一条心，一起拼一起赢"为立成公司的企业文化。号召大家当家作主，把企业当自己家，大家一起努力，随着企业发展共同进步。通过企业文化建设，使大家团结一条心，一起拼一起赢。号召公司员工适应公司规范化制度环境，伴随企业发展，共享发展红利。

通过企业文化建设，公司上下团结一条心，一起拼一起赢。

李忠要把公司管理的这种变化形象地比喻为从过去的绿林好汉向正规军迈进。他认为自己是在学习我们党建立自己军队的经验，我们党很多部队就是从国民党军队、封建武装甚至打家劫舍的土匪改造而来的，这些成功的经验是自己在建设现代企业管理文化过程中学习的营养宝库。

立成公司年会，左六为李忠要

谈起未来，李忠要对公司发展充满信心：未来三年，公司规模要达到240多人，不包括钢材贸易，公司制造业板块要突破十个亿产值。

【人物简介】

张文武,男,1970年8月出生,湖南宁乡市坝塘镇人,长沙市农家流香食品有限公司创始人。他童年家境贫寒,18岁来到长沙打拼,凭借勤奋、努力和一身闯劲,从学徒干起,在赚取人生第一桶金后,返乡办厂创业,精心打造腊制品、坛子菜,并竭力寻找"老长沙腊味",传承"老长沙味道",努力将产品打造成食品行业的一股清流。

张文武:创业从卖腊味开始

在经济匮乏的20世纪80年代,能够跳出农门是张文武儿时的梦想;当他真正走出乡村,踏进都市,赚取第一桶金后,作为"农家流香"食品创始人,他更多则是考虑再返"农门"——回馈家乡,振兴乡村,怀揣了一个异于常人的美好梦想……

艰难的成长环境

"对于我的创业历程,它本身没有半点值得可以炫耀的地方,唯一可以聊聊的是,我是一个没有任何背景,没有高科技,没有大资金的状况下,脚踏实地,一步一步,奋力做起来一番事业!"长沙市农家流香食品有限公司张文武直言。

在湖南宁乡坝塘镇的一个处农家小院,这位有着30多年农产品加工制作经历的宁乡中年男子声音洪亮,中等身材,话里话外均离不开"腊肉"、离不开"乡村发展",更离不开对农民朋友们的质朴情感。

当他操着一口带有浓厚宁乡口音的普通话,谈及传统腊制品如何做得更为酥软入味的时候,谈及如何带动老乡们创业致富的时候,他的眼里有光。不错,这就是有着传统手艺人张文武最热爱的事业,他期望用自己数十年的传统美食经验,真正打造好长沙的一道传统美味。

如今的张文武已经在乡村振兴大战略中找到了自身价值现实的方位,可梦想开启之前,他却曾有过一段不堪回首的岁月。

"实实在在地说,我们家里祖祖辈辈是农民,到了我的父母亲这一辈,依然是非常老实、非常朴实的农民!"在张文武儿时的记忆里,更多的是父母们的艰辛岁月。

张文武的父母亲是宁乡坝塘普普通通的农民,全凭力气在土地上谋食。那个年代,他们主要是以出工作业的劳动程度,来划分"工分",计算劳动报酬。父母亲都是极其本分的老实人,尽管再努力,也只能拿到7分工,根本无法改变家庭穷困的经济状况。从那时候起,张文武就暗下决心,将来一定要"跳出农门",做出一番事业,他不想让父母吃一辈子苦。

家庭经济的拮据让张文武的求学路也变得艰辛。记得那时,他每天要步行6公里上小学。往返12公里的路程让张文武记忆犹新。进入中学以后,这样的局面仍然没有改善。因学校实行走读制,他每天早上要6点起床出发去学校,几乎是半夜才能到家,早已是饥肠辘辘了。

"70年代的人,虽然饭还是有得吃,但是也吃不好。那时,我的早餐就是炒一碗米饭。此外,上学之余,各种农活我都要干。"张文武说道。

小学和初中,张文武就在这样艰苦的岁月中度过。升入高中后,张文武选择寄宿在校。每每回家,母亲就会掏出3元钱给他,并语重心长地说:"孩子,这是把家里鸡蛋全卖掉换来的钱。"多年以后回忆起这个细节,张文武的内心仍然泛起阵阵酸楚。

高中时期,每当晚自习结束,张文武的肚子便饿得咕咕直叫。当时一位老师的家属在校门口卖烧饼,一毛钱一个,张文武馋得难受,但囊中羞涩,从没有买过。"直到现在,我还是非常想吃。"张文武笑着说。就是在这样一个生活拮据的家庭里,他完成了求学生涯。"读了一年高中,家庭条件不好,加上成绩也不太理想,我就放弃了学业。"

从当学徒开始

退学后,张文武来到长沙投奔家族叔公,叔公20世纪50年代前就来到省城长沙谋生,一家人都成了城里人,叔公一直是族人的榜样。他在长沙五一路旁的西长街做起了腊肉生意,体量不大,但味道还算不错,在西长街小有名气。

腊肉腊鸡等腊制品在物质极为匮乏的年代是一道下饭好菜,十八九岁的张文武从宁乡来到长沙,给叔公当学徒。从此,张文武便和腊味制作结下了不解之缘。

"当时学做腊味,自己有满腔热情,希望借此从农村走出去。从我做工的第一天开始,我就想有朝一日,一定要做一番事业。"张文武说,儿时的痛苦记忆,以及初出茅庐的闯劲,成为他创业的动力。

多年以后,提及当年萌生的创业念头,张文武仍然很激动。"如今,我跟员工说,你们不一定要有野心,但一定要有目标。没有野心和目标,事情很难做好。"

想当学徒也并非易事。张文武踏入腊味制作这行后,便认识到,这个行业需要一定的技术。对于当时没有任何经验的他来说,只能靠"勤奋"去补拙,用加班加点的学习和实践尽快积累经验。

在刚开始的半年时间里,张文武跟着叔公认认真真、仔仔细细学,仔细琢磨每一个细节和每一道工序。而这也为张文武后来的创业奠定了坚实基础。

1988年,张文武正式踏上了创业之路。他拿着父亲给他的1200元钱,在长沙租了一间小屋,每月130元。在付了3个月房租后,他将剩下的810块钱,全部购置了鲜肉,用当学徒时获得的经验开始自己制作腊味。

那时,他白天购置鲜肉,晚上熏制,第二天拿到西长街去售卖。因为善于学习总结,再加上勤奋踏实,张文武很快在西长街站稳了脚跟。

不仅如此,张文武做的腊肉还得到了中山路百货大楼旁一家知名腊味店的认可,这让他信心大增。

"只要你认认真真把事情做好,机会总会有。"张文武至今都如此认为。一年多后,这家中山路腊味店的负责人因工作易动,调往长沙食品公司旗下的解放路腊味店任职。这一变化,给张文武的事业发展带来了机遇。

"一天,我刚走到橘子洲大桥附近,便接到了原中山路腊味店负责人的电话。电话那头说,解放西路腊味店缺少一个供应商,问我愿不愿意做供应商。"张文武回忆说,这样的事情,之前想都不敢想,不料这样的好事竟找上了门。张文武毫不迟疑,果断答应下来。

张文武的腊味铺

当时在长沙,这家腊味店的中山分店生意火爆,但解放西路店却生意平淡。长沙食品公司将中山店负责人调至解放路店,就是想要将

中山店的模式加以推广。正是张文武为中山路店提供的腊味物美价廉,得到了不错评价,才让他得到了这次宝贵的发展机会。

长沙解放路腊味店

解放路店店面比中山路更为宽敞,再加上长沙步行街的崛起,附近商业日益增多,区域优势日趋明显。

解放路腊味店每天早上8点开门,晚上6点闭店。在营业时间里,基本都是人满为患。顾客们排着长队,唯恐轮不到自己,担心产品都被其他人买走。

"那个时候解放路腊味店的生意真的好,一天可以卖一万斤腊肉。特别是1994—1998年这4年,生意更加火爆。"张文武回忆起当时场景,难掩自豪之情。

当时,解放路店主打腊肉,同时也有腊鸭、腊鸡等多种腊制品。这些产品价格不贵,味道香美。如此价廉物美的腊制品,在整个长沙都不多见,每天都处于供不应求的状态。

张文武说,当时顾客为了能够"抢"到更好的腊味,排队吵架,几乎是常态。一位顾客进店购买腊肉,在外面排队的顾客往往要排半个小时以上。这时,有些急性子的顾客插队就会引发争吵和矛盾。

一心一意做腊味

岁月不居,时节如流。给解放路腊味店送货,一送就是12年。12

年间，张文武每天踩着三轮车，驮着沉甸甸的猪肉，穿梭在长沙市内。

那时，给解放路腊味店送货，常常一天要卖给对方2万多元的货物，利润高的时候，一天能够赚上千元。要知道，20世纪90年代初，一个普通职工月工资数百元，因此这个收入十分可观。很快，张文武便赚到了人生第一个"百万"。

当新千年的钟声敲响，长沙的商业迎了一次大的变化。2000年，长沙的第一家超市——家润多成立。随后，五一路、解放路的平和堂、大润发等商场和超市如雨后春笋般冒出。市场的变化给老国企带来了极大的冲击。

面对品类繁多、价格低廉、服务优质的"超市大军"的竞争，解放路腊味店的生意受到极大冲击。所幸地处长沙黄金路段，生意基本得以维持。

到了2003年，解放路腊味店的负责人发现，只要将门店租赁出去，就可以获得不错的收入。因此，解放路腊味店的负责人主动找到张文武，希望张文武盘下店子，把品牌和店面都交给张文武经营。

"当然愿意！"这是张文武的第一反应。在他看来，这绝对是一次千载难逢的机会。他几乎没有去多想，甚至都没有来得及仔细询问需要哪些条件，就满口答应了。

很快，张文武和解放路腊味店负责人签订了租赁承包协议。该协议将原有一楼出租，二楼继续做料理，三楼则提供给张文武做营业部。

"我的想法是，这个生意肯定能够做，市场肯定是会有的，潜力很大。"张文武对这门生意信心满满，当即就给对方打去了4万元的定金。

其实，当时的供应商有10多家，能够顺利签下合作协议，在张文武看来，是因为他实在做人、勤恳做事，得到了解放路腊味店负责人的认可。

与此同时，张文武也有信心把这门生意做好。特别是，从叔公一辈到叔叔手里，再到自己，也算是半个腊制品世家了。解放路腊味店认可张文武的经营理念,欣赏其勤奋和专注,能做出好产品,于是双方一拍即合。

"他(解放西路腊味店负责人)是我的人生

电视台采访"腊味大王"张文武

贵人,这件事也让我正式接手长沙知名腊味店的整个盘子。"张文武说。多年过去,至今我们依然保留着这个门店,虽已几经搬迁,如今仍能在解放路药王街找到它——解放路腊味专店。

随着原解放路腊味店的转型,这家老店已经一分为二:一边是曾经的老店场地进行了出租,因为地域优势,一楼门面仅靠租金就能达到200多万元一年;一边是张文武承包的解放路腊味店,经过悉心经营,生意越做越红火。

自从盘下解放路腊味店后,张文武开始认真思考肉制品这个"具有前景的大市场"。

尽管当时食品监管并没有今天这么严格,但张文武还是给自己定下了一个"铁律"——一定要做一个让老百姓放心且喜爱的肉制品。在任何情况下,都要确保食品安全,把肉类食品做得最好。

有了店面,有了老招牌,自己又有加工技术,张文武首先想到的不是如何去挣钱,而是让老百姓真正买到价廉物美的肉制品。

由于有成熟的加工工艺,再加上丰富的市场经验,张文武的腊制

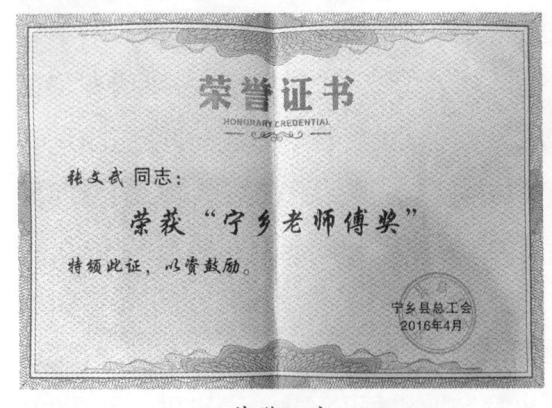

荣誉证书

品店开始扭亏为盈。再加之店面地处黄金地段,生意如芝麻开门节节高。

时间来到2008年末。在接近年关时,湖南遭遇了罕见的冰灾。这时,物资短缺,连白菜也涨成了"天价"。在这种情况下,张文武的腊制品也成为抢手货。

为了保证供货,在停水停电、环境极其恶劣的情况下,张文武和员工们一起奋战在一线。没有电就自己发电,没有水就自己找水。他们忘记了疲惫,只为能给市民们提供充裕的物资。

"那一年我干到了过年前的一天。"当时仅30多岁的张文武以勤劳和善良再次获得客户们的认可。在他看来,做任何事情都会遇到困难,但千万不能被困难压倒,心中一定要有阳光。

2010年,长沙解放路迎来了大拆迁。解放路腊味店被"夷为平地",代之而起的是湖南第一高楼——九龙仓国金中心。

张文武为了保留这个老招牌,将解放路腊味店迁至附近的一家大商场附近。虽然生意不比在黄金地段时的火爆,但由于用心经营,再加上积攒的好口碑,在新址开办的门店生意仍然不错。

走向规范化运营

在省城闯荡多年,张文武创办腊味店的故事也传到了家乡。

2010年的一天,几名坝塘镇领导找到了张文武,在腊味店考察后提议道:"你现在也算是初具规模了,为什么不把产业搬到家乡这边来呢?"

与此同时,镇领导向张文武推荐了一处适合建厂的地址。这个空置的厂房曾做过食品加工,虽早已停工歇业,但在这里重新打造一家工厂无疑是一个不错的选择。

在坝塘镇党委、镇政府领导多次邀请下,2010年,张文武把腊制品生产线搬迁到了宁乡市坝塘镇,成立了长沙市农家流香食品有限公司。"自此,我们就从过去作坊式的门店,真正走向了一家规范化运作的工厂。"他坦言。

在政府部门的帮助下,2011年,长沙市农家流香食品有限公司迅速建厂;次年,工厂建设完工,企业正式投产。整个过程,既平稳又顺利。

自从搬迁到了宁乡,腊味店开启了市场化运营,腊制品的门类越来越多,产量越来越大,效益也越来越好,产品质量进一步得以提升,企业开始步入良性循环。

"我虽然是做这个生意,但我不是一个人做,我们有一个优秀团队。作为团队负责人,我不仅要对员工负责,还要对他们背后的家庭负责,他们都是家庭的顶梁柱。"在张文武看来,来到宁乡后,身上的担子更加重了,责任感和使命感也比之前更为强烈。

荣誉证书

回到宁乡,张文武在做腊肉时发现,坛子菜是腊肉的天然"伴侣"。这种放在坛子里的菜肴,也被称为"泡菜""咸菜"。我国食用坛子菜的历史久远,而湖南的坛子菜更是独具特色。既然都是中国历史悠久的传统食品,自己有责任将其"发扬光大"。说干就干,张文武决定重新开拓一款新产品。

想来容易，做来难。2010年，张文武找到一家合作社，签订了一份蔬菜种植合同，打了5万元定金。等到交货的时候，由于合作社技术不成熟，产量达不到要求，无法交货，最终导致坛子菜的业务无法推进，第一年的时间就这样白白浪费了。

困难没有吓倒张文武。2021年，张文武流转160亩土地，自己来种植。为了弥补前一年的损失，他邀请当地农民一口气种植了100亩豆角、10亩芋头、50亩辣椒。

张文武种豆角

"种植的100亩豆角，当时我分包给了3个人。我们公司负责供应原料、提供技术培训、进行安全监管并做好蔬菜回收。"张文武说，豆角一度长势非常好，当时还成为长沙农业部门重点推广的种植项目。

"但是，后来有30亩豆角，我只能选择放弃！"为何要放弃30亩地的豆角采摘？

原来，因为缺乏经验，张文武没有预料到采摘的难度。

"因为种植豆角，需要天天去采摘，如耽搁一天采摘，第二天豆角就会老掉，就做不了坛子豆角。"张文武回忆说。

按照当时的劳动强度，以种植100亩豆角来算，1人最多只能采摘1亩地，最少要60—80人来采摘，当时张文武根本没有那么多人手。况且，公司的加工能力跟不上，结果公司当年亏损了30多万元。

从哪里跌倒就从哪里爬起来，2011年失败了，2012年仍要继续。

那么，原料又从哪里来？

张文武重新审视后，决定改变过去大分包的模式。他邀请村里的农户来种植豆角，公司同样提供种子、技术和产品回收。与之前不同的是，公司保底回收，农民每户只种植3—5亩。这种小分包模式既降低了风险，也带动了更多农民致富。

张文武为了让农民朋友们吃上定心丸，将大家聚集在一起开会。"我让他们放心种，如果赚了钱，是你们的，你们没有赚钱，我们公司补偿给你们工钱。"

张文武的一席话，赢得了农民朋友的热烈掌声。一位五六十岁的老人说道："我们跟着你种植豆角放心！"

"这些农民真的是非常淳朴。听他说这个话，我心里很舒服。所以，公司一定不能亏待他们！"张文武说。自此，他把农民朋友视为合作伙伴。

多年来，张文武的公司从不给农民的订单下指标，种植全凭自愿。每年固定有60—70位农民参与种植合作。

这种订单农业的模式，即农民用自己的土地进行种植。公司上门进行技术指导，提供一些必要的种植原料，等到收获季节，再由公司负责回收。

如此一来，农民收入提高了，积极性也更强了。令张文武感动的是，农民朋友们为了保证原料的新鲜，经常深夜或凌晨去采摘，清早就将蔬菜送到了公司门口。

"我们的坛子菜，是用宁乡最传统的方式，把蔬菜收回工厂，进行清洗、浸泡、腌渍。我们选择最好的种子，请农民种植最优质的蔬菜。"张文武说。

公司拿到最新鲜的豆角，制作出来的坛子菜也就新鲜爽口，效益就有了保障。张文武算了一笔账，在宁乡，1亩豆角，种植得当，产量有4000多斤。公司收购的价格约每斤1.5元，能获得6000多元收入。同时,公司给他们政策,如果能在市场卖到每斤2元,可以优先市场出售,剩下合格的产品,仍不影响公司回收。

这个政策,让农民合作伙伴们十分高兴。农民既得了实惠,企业也获得了优质的原材料,实现了双赢。正是张文武真心对待农民合作伙伴们,目前,仅豆角一道坛子菜,公司年销售收入就超过了300万元。

经过多年研发和制作,腊肉和坛子菜成为长沙市农家流香食品有限公司的两个主打产品。与此同时,公司开发的雪里蕻梅干菜、坛子辣椒、坛子红薯叶等也深受消费者的喜爱,成了公司的"明星产品"。

制作腊味

做最正宗的长沙味道

随着产品线越来越长,品类越来越多,怎样保持好的销售业绩成为摆在张文武面前的难题。

为解决这一问题,张文武在宁乡建厂后,又在长沙高桥大市场成立了一个食品配送中心。高桥有"中南6省最大市场"之称,地理位置好,交通方便,是许多客户必去之地。有了这个销售渠道,产品的销路有了保障。

也正是从这时起,公司形成了解放路药王街、宁乡、高桥3地的"一店一企一中心"的发展布局。

从建厂前的不足400万元营收,到2012年做到了600多万元营收,再到目前的4000多万元的营收,张文武的腊制品和坛子菜摆上了千家

迎接乡村振兴视察，右三为张文武

万户的餐桌，实现了跨越式发展。

"腊肉是一个常见的农家食品，但要做得好吃，工艺就得很讲究。比如，制作腊肉首先需要优质食材，采集到厂房后，首先要剪切成顾客需要的形状，再经过腌渍、漂洗、烘干等工序。"张文武说。

"腊肉制作看似简单，每一个环节其实都有独特的工艺，其中'大有学问'。"张文武说，比如制作腊肉时间火候的把控，条形小的鲜肉腌渍5天，熏制一个礼拜，前后12天时间；如条形大的腊肉，要将鲜肉腌渍10天，熏制40天，这样才能够真正入味。

让张文武颇为骄傲的是，他的腊味制作工艺与其他厂家有所区别。他的制作工艺，一方面通过聘请有经验的老师傅，采用湖南农家传统的加工工艺进行制作，为客户留住老长沙的味道；另一方面加大研究力度，根据客户口味的变化积极进行革新。因此，无论是新老客户，都能在这儿找到适合自己舌尖的"腊味"。

"我们现在的制作工艺，延续了原解放路腊味店的工艺，这个店代表着原长沙食品公司的味道，也是正宗老长沙的腊味，食品公司传承下来的工艺和文化，在我的手里要继续发扬光大。"

张文武更大的愿望就是要将原长沙食品公司、五里牌加工厂、黑石铺杜鹃花加工厂等长沙口味进行整理挖掘,同时结合湖南农家最古老、最传统的加工工艺将两者有机结合,打造符合现代人口味的腊制品,形成新的更广阔的市场。

"当年,老的食品公司,有很多老师傅的做工非常好,但是没有能够得以保存和传承,太可惜了。"张文武介绍说。他现在正在加强自己的研究团队,尽量去挽回那些失去的长沙味道,认认真真去研究,留住老长沙味道。

张文武清晰记得长沙过去有位老师傅,做的牛肉干味道极好。"很想找到他,或者他的传人。自己愿意出钱,甚至拿出公司股份与他合作,只为把这份极为珍贵的老长沙味道传承下去!"

"我们这种农产品加工,越是原始、越是手工,越是放心,越是味美!"2024年,张文武着力打造"30年的张爹"这一品牌。

对于将来的发展,张文武提到最多的是:安全、传承和创新。他通过自己的努力将传统文化传承下来,做消费者们喜欢的产品,精心打造成一道道长沙美味。

30年弹指一挥间。多年的辛勤付出,让张文武青丝变成了白发。但无论岁月如何更迭,张文武对事业的热情不减,对好产品的追求不变。当时光的车轮驶过,镌刻的不仅是他的奋斗足迹,也映照出他的责任与担当,善良与奉献。面向未来,张文武将秉持初心做好事业,在为顾客们带去一道道舌尖上美味腊味的同时,也将带动更多人走上致富路,书写更加动人的篇章。

【人物简介】

周雄湘,1965年11月出生,湖南宁乡人,长沙湘瑞重工有限公司董事长兼总经理。历任湖南省机械工程学会常务理事、湖南省铸造学会副理事长、湖南省铸造协会副会长、中南大学校外导师。荣获湖南省铸造行业领军人物、湖南省铸造行业优秀企业家、湖南省铸造行业卓越成就奖,主持了多项国家"三航"工业重要功能部件的配套生产。

周雄湘:在航天航空航海领域竞风流

自高中毕业进入铸造行业,周雄湘在制造业这个最基础件领域从不满20岁的年轻人,到年近六旬的中年人,四十年如一日,以坚韧成就事业。他深耕"三航"(航天、航空、航海)工业制造领域,首创双炉同浇的铸造工艺技术,成长为湖南省铸造行业领军人物,打下了一片属于自己的天地。

未能参加高考,激起了青年人奋斗的热情

1965年,周雄湘出生于宁乡县沙田乡一个普通农村家庭。父母在沙田务农,兄弟姊妹4个,周雄湘排行老二。因为家里实在是穷,1985

年周雄湘在完成了高中学业,还没来得及参加高考,恰逢当时颇有名气的量具制造企业——湖南省沙田量具厂招工,就直接从学校进入了令身边人都羡慕的量具制造企业。

"没有参加高考,农村家庭好不容易能有个工作机会,作为大儿子,自然是要出来工作挣钱的。"周雄湘回想当年,脸上微微带着一丝遗憾,又颇有一种无奈感。中学期间,周雄湘是宁乡十中团支部书记,在校期间,他所学课程,除去英语不太突出,"数理化"几门成绩可谓名列前茅,"在当时的沙田,算是一个学霸"。

在那个生活极为拮据的年代,能够进厂,有份稳定的收入,在当地人看来,就是一份"体面的工作"。虽然,进厂工作的确让家庭负担得以改善,但在周雄湘看来,依然无法填补未上大学的遗憾。

心有不甘的周雄湘自从参加工作,就开始了自学之旅,常常到新华书店购买书籍自学。1986年,在厂领导安排下,周雄湘赴湖南省机械工业学校举办的铸造专业培训班脱产学习。后来,在机械工业学校陈里安教授的推荐下,周雄湘又前往湖南大学学习。

在湖南省机械工业学校和湖南大学学习期间,如饥似渴的周雄湘将两所学校能找到的关于"铸造"专业领域的书籍扎扎实实地学了个遍。校园里系统的理论学习,为周雄湘后来的铸造工作打下了扎实的理论基础。

"当时,我主要是想学习,进厂后一门心思学技术,总想通过自学来弥补我没上读大学的遗憾。大学里面的课程,铸造专业的书籍,我都没有放过。遇到不懂的地方,就去向学校老师请教。我一辈子都要感谢陈里安教授、湖大胡惜时教授对我的教导。"周雄湘对当年的老师心怀感恩,至今不能忘却。

有了理论知识的加持,本就对铸造十分感兴趣的周雄湘更是日夜坚守在车间,成天与工人们一起伏案研究,或倒腾各种机器,专业水平得以不断提升。很快,周雄湘被选拔进入了工厂技术攻关小组,由此

湘瑞重工。右五为周雄湘

开启了周雄湘铸造研发之路。不久,他顺利通过考试考核,拿到了"助理技术员"证书。

这个时候,周雄湘已经全面掌握工厂所有的工艺生产技术,能独当一面处理生产过程中遇到的技术难题。因此,厂领导研究决定,将全厂的技术文献工作交由周雄湘负责。

领导的信任,对年轻的周雄湘来说无疑是巨大的鼓舞,从此他一门心思钻进了工作。

"入厂半年后,工厂所有工业文献都是由我负责撰写,让我很有成就感。'技术文献'可以说是一个工厂的核心竞争力,一般是由厂里的顶级技术骨干负责,那时候自己很年轻,个别老师傅不服气。正是这样的压力下,我就越是努力做好!"周雄湘说。后来看到了他确实把技术文献这项工作做得很好后,大家都十分认可他,逐渐对周雄湘越来越尊重了。

入厂3年后,周雄湘顺利成为工厂技术员,不久,又成为工厂里的技术带头人,并晋升为厂委委员。那个时候,整个工厂,真正懂技术的技术员可谓凤毛麟角,周雄湘有了更多展现自我的机会。

尽管如此,周雄湘仍然十分谦虚,他和同事们经常扎在车间,一起进行技术攻关。每每遇到无法独立解决的技术难题,周雄湘就会前往湖南机械学校和湖南大学机械学院去找老师请教。有时候也会把老师们请来工厂现场指导。

在周雄湘的带领下,全厂上下掀起了技术革新热潮,攻克了生产中的一道道难题,周雄湘也成了全厂攻坚克难的"能手"、独当一面的技术骨干。

1991年,工厂的老车间主任退休。有着专业技术和丰富实践经验的周雄湘成为车间主任的不二人选。但是,车间主任这个岗位是一个极为重要的管理岗位,虽属工厂的二级机构,但相当于分厂厂长。

"虽有能力,但太过年轻了。"呼声很高的周雄湘,当时才25岁,许多人质疑他资历太浅,镇不住局面。对此,厂领导一时也拿不定主意。

可车间主任职位确实太重要了,相当于一艘船的舵手,也不能长时间空缺。为避免企业生产受影响,工厂领导决定,采取民主选举的方式投票,选拔车间主任。

在经过多方角逐,历经多轮投票后,在众多人选中,最终还是周雄湘胜出。

"一份事业,或一份工作,往往都需要群体的共同努力,没有团队精神,单靠个人是很难完成的。我参加工作以来,与工友们朝夕相处,一起打拼,所以有了扎实的群众基础,大家都信服我。那年,我刚刚才满25岁,就当选了车间主任!"周雄湘想起了那段青葱岁月,依然颇为自豪。

履新车间主任后,周雄湘非常感谢同事们的信任,也珍惜这个来之不易的机会,开始全身心地投入这份工作之中,他期望把这个车间、这个团队打造成为全厂的一支铁军。

在周雄湘看来,作为车间主任,他必须带头练好本领,成为全车间的榜样。担任车间主任期间,所有业余时间,他都会全身心地投入到工作中,周雄湘的专业技术、实操水平在全厂更是出类拔萃。

"自从当上车间主任后,我比其他同事上班更积极、更努力,而且从不把自己当作领导,始终干在前面,冲在前面,以身作则,时时处处严格要求自己,为大家作榜样!""自从我接手车间以后,我们车间成了厂里的先进车间。"周雄湘说。

经过一段时间的拼搏,周雄湘负责的车间,其效益超过了全厂所有其他车间,在全厂一枝独秀。

众望所归,尝试承包经营企业

"1994—1998年,是全国机械行业下滑最厉害的时期,整个机械工业处于萧条阶段。"周雄湘回忆。

那个时期,全国机械行业迎来前所未有的挑战,企业业绩纷纷下滑,不少企业濒临倒闭,似乎一夜间,整个行业走到了崩溃边缘。许多在苦海中挣扎的企业根本没有业务,订单断崖式下降,整个机械行业笼罩在阴影中,大家对未来都失去了信心。

与此同时,在全国范围内推行的国有企业产权改革如火如荼。其中,尤以佛山开启的轰轰烈烈的产权改革和企业转制引人侧目,佛山通过改革产权制度,将原由政府大包大揽的国有企业推向市场。

早在1993年,佛山就开始围绕建立社会主义市场经济基本框架目标,加快了企业制度、财税、金融等改革,推进乡镇企业产权制度改革和建立现代企业制度。

在政策引导下,佛山的美的、格兰仕、蒙娜丽莎等企业通过产权制度改革,抓住机遇,转换经营机制,焕发新的生机和活力,在全国引起轰动。

1997年底，宁乡学习"佛山经验"，出台政策，推动县办企业、地方国有企业进行产权改革，转换企业经营机制。在这一背景下，宁乡沙田乡政府决定，对沙田量具厂采取招标承包经营方式推进改革。

谁有技术，谁能搞活企业，谁就可以当厂长，谁就可以来承包企业。

"我是厂里明确的优秀厂领导后备干部，很符合条件！"周雄湘说，当地政府干部对自己也十分看好。

"当时，乡政府干部、厂领导和车间主任来到了我家里！"周雄湘介绍，当时乡政府的领导动员周雄湘承包沙田量具厂。他们对周雄湘说，之前，政府特意进行了民意摸底，大家对周雄湘的工作能力、为人处世都非常认可。

面对乡政府的盛情邀请，周雄湘并没有一口答应，而是提出了自己关心的几个核心问题：第一，企业要搞好，领导是关键，更重要的是要得到政府的大力支持；第二，要得到厂里员工的支持，动员大家齐心协力，共同拼搏才能成就事业；第三，要抓住技术创新，紧跟时代，拓展企业业务；第四，政府要帮助企业解决资金问题和负债问题，并协助企业安置好富余员工。

对于周雄湘提出的诸多问题，乡政府领导并没有感到为难，反而对周雄湘的负责态度给予赞许，还和他进行了认真探讨并解答问题。周雄湘被乡干部们的诚意打动，前来参加企业招标。

竞选阶段，周雄湘发表了对企业未来5年规划蓝图的演讲。在场的评委们纷纷认为，这个年轻人的标书谈到了问题核心，能够直击要害，个个都讲到了点子上，该直面的问题无一回避，并找到了相关解决方法。

1998年，周雄湘通过竞选成功当选湖南省沙田量具厂党支部书记、厂长。周雄湘深知，自己当选沙田量具厂厂长，肩上扛着的是政府、企业对他的殷切期望,以及千百个家庭对他的信任和期待。

"当时得知我当选的消息,很多工人跑到家门口放鞭炮,祝贺我担任新厂厂长,其实这也是政府出于重点培养人才的目的,同时厂里的老厂长、老工人对我很信任。"就这样,周雄湘被推到新厂长的岗位上,他感叹:"当时我压力很大,没有业务可以做,又是从零开始。"

值得一提的是,能担任该厂厂长实属不易。当时,湖南沙田量具厂属于我国第一批获得国家计量合格证和计量器具生产许可证的专业生产单位,主要生产平板、平尺、检验棒、角度平尺、机场系列防震垫铁,产品广泛应用于各工矿企业、科研院校。

正式接手工厂后,周雄湘发现企业经营状况很不乐观,曾经百万产值的工厂,现在年产仅仅只有6万元。

深入调研,周雄湘发现工厂当时最大的问题是销售。于是,他有了一个大胆的想法,就是跟着改革开放政策走,去改革开放的前沿——广东深圳。

就这样,周雄湘背负着全厂领导职工们的期待,踏上了南下之旅。

抵达南方城市后,周雄湘密集地拜访曾经共事过的老工人、老同学,以期得到他们的帮助。这些在广东的老同事、老同学纷纷给周雄湘提出建议,还毫不吝啬地给他提供了许多重要信息。

经过多番了解,周雄湘对南方市场有了深入了解,南方城市需要什么产品?我们又能为他们提供哪些服务?这些问题不断在周雄湘的脑海里翻转。

周雄湘了解到,当时我国东部沿海市场日益火爆,沙田量具厂作为内地的一家企业,该如何与沿海这些知名企业建立联系,并通过他们打入蓬勃发展的沿海市场呢?

"他们需要啥东西,我们就给他们供啥货。"周雄湘首先想到的是,自己的企业在沿海地区缺乏知名度,较沿海知名企业又少有雄厚实力,亦没有其他过人之处,唯一可以拿出来论道的只有一点——产品质量。

刚好一位老同学通过关系,帮周雄湘联系到了南方摩托、日立电梯等公司。于是,周雄湘找到了厂家寻求合作。因为自己懂技术,周雄湘从专业的角度将湖南沙田量具厂做了推介并许诺,"只要能够给我们做,产品质量绝不会比别人差,而且价格最为实惠!"

可在供货商云集的广东,周雄湘这样"空手"上门推销并没有什么结果。于是,他只好继续带着几个人,拿着自己的产品,在当地一家一家地去询问、推介,但是效果还是不理想。

"有意栽花花不发,无心插柳柳成荫。"就在销路遇阻之时,周雄湘通过努力送检的企业产品,顺利通过了原深圳市技术监督管理局的检测,并确定为合格产品。

自从有了深圳市质量技术监督管理局的认可,周雄湘带去的产品样本也让一些企业逐渐开始接受。"从那以后,我们更加珍惜'质量口碑'。质量就是生命,营销是手段、内控是管理,自此以后,我们一直秉承质量优先的原则。产品质量让我们赢得了第一次成功,取得了最早的成绩。"

南下的旅程,让湖南沙田量具厂这家内地厂家开始变得有些底气,同时积累了一批民营企业、外资企业的客户资源。有了南下的经历,周雄湘感觉到自己的思想理念有了升华:"我深深感受到了南方沿海城市企业的高效、他们对产品质量的高要求,以及商人履约、诚信的好品质!"

怀揣满腔的喜悦,攥着厚厚的订单,周雄湘踏上归途的列车。可是,等他回到工厂时,等待他的却是一堆难题。

当这些单拿回来后,最令人头疼的一个问题是,厂里技术人才匮乏,除周雄湘外,厂党支部书记、厂领导对生产技术都是门外汉;工厂原有的设备老化,技术落后,无法生产拿回来的订单。拿回的这些订单能否顺利交货,将关系企业的生死存亡。

还好,当年周雄湘在担任车间主任期间,执意要求购置了一些先进设备。当时,那些买回来的设备,被厂领导认为不适应而被束之高阁,如今在懂技术的周雄湘的手里正好可以派上大用场。也正是有了这些有新技术含量的先进设备,订单才有可能生产。

设备问题解决了,可又缺少流动资金。

此时,周雄湘想到了多年共事的同事。他召集大伙开会。会上,周雄湘高兴地向大家展示手中的订单说,现在大家都有事儿干了,当下要做的事儿,就是按时按质按量把这些活儿干好。

随即,他话锋一转说道,虽然有了订单,但是启动资金还有缺口,"如果大家相信我的话,请大家一起来想办法筹措资金,共同解决企业资金难题"。为了增强大家的信心,周雄湘又将广东之行向大家做了详细介绍,他表示对企业的未来充满信心。

"如今,工厂有了这么多订单,只要我们加快生产,按时保质完成合同,就能创造利润,重振企业,赢得未来。"听到这些消息,工人们都很振奋。大伙对周雄湘一贯踏实的工作作风、处事公平公正的原则都有目共睹。特别是此前周雄湘担任车间主任期间,带领工友为企业创造了良好的业绩,这一切

生产车间。右五为周雄湘

都让大伙对周雄湘充满信心。

工人们也深知这些订单来之不易,纷纷表示愿意为企业共同筹措生产所需的流动资金,包括一些退休、离职的老同志也主动拿出家里的存款。

经大伙齐心协力,很快企业就筹措了80余万流动资金,早已停产的工厂终于恢复了生产。

"终于有事情做了!""很快又有工资发了!"工人们奔走相告,非常珍惜这个来之不易的机会。大家夜以继日,加班加点,全力以赴,一时间工厂到处都是一片热火朝天的生产景象。

功夫不负有心人。就在周雄湘接手工厂的第一年,就收获了惊喜,企业还清了所有债务。周雄湘颇为自豪地说:"我原本承诺当年产值过100万元,税收过5万元。结果,当年企业税收交了10万元,产值超过了200万元。"

图右二为周雄湘

彼时,大环境逐渐好转,国内机械行业日渐复苏。随后,工厂迎来了发展良机,生产经营越来越顺了。

1999年,企业生产总值达到了500万元,当年缴税30万元;2000年,企业生产总值再创新高,达到700多万元。

"企业采取全员按劳分配制度,几年下来,工人们收入大幅增长,生活状况发生了翻天覆地的变化。""有了经济基础,一方面工厂加大

对原有人才的培养力度，另一方面招收了一批有知识、有想法、敢作为的年轻人，一时间大家都干劲十足，企业一片欣欣向荣景象。"周雄湘说，当时企业提出了"质量是生命，时间是金钱"的口号。

建设中的湘瑞重工厂房。左一为周雄湘

2002年，工厂的税收突破百万，产值过1000万元，企业开始面向全国拓展业务。

几经周折，开启自主创业之路

2003—2004年，随着订单攀升、产值扩大，工厂里设备、产品挤得满满当当，工厂原有的场地已经难以满足企业进一步发展。

作为湖南的红色景区、革命老区，2005年沙田镇开始对辖区进行保护，明确禁止相关工业企业进行扩建。与之相矛盾，周雄湘的湖南沙田量具厂正处于飞速发展期，急需拓展新的工业用地。

此时，当地政府出台了新的政策，新办企业根据政府规划，统一进工业园区。以前是村村点火、乡乡冒烟，后来根据规划，所有企业都要进园区，乡村不能再办企业。根据当时政策，集体经济要改制，逐步改为个体私营经济，这意味着曾风靡一时的乡镇企业即将落幕。

2006年，有了多年企业管理经验的周雄湘萌生了一个想法。

周雄湘说，当时考虑打算自己创业。事实上，这也是周雄湘从集体企业负责人，向个人创业迈出的一大步。

"湖南沙田量具厂在沙田买不到地，发展受到制约，政府也没有办法支持。我当时决定辞职，想办个股份制公司。"周雄湘说。在给沙田量具厂培养了一位新厂长，确保企业正常运行后，周雄湘从沙田量具厂辞职了。

与他一同辞职的，还有原沙田量具厂的3名营销人员，大家商量一起办一家新企业。可正是由于另外几人此前都是做销售工作的，就给后来的分家埋下了隐患。

湘瑞公司军工保密资格认证审查

"因为他们是做销售工作的，都想着挣快钱，也不在乎产品质量好坏，甚至偷税漏税、以次充好；而我则相反，坚持质量为王，考虑的是企业要靠质量取胜，注重企业的长远发展。由于大家在企业的经营理念上有分歧，导致股东之间常常发生矛盾。"周雄湘说。

虽然周雄湘懂技术、有经验，但因为是和朋友合伙的企业，企业法人是另外一名合伙人。

"当时我对质量的要求非常高，并将产品定位为高端产品，要将企业打造成百年老店。相反，另外几位股东只考虑眼前利益，并不支持我。"周雄湘最后只好选择离开。

就是这样,周雄湘的第一次创业遭遇了失败。事后,周雄湘想明白了,自己犯了许多私营企业的通病:大多企业创业初期,都是家人、兄弟、亲朋好友一起创业,随着企业发展,由于初始权责不清,理念不同,最后导致企业分崩离析。

"从那里出来后,我就决定要做一家全新的企业,以自己的全新理念进行试验!"周雄湘道出了自己的理念:质量是生命、安全是保障、内控是管理、效率是金钱。

2008年,周雄湘以自己坚守的理念,在宁乡大成桥工业园成立了长沙湘瑞重工有限公司,成立伊始,周雄湘凭借自己在技术上的优势,将企业定位为以军工、数控机床、高端装备、轨道交通功能部件产品研发、铸造、加工为一体的高新技术企业。

"我们一直走高端路线,瞄准国家支持、行业领先的,且有长远发展的产品,企业服务的对象是国家重点工程!"周雄湘表示,公司主要针对航天、航海、航空"三航"工业,为其做配套服务,全力服务我们国家军工产业,比如专攻火箭产品设备、中国船舶总公司船舶动力等。

让周雄湘颇为骄傲的是,旋压成形装备及曲面构件产品的打造。公司与中南大学合作大型薄壁曲面构件旋压成形技术与装备研发项目,致力于解决大型运载火箭薄壁轻质合金材料回转曲面结构精准成形难题,适应不同品种、

湘瑞公司生产的大型铸件

湘瑞公司生产场景。右一为周雄湘

规格的薄壁曲面零件成形,对提升我国大型运载火箭制造能力意义重大,新技术将引导超大型封头旋压技术与装备的革命性飞跃,打破国外各类轻薄合金材料结构件高精度旋压成型制造业的垄断。此项目在2020年成功被认定为湖南省科技引领创新计划项目,湖南省科技厅给予专项扶持资金200万元。

走进长沙湘瑞重工有限公司的厂房,可以看到一台台"大家伙"。周雄湘介绍,公司的这些产品主要包括:用于高铁轨道交通重要功能部件的铸钢件——高铁支撑板,用于各大军工、航天、船舶、风电、工程机械等行业的铸铁件——大型高精度平台,用于大型数控机床主要基础件的数控机床高端基础铸件,用于大型船舶、航天发射、核电备用电源发电等设备的重要功能部件,用于风电机组、风电加工设备、核电建设的低温球铁件,等等。

公司现在拥有大型的数控加工生产线和现代铸造生产线,年铸造生产能力20000吨,单件生产重量可超60吨。

"注重细节、铸造品牌!"周雄湘表示,他能够带领公司一步步走到今天,让企业做大做强,主要源于公司的经营理念。

自创业以来,周雄湘带领团队始终以产品质量为核心,以专业的精神、专注的姿态,对待生产中的每一处细节。也因此,公司赢得了包括"国家军工二级资质企业""国家首批铸造准入企业""湖南省铸造十强企业""湖南省'小巨人'企业""国家专精特新'小巨人'""中南大学博士工作站"等荣誉称号。

这些荣誉,在周雄湘看来,离不开企业对质量的极致追求。"我出手的产品,都能经受国家技术监督局和省级技术监督局的检验,几乎没有出现过任何质量问题。"周雄湘颇为自豪地介绍,这些年因为追求质量,还吃了不少"亏"。

有一次,上海有一家航空公司竞标,当时各家公司都以价低来应标,周雄湘手下一名业务员为了抢下这一订单,亦参与了低价竞争,合同签回后,完全没有利润,深知亏损,为了让客户满意,更为了公司的信誉,最后大家咬咬牙,按期交付了产品。

不久,又一次竞标,其他企业出价都是60万元,湘瑞重工则是出价120万元;第二次报价,其他企业仍是60万元,湘瑞报价110万元。最后,湘瑞重工只得选择放弃。周雄湘深知,按照60万元的低价,可能无法做到保质保量,对于其他公司偷工减料、以次充好的行为,公司只能选择放弃,宁愿不挣钱、少挣钱,也不能欺瞒客户,损害客户的利益。

"我们宁可不做,也不会低价拉业务,做一些'以次充好'的产品,更不会去

现场产品质量检查。右三为周雄湘

做假、掺假!"周雄湘表示这是自己的底线。自从创业后,正是因为宁愿吃亏,也要保证质量,这些坚守给他带来了诸多好运,曾经在沙田当厂长时候的老客户,都成了新厂的客户。中国兵器、中国航空、中国船舶等公司先后都成为他的重要合作伙伴。其中,公司的大型高精度平台,已经广泛服务于各大军工、航天、船舶、风电、工程机械等行业。

周雄湘表示,其实自己对质量有着浓厚的情结,当他还是一个小青年的时候,对质量就有了深刻领悟:"当年,在我还是一名工人的时候,我们工厂曾吃过不少亏。我刚进厂,就感受到质量就是生命。"

让他印象更为深刻的是,对质量的最初认识还是在1985年。当时,他所在的工厂为上海一重集团生产了一批产品,交货之时,质量突然出现了问题,对于当时的问题细节,周雄湘已经记忆模糊,但是给他留下深刻印象的一个场景是,当时上海一重集团的质检员将工厂的管理人员叫来,将该负责人狠狠地批了一顿。他们对产品质量几近苛刻的要求,给青年时代的周雄湘留下了深刻的印象。上海来的质检员一边严厉批评,一边给大家上了一堂质量培训课。

周雄湘当选湖南省机械工业质量管理协会会长

当时,能听懂的人、能听进去的人并不多,周雄湘则听得十分认真。"当时,我就在心底埋下了'高质量发展'的种子。"

这也为周雄湘后期

的成功创业打下了最坚实的基础。

近年来,周雄湘带领公司将全部精力聚焦于服务国家重点工程。对此,他们也取得了不少成绩:申请专利59项,其中国家发明专利3项。在工业制造领域,主持了湖南省重大制造强省项目、高铁桥梁支座、铸件代替轧板,主持联合中南大学承制国家973航天项目中旋压数控机床首台套项目获湖南省重大科技专项,跨行业首次生产中国船舶柴油机大型重型配件的研发生产,用最短时间承制原湖大钟志华院士主导国家复合铸造项目,等等。

【人物简介】

周志,1976年1月出生,湖南宁乡人,长沙桑铼特农业机械有限公司董事长。他放弃财政部门"金饭碗",去企业工作;他从小批发店起家,创办农业机械公司;他边干边学,走智能化创新道路,他的创业故事曲折又充满传奇。他创办的桑铼特农业机械有限公司申请专利300多项,他带领桑铼特朝着中国农业机具行业、绞结型农机行业的龙头企业方向迈进。

周志:不捧"金饭碗" 甘做企业人

为了改变贫穷的家庭状况,周志考上中专,早早参加工作。因为家庭经济困难,周志放弃体制内的"金饭碗",进入企业工作。曾经的贫困,让周志渴望经济上的富足,引导他走上自主创业道路。而今,周志创办的长沙桑铼特农业机械有限公司(以下简称桑铼特)产品遍布我国中部、西南地区,正朝着中国农业机具行业、绞结型农机行业的龙头企业方向阔步前进。

放弃"金饭碗"后,命运给他出了道难题

1976年,出生于宁乡花明楼的周志,虽然自小成绩优异,但当他初中毕业时,却没有选择读高中,而是选择了直接考中专。因为那时中专毕业,国家统一包分配,而且参加工作就是国家干部了。

农家子弟能上一个不错的中专,就相当于捧上了"金饭碗",就是"鲤鱼跳龙门",乡亲们眼中"有出息"的孩子。也因为这样,在那个年代考中专绝非易事,比普通高中要难多了。

因为成绩优秀,在当时最受欢迎的专业是"工、商、财"中,周志报考了最难考的"财会"专业,最终凭借优异成绩,周志踏入了衡阳财校。

1994年,周志从衡阳财校毕业,被分配到宁乡一家乡镇财政所工作。这个令人极为羡慕、外人眼中的金饭碗,并没有让这个不足20岁的年轻人满意。

"我当时去单位(财政所)报到了,但我很快就主动放弃了!"周志回忆。

不愿意捧财政部门这个金饭碗,周志这石破天惊的决定让旁人惊掉了下巴!那是因为外人并不知道是周志当时拮据的家庭经济状况。

周志兄弟姐妹4人,周志是家里的老大,下面有一个弟两个妹,加上年迈的爷爷奶奶,家里人口多,特别随着周志兄妹入学后开支增加,家里经济日益困难。

如果安于稳定,只为个人考虑,周志完全可以捧上财政部门这个"金饭碗",在宁乡过着安逸的小日子。

可是,作为家中长子的周志肩上却有份沉甸甸的责任。

"如果我不去努力挣钱,弟弟妹妹的学费就难以为继。"周志权衡再三后,最终放弃了到手的"金饭碗",主动申请到企业工作。

"当时的想法很朴实,就是想多挣点钱,减轻家里的经济负担。"周志说。多年后回想,正是当时的这个选择,让自己此后踏上了一条充满坎坷和挑战的道路,也成就了自己现在的人生。

经过一番考虑,周志选择了宁乡曙光农机厂。刚到曙光农机厂,周志被安排进入厂里的财务部,做起了财务工作。

"你想不想干销售,如果愿意的话就到我这边来。"工作踏实肯干的周志很快引起了领导的关注,工作两个月后的一天,公司销售部老总突然找到了周志。

突如其来的好消息,令周志万万没有想到。他不假思索,二话不说就答应了。因为在周志心中,早就有了改行的打算。在他看来,自己如果一直干财务,职业的天花板一眼可见。反之,倘若做销售,则对自己是一个极大的考验,将会面对诸多挑战,同时对自己能力必然也会大有提升。

"机会老人"只递出了他的一根头发,却被周志牢牢地抓住了。

改行做起销售工作后,学账务出身的周志发挥自己认真细致的工作特点,开始深入了解市场,用心学习和客户打交道的知识技能,很快就掌握了其中的诀窍。

通过几个月的实践,周志逐渐摸清了当下市场上最缺什么,又最需要什么。在这家企业的销售岗位上,周志工作得游刃有余。他发现只要公司发展好,在销售岗位肯付出,吃得苦,用心用情维护与客户关系,自己的报酬比起其他岗位会好很多。

当时,赶上公司产品紧俏,销售火爆。公司实行销售提成制,勤奋肯干的周志业绩很快迎来了"井喷"。1995—1997年,每年几乎都能够有3万多元收入,当年的这个收入,可以在宁乡市购置一套新房。

在这个岗位上获取的体面收入,足以改变当时全家人的窘境。周志的两个妹妹、一个弟弟,在哥哥的资助,顺利地完成了学业。

但是,好景不长。从1999年开始,国有企业的弊端逐渐暴露,国有企业经营普遍陷入困境,在一线做销售工作的周志很快感受到了一阵阵寒意。原本一心只想好好在厂里干,设想通过自己的勤劳改变全家窘迫经济状况的周志陷入了彷徨,根本无法预料到接下来会发生什么?

进入2000年,国有企业员工"下岗"之风很快也蔓延到了周志所在的这家企业,周志也遇到了当时国有企业员工的普遍难题——下岗。

当时，作为一名曾经让亲友们认为前途无限、风光无限的有为青年人，居然沦落到了下岗境地，亲友们议论纷纷。现实巨大的落差，周遭人异样的眼光，给这个刚入社会的年轻人当头一棒，让周志心理难以承受。

何去何从，生活给周志出了道难题。

下岗失业，命运为他打开了一扇窗

下岗失业、收入骤降、经济拮据，一波波困难接踵而至。

好在，天无绝人之路。在周志感到前途渺茫的时候，几个老同学找了过来，他们给周志讲述广东沿海城市经济发展的盎然生机，随处可见的创业机遇，各种励志故事。周志早早就对南方沿海城市心向往之，同学之间流传的这些励志故事，让他心潮澎湃。

"当时，我就是想去发达的地方看看。"周志说。

说干就干，一心想去南方的周志与同学反复商榷，最终下定了南下决心。当时，改革开放在沿海地区正渐成燎原之势，特别是在广东的广州、深圳、东莞等地更是创业的沃土。"孔雀东南飞"，全国各地的年轻人纷纷南下广东，找寻发展机会。

周志与同学们乘火车一路南下，他们辗转来到了许多人向往的南方城市——深圳。随即，他们往返于龙岗、蛇口等地，踏遍了深南大道，兜兜转转转了几大圈，在多番周转后，最终他们幸运地踏进了当时还没有什么名气的民营企业——深圳华为。

"当时，在华为工作，我们是做销售工作。"周志在华为工作后，很快就被这家公司的企业文化折服。

周志看到，这家知名企业是怎样将自身产品和追求做到极致的。在这里，既有专业的销售团队，又有顶尖的人才做方案，更有专职的售后服务。

"在华为的经历，对我而言非常重要。""我深刻体会到市场的重要性,市场需求永远是第一位。'酒香也怕巷子深',不管你的产品做得有多好,没有需求的产品总不是好产品。"周志介绍,好的产品必须要有好的服务,包括售后服务。

华为的这些经营理念,让周志大开眼界,在后来自己的创业过程中更是受益无穷。

华为的新型管理理念,蕴含着创新的种子,这些模式让周志感受到"创新"的极大价值。在南方闯荡的岁月,或许就已经在周志心底悄然埋下了"创新"的种子——"任何时候,都要持续不断地去创新。"

身处激情澎湃的深圳,周志第一次萌生了创业的想法。在华为公司干了将近一年时间后,周志开始感觉到,打工并不是自己真正想要的生活,他希望有自己的一片天地。

"深圳,开阔了我的眼界,让我潜意识里萌发了创业的涓埃;同时,当时也让我懂得了,一个好产品核心价值就是让客户满意。"周志说。

带着创业的冲动,周志搭上了返乡的列车。那一刻,周志或许并没有离去的失落,反而有种激情满满的斗志。因为他开始在心中擘画属于自己的那片蓝图,期待有自己的一片天地。

在周志看来,深圳度过的那段被"激情燃烧"的岁月点燃了自己心中的创业之火,这是他南下之旅的收获。

然而,幸运之神并没有很快垂青周志,这个20多岁的年轻人还需要一番历练。

当周志回到家乡宁乡尝试创业时,面临的是无资金、无资源、无人脉的"三无"窘况。有了先前曙光机械厂以及南下深圳的经历,周志面对创业困难却并没有太在意。

经过仔细考虑,周志选择了自己最为熟悉的领域,重拾其老本行——销售。他在家乡的319国道旁边,创办了一家农机批发店。

在周志看来,只要把销售做起来,把售后服务做好,以此为起步,扎根在家乡的事业有天时地利的优势,短时间里收入比在深圳打工收入不会差,长远发展更有想象空间。

2001年,周志的农机批发销售店正式开张。当时他想,即便是一个小小的店面里,也不能怠慢,更应该花心思、动脑筋,当作一个试验田,让自己的"一亩三分地"除了经济上的收益外,还能积累创业的经验。

虽然想到了宁乡是个农业大县,农机需求量大,可初次创业的周志却没料到,自己想到了,别人也早就想到了。自己的店开业不久,周边又开了两家,加上原有的,不远的距离聚集了四五家同类批发店,同业竞争很快激烈起来了。

突破重围,唯有创新! 在周志看来,自己的店面,是新门店,没有客源,若无创新突破今后难免会关门。

如何做到后来者居上,在经过一段时间观察后,细心的周志发现,其他几家批发店都是在长沙市内大的经销商处进货,然后在宁乡出售。

为了领先竞争对手,周志想了一个点子,他不畏辛劳,跑遍一家家厂商,真诚地跟厂商们直接达成协议。于是,勤奋的周志舍近求远,避开了长沙进货点,每天往返于外地各大厂商之间。

直接从厂家进货,减少了中间销售商环节,比起周边同行,周志的农机具产品自然有了价格上的优势,周志的批发店生意逐渐改善,产品的利润开始攀升。

一段时间后,周志经营的批发店与周边店面逐渐拉开了差距。显然,周志出售的产品在当地占据较大优势。同时,周志将这些物美价廉的产品,"放货"到其他人的门店,自己的产品则变成了"一手货"。

"我自有的优势,就是去放货,我的产品就是'一手货'。实际上,厂家的优惠我拿到了,也就是说,我拿到了产品的最低价。"周志说。

自那以后,周志的批发店成为那个区域做得最好的店面。"当时我慢慢地意识到,其中的核心技巧是:任何事情都要不断地去创新,模式创新、观念创新,核心思想就是要有一种创新的思维。"

创办实业,现实并不会按设想轨道运行

农机批发店,周志一干就是3年多,逐渐有了些积蓄。周志心中有了新想法,显然319国道边上的那家小小的批发店,已经无法撑起周志心中的梦想。

"讲句实话,那几年虽然挣钱,但活得比较艰辛。"周志坦言,"我当时想,如果你只想做个门市,赚钱可能会轻松一点,但永远只是一个门市、一个批发部。我觉得只有做企业,才能够不断实现自己的价值。"

在周志看来,家乡湖南作为我国的一个农业大省,新型的拖拉机应该会有广阔的市场;同时,自己在农业机械行业摸爬滚打已有些年月,深谙"农业没有机械化,种田就很难干"的道理。

周志想,如果自己能通过创新,开发新型农机产品,必然符合农业机械化这个趋势,一定会有好的前景。

"瞌睡来了,有人递枕头。"2004年的一天,几位朋友找到周志,询问他有没有兴趣一起成立一家农业机械公司。前来的朋友是曙光农机厂的老同事,他们中间,一人是技术骨干,一人是干生产的,周志则懂销售、财务。朋友的提议与周志的想法不谋而合。

在曙光农机厂,财会科班出身的周志,有财务、销售等部门的经历,特别是在其后多年的销售经验,让周志对市场有了深入的了解和理解。最为关键的是,他积累了一批重要客户。

2005年,长沙桑铼特农业机械设备有限公司注册成立,周志被大家一致推荐为公司的董事长兼总经理,并主管财务、供应、销售等一揽子事情。

或许每个企业的创始人都对公司的未来都有美好的憧憬,然而现实却并不会按设想的轨道运行,梦想与现实有时会隔着遥远的距离!对于周志他们几位均没有创业经历的联合创始人而言,公司的未来更

周志演讲

是无法把握。

"2005—2007年,讲句实话,那个时候很累。公司5个股东,我是董事长兼总经理,管营销、供应、财务。除去生产、技术,其他都归我管!"周志说,繁重的工作让他体验到了首次创业的艰辛。"刚刚创业的时候,我们要陪客户、要喝酒,跑政府关系,要应酬。那时候能赚到一点钱,但是每天都要泡在喝酒和各种应酬里。"

虽然大家对创业的困难也有过思想准备,但是其中的艰辛还是远远超出了几个人的想象,特别是公司股权制度设计中的先天缺陷,更让公司差一点解体。

在这些联合创始人中间,一人干技术,一人干生产,一人干销售、财务,外加两位朋友,当时5个股东的股份系平均分配,即每人20%,每个人对公司决策有同等权重。起初大家齐心协力有干劲,可企业的发展并没有想象中那么顺利,当企业"不太赚钱"时,相互之间的信任变得越来越脆弱。

有时候,因为大家的意见无法统一,一些重要项目很难推动。在一些重要项目资金花费上,大家很难达成统一意见。由于股份均等,在一些重要问题上作为董事长的周志却无法拍板决策。这样一来,导致企业效率极为低下,工作推动起来困难,公司举步维艰。

福无双至,祸不单行。

因为一心扑在创业,每天都忙忙碌碌,周志无暇顾及家庭。正当公司在周志的运作下,生意有些起色之时,没想到一场变故让周志始料不及。

"做企业,当时都不觉得苦。只要坚持去做,客户慢慢对企业产品有了信任,自己很有成就感。当时很年轻,2005年创业的时候,我刚刚才30岁,那时我们激情澎湃!"周志说,当时企业初创并不挣钱,整天外面出差应酬。儿子出生后,家里事情多了后矛盾也多起来了,夫妻关系变得一团糟。2007年5月,周志的婚姻也走到了尽头。

就在周志的人生低谷时,意想不到的是,因为企业成立以来都赚钱,两位股东先后提出"分家"要求。家庭、事业双重打击,让周志感到苦不堪言,情绪走入低谷。

青年的周志感受到了前所未有的压力,经过仔细思量,他慢慢接受现实。他明白,企业发展到今天,不合理的股权模式已经难以维系,如果继续合伙下去,公司不可能得到发展。

昔日好友,如今分道扬镳。企业分家之时,周志十分痛苦,处于感

桑铼特农业机械设备有限公司产品出厂检测一丝不苟

情低谷的他一度想全身退出,但由于自己主管领域均为企业的核心板块,一旦退出,企业将濒临倒闭。最后在同事和朋友的劝说下,周志最终选择了将企业盘下来。

由于分家,公司元气大伤,资金极为紧张。此时,宁乡县政府一位主抓经济工作的领导主动来到企业,详细询问企业的困难。

"企业有什么困难吗?""最大的困难就是缺乏资金。"面对领导的关心,周志直言不讳。

后来,在这位领导的协调下,公司获得了多方支持的80万元资金。为此,宁乡市特地为长沙桑铼特农业机械设备有限公司授予了一块"重点扶持支持企业"牌匾。

分家后,企业资金短缺的燃眉之急得以缓解。

2007年底,周志一边筹措资金,偿还以前的债务;一边认真研究相关政策,为企业争取了一些扶持资金和政府补贴。

2008年,公司经营状况逐步向好,步入良性发展轨道。周志开始反省公司的发展模式,他把更多的时间精力用来思考公司长远发展的问题,更加忙碌了,工作起来经常没日没夜。

"批发店3年经历,对我后面事业很有帮助。其实,门店和公司的销售没有两样,关键就是怎么找到客户感兴趣的点,让客户觉得有价值,同时要维护良好的客户关系。"周志开始悟出一些经营之道,他有信心把公司做起来,不管多累,他都无所畏惧。

为搭建全国的网络,周志奔赴全国各地,努力培育一些大客户。

一次,在开发贵州市场的时候,为了见威宁县一个客户,周志奔赴这个海拔2400米的山区小城,当时进出县城只有一条崎岖山路,抵达县城后,突遭暴雪,大雪封山后,进出两难,周志被困在那里10多天。

"那种'千辛万苦',与客户的'千言万语',我是有深刻体会的!"周志说,"2008年一年,通过努力,我就把欠款都还掉了。那一年,我也破天荒地做了三四千万元业绩。"

公司分家后，通过自己的拼搏，周志使企业逐渐恢复了元气。

为了夯实企业的根基，周志既当总经理，又做业务员。他自己带

等待发货的桑铼特农机

头跑业务，同时修订了公司制度，加大奖励，多劳多得，鼓励员工们大胆去干。通过建立完善分配机制，激励大家去跑业务。

2008年底，在朋友的鼓动下，周志做出了一个大胆的决定。

担保公司的一位朋友找来，说有一家金刚石厂准备拍卖，劝周志将这个工厂盘下来，并说如果资金上有困难，他愿意帮周志做担保，从担保公司借钱给周志。

"当时就参与拍卖，花了160万元，就拍下了我的那个老厂。花了100万元改造。"在这个朋友的帮助下，周志买下了这块地。周志从此有了一个立身之地。

就在他准备大干一场的时候，没想到麻烦找上门来了。

2009年初，公司接到一个异地监管部门的处罚通知，说周志的桑铼特公司由于没3C认证，将对公司罚款37万元。为此，2009年3月，公司的账务账号被异地的监管部门查封。

就在周志无助的时候，宁乡一位领导得知此事后，主动伸出援手。他带着周志前往当地进行调查，然后又跑省局，请省局帮助解决。实际上，公司并不需要这种认证。

为此，宁乡这位领导帮助周志打报告给省局，最后得到省局的函

复:桑铼特公司的这个产品不需要3C认证报告。拿到回复的公函后,周志喜出望外,问题迎刃而解,公司账号迅速得以解封。

"这个事情,我原以为怎么也扭转不过来,行政程序都走完了,到了法院执行这一步。那个时候事业刚刚起步,我感觉是没有一点办法了。"周志感慨万千。

事情前前后后折腾了3个多月,最后问题完美解决,公司没有不良记录,可以继续良性运作,周志十分感谢宁乡领导的帮助。

实现突破,迈上发展快车道

"这件事情,对我的触动很大。这件事情提醒自己,桑铼特是时候走向规范化了。"周志至今回想起当年3C认证事件,颇有感慨。

他开始认识到,公司的健康发展不仅仅是营销要做得好,同时也要重视企业的内控。此时,桑铼特公司已经具备了一定的基础,现代化设备添置了不少,厂房也有了保障,周志却感觉目前的桑铼特公司的发展正面临中小企业的天花板,自己却似有种无力感。

中国·桑铼特

2010年,在一位朋友的邀请下,周志前往湖南大学旁听了一堂关于企业管理的课,听后他恍然大悟,自己缺乏现代企业管理知识。随着公司不断发展,自己原有的知识结构已经满足不了公司发展的需要。

自此,周志对企业管理的经营之道以及相关的课程产生了浓厚兴趣,他开始系统地学习企业管理。随后周志相继参加了湖南省经信委(现湖南省工信厅)组织的清华、北大培训学习班。对于湖南省、长沙市和宁乡市组织的有关企业管理方面的学习,周志都积极参加。同时,他将学习的相关理论知识结合自己的企业,付诸实践。

通过参加各类专业学习,此时周志的眼界已经彻底打开了,他不再迷茫,知道自己该如何实现新突破了。

"2011年,我的账务上已经不再赊欠任何人的钱,大概躺了1800万元。"周志反思,接下来自己应该要有新的选择了!

"我们要不要扩大规模,推动公司转型,把企业做大做强,开始新的一轮创业?"2012年,周志召集公司中层骨干会议,会上周志抛出这个话题。

当时,跟着周志创业的,时间长的有七八年,时间短的也有四五年了,周志的这番话,让在座所有人都感到惊愕不已。一时间,大家议论纷纷,很多人认为,公司刚刚好起来,如果大动的话,肯定会伤筋动骨,也许连现有的都可能不保。

"讲句实话,只是过日子,我肯定是没有问题,但是做企业,不转型也就到头了。"周志继续娓娓道来,他跟公司骨干们推心置腹地说。

或许是周志的真诚打动了大家,或许是公司的骨干员工们在一时间对"长远利益"有了更为深刻的理解,周志很快就得到了公司骨干们的拥护支持。

待大家统一意见后,公司就马上行动。很快,公司在宁乡市菁华铺购置了一块地,紧锣密鼓地推进建设。2015年,项目完工,公司整体搬迁到了该基地。

时间来到2015年,桑铼特公司发展已逾10年,周志发现部分中层骨干思维逐渐跟不上自己的节奏,能力素质已经难以匹配企业发展,

其乐融融的团队,右三为周志

对此,周志认为应该果断采取措施了。

"我当时的想法就是,要加大创新的投入,同时重造组织能力。"周志说。从那个时候开始,桑铼特公司重奖技术创新,出台激励措施:发明一个专利奖励研发人员13000元;发明一个实用性专利奖励3000元。

很快,奖励制度激活了整个公司的创新活水。之后,公司每年保持10—20件专利往上递增。

与此同时,周志把在华为公司工作学习到的经验运用于自己的公司,尤其是华为的"铁三角"营销模式,即建立专业的营销团队、专业的技术人员和专业的维护服务人员"铁三角"组织架构。这些经验让桑铼特公司在构建现代企业组织架构中实现突破性发展,发挥了重要作用,特别是华为公司"让客户满意"的价值观。

在立足自我发展基础上,周志以开阔的视野,海纳百川,借力借智,引进知名咨询公司,为桑铼特公司问诊把脉,提供战略服务。

从2017年开始,桑铼特公司连续3年,每年花费百万元咨询费用,引入国内知名咨询公司改造公司管理团队,为管理团队赋能。

"我在华为工作期间,公司当时花几千万美元,邀请世界知名的咨询公司为企业做管理和战略咨询,从此华为公司走向了规范化的道路。我学习借鉴华为的经验,花大价钱对公司进行现代企业改造,我觉得很值!企业3年改造后,整个公司流程、制度都有了很大的改观,企业管理水平上了一个新台阶。"周志自豪地说。

一方面从外面不断学习考察先进经验,另一方面严抓内控管理。采取这一系列措施后,桑铼特公司走向了规范化——用制度来管人,用流程来理事,用图纸来管产品。3年下来,桑铼特的管理团队有了质的提升。

如今,"以客户为中心"的经营理念,在桑铼特公司已经根深蒂固。

在成功对公司进行现代化改造后,2021年,周志向全体员工发出第三次创业倡议:迈向高端化制造!

共贺新年

"智能化新产品是公司未来的发展方向,目前公司借助北斗技术运用,在新产出的拖拉机上植入芯片。"周志说,公司和用户可以通过手机了解到拖拉机的位置、使用、故障等情况。

2024年,周志带领团队大力推广智能化农机具,力争实现公司的重点产品——山地铰接型轮式拖拉机单品年销售额突破亿元大关,未来5年市场销售目标在10亿元以上。这些新型智能农机产品,公司和用户可以通过手机随时了解到拖拉机的位置、使用、故障等情况。

周志对桑铼特公司未来发展的目标越来越清晰。

周志清醒地认识到,近年来,通过智能制造的升级,国产农机质量取得飞跃,一台主机可以完成所有的操作,市场占有率越来越高,而中央一号文件要求把粮食安全牢牢控制在自己手里,农机产业发展大有可为,是一片十分可观的蓝海。

目前,桑铼特公司拥有专利达到317项,其中发明专利28项。在此基础上,周志将更加注重把产品技术创新和智能化、数字化有机结合,未来会把更多产自长沙宁乡的智能农机开向全国、驶向全球。

谈及创业这些年的经历,周志认为,做企业最深的感受:第一个,就是方向的选择不能错。第二个,有正确的方向后,就需要有一种坚持不懈的精神。

【人物简介】

> 刘涛，1981年5月出生于河南省驻马店市，湖南宁乡香韵食品有限公司董事长、宁乡餐饮协会名誉会长、宁乡旅游协会副会长、宁乡工商联协会成员。他当过老师，担任过校长。起初，带着"改善生活"的朴实想法踏上了创业之路。不料，商海风起云涌，他曾经一度不是吃苦就是上当，但他一路兢兢业业，不敢有丝毫松懈。创业期间，他一直秉承一个理念：怀感恩之心，做健康之事，终于收获了一番事业。

刘涛：校长创业记

他，曾经是一位校长，在河南一所中学担任校长。为了梦想，下海创业，起起落落，尝尽了创业的酸甜苦辣。在人生的低谷时期，从最基层业务员做起，5年时间里做到了营销总监。为实现创业梦想，他一次次跌倒，又一次次爬起，从来不曾放弃。十年磨一剑，他将失败的经验、教训融入新的创业中，不断复盘、总结改进，最终拥有了自己公司，他就是湖南宁乡香韵食品有限公司董事长刘涛先生。

求　学

20世纪80年代初，刘涛出生在河南省驻马店上蔡县的一个普通教师家庭，父亲是当地一名普通教师。"我的父亲对我人生要求很严格，我也很努力学习,成绩优异。我的姐姐也是老师,那个年代,一个家庭出了两名老师,在我们乡里远近有名。"刘涛介绍说。那时候,上蔡是国家级贫困县,父亲每月只有15块钱的工资,而且每年发放一次。在中小学时期,刘涛与大多当地人一样,过着艰苦而又拮据的生活,他每周三、日回家拿些干粮,每次也只能够吃个三两天。

在他印象中,记忆最为深刻的是,初中二年级的一年寒冬,屋外大雪纷飞,教室内因窗户没有玻璃和室外一样寒冷,刘涛衣着单薄,瑟瑟发抖地坐在教室,咬牙坚持熬到了中午放学,然后再步行5公里回到家里。到家时刘涛的双手双脚冻得红肿,近乎失去知觉。母亲赶紧做了一碗热气腾腾的面条,看到面条,他立刻伸出双手去端碗,可由于双手已经被冻得僵硬,几次努力都无法端稳那一碗面条!

在厨房的柴火灶口边,刘涛烤着火,吃着热面,全身还在瑟瑟发抖。就是这些刻骨铭心的经历,改变家庭贫穷状况的强烈愿望,创业的种子从小就在刘涛的心里埋下了……

1995年,刘涛考入驻马店市内的河南省汝南师范学校,这是一所成立于民国时期的百年老学堂。他说当时选择读师范有一个重要原因是,师范生包分配工作,是铁饭碗,一毕业就能工作,赚钱减轻家里的负担!

进入汝南师范学校后,他每月能够拿到42块钱的补贴,在当时看来,老师是一个最受人尊重的职业,"学高为师、身正为范""教师是人类灵魂的工程师""太阳底下最光辉的事业"。谈起他的师范之路,刘总依然眼里有光,非常怀念!

在汝南师范,刘涛的能力和素质得到锻炼,展示了优秀的才华。经过竞选,刘涛担任了校学生会主席。

"读师范,对我影响挺大,让我认识了来自不同地方的人!"刘涛说,当年学校有个机会,选派一位优秀学生前去河南师范大学学习,因为考虑家庭境况,本符合条件的刘涛最终放弃了。

在刘涛看来，自己在学校学生会工作做得有声有色，能去河南师范大学深造，对个人当然是好事，可他明白自己身上有更重要的担子。

"只能先工作，拿工资。"他需要赶紧参加工作，在这个经济拮据的家庭里，上有一哥，下有一弟，他和姐姐因为在外读书，已经花费不少。

刘涛回忆起，当年每每回到家，几乎都是向家里要钱。母亲每每看到儿子回来，一半喜悦一半忧愁。刘涛也是满心酸涩，一方面是为父母的生活不易，感到心疼；另一方面则对自己不能自立，感到愧疚。

"在学校我勤工俭学，去工地干活，做家教。只是不想再从家里伸手拿钱。"刘涛说，当时就下定决心一定要努力奋斗，减轻父母的负担，"学校里面，我一边勤工俭学一边努力学习，还拿到学校奖学金。通过自己的努力，我读师范学校时，再未从家拿过钱。"

汝南师范毕业，刘涛分配到家乡上蔡县崇礼一中，因为在师范学习期间的优秀表现，以及当选优秀干部、学生会主席的经历，刘涛很快就担任了学校团委书记。

在这里，刘涛全身心地投入到学校工作之中。

"我发表了一些省、市和国家级的论文，被评为优秀教师，经常代表学校参加优质课评选！"刘涛介绍，当时正好赶上老师的青黄不接时期，因为能写会说，在学校很快就脱颖而出，"当时一篇关于素质教育的论文，还得到了国家级论文奖，最令我骄傲"。

刘涛的努力得到了教育主管领导的认可，随着奖项不断增多，刘涛也被任命为崇礼乡中心小学校长，也算给家里争光了。

工作之余，刘涛思考良多，在未当校长之前，目标是当校长；担任校长之后，感觉其实跟当老师无异，只是付出的时间更多一些，应酬也明显增多了，这种生活并非自己所期。

"我的应酬越来越多，对于本不富裕的家庭，不但不能补贴家用，家庭和父母也没有照顾到！"刘涛对未来充满着迷茫和惆怅，有一个念头在他的心里悄悄地发酵，希望能够通过奋斗改变自己的现状，让自

刘涛：校长创业记

己的人生走向更高的方向。

流落异地

2006年，一个初中同学找到了刘涛，这个在江西宜春贩卖药材的同学满口都是金钱、赚钱。他动员刘涛一起前往江西寻找"创业梦"。

当校长的刘涛，图左二为刘涛

这一年，正值中国经济飞速发展的一年，离奥运会只有2年，离世界金融危机也不足3年。当时，所有人都未曾意识到，飞速运转的经济背后，正在带来一些异样，如房价疯长、股市高涨。

刘涛的同学许诺，投资入股20万元，年终便可以赚个一两百万。刘涛非常相信同学，找到亲朋好友，东借西借，凑齐了20万元，为了迅速"做大生意"，他们采购了一大批西药。

缺乏经验的刘涛怎么也想不到，正当他们兴致勃勃地在当地展开药材出售时，宜春市药监局找上了门，他和初中同学刚刚合伙成立的公司涉嫌贩卖假药，遭到查封。

原来，自从当地贩卖药材生意火爆后，一些不良商贩做起了假药生意，导致整个产业链条问题频发。

"刚从亲戚朋友借了20万元，半年的时间就血本无归。我问他（同学）怎么办？他说他没有办法。"刘涛第一次创业就遭到当头一棒。不过，初中同学说，公司仍有一点欠账，有本事就自己去讨账。

刘涛无奈之下，按照同学给的地址，拿着借条奔赴江西上饶。这

265

些账款要回来,可不是一件容易的事情。刘涛想方设法、苦口婆心,耗尽了3个月,讨回了1万多块钱。后来,那些欠货款的知道,刘涛他们的公司被查封了,都不再搭理刘涛了。

那一年岁末,刘涛孤零零地站在上饶一处广场,口袋里揣着几十块钱,看着万家团圆大年夜,坚强的他忍不住泪流满面。"我怎么说也是一个校长,现在沦落成这个样,心里特别难过,上天怎么这么不公平。"刘涛说。

现在怎么办?刘涛流落街头,想去住小旅馆,最便宜也要五六十块钱;前去打工,吃饭都没有着落;回家,怎么有颜面回去;借钱,亲友的钱都借完了,再也没法开口。此时此刻,刘涛只祈求一个能包吃包住的地方,那就谢天谢地了。

天无绝人之路。他翻遍了街上的"牛皮癣"广告,终于找到了一家能够满足他基础愿望的去处。刘涛来到了这家餐厅,工资每月800元,在这个举目无亲的陌生城市,一个曾经的校长只能默默吞噬泪水,每天端盘子洗碗、洗菜打理厨房卫生。

"当时,心理落差非常大,想到最多的是,怎么会沦落成这个样子,失败到了这个地步!"刘涛回忆当时那段刻骨铭心的岁月,"当然也可以眼泪一抹回家重操旧业,但是我不想。我从哪里跌倒,就要从哪里爬起来。"

足足干了3个月,省吃俭用,手头略有盈余,口袋里逐渐存留了2000多块钱的积蓄。

"饭店打工,什么时候是一个尽头呢!"刘涛在存够基本的生活费后就辞职了,想再找个收入高一点的地方做事。

刘涛找到了一家看似待遇不错的打火机制造厂。他打听了一下,员工们告诉他,想赚钱也容易,必须每天没日没夜地加班,月薪5000多元,当然这是旺季,淡季只有2000多元,忙的时候要工作16个小时,刘涛在这家工厂干了半天的活,还是选择了离开。

后来,刘涛来到了一家私立学校应聘。刘涛试讲了一堂课,术业有专攻,果不其然,校领导对刘涛的授课能力表示非常认可,表示要聘任他为初中一年级的班主任老师。在这个学校,刘涛每月收入有3000多元。

"在这里,我是聘用老师;在老家工作,我属于体制内、有编制。"刘涛最终还是选择了离职,校长不解地询问原因。刘涛坦诚地讲述了自己的遭遇,"自己还是干不了,心理落差太大"。

做销售员

挣钱,挣钱,满脑子挣钱想法的刘涛最后想到了做"销售",虽然此前贩卖药材生意失败了,但自己也从中积累了一些销售经验。

当时,国内知名企业内蒙古伊利实业集团股份有限公司(以下简称伊利)在上饶招聘销售主管,底薪800元,负责上饶市广丰县的销售。刘涛前往应聘,他在与伊利公司领导交流时得知,该区域连续几个月没有完成公司任务,急需新人前来破局。

刘涛成功应聘后,非常珍惜这个来之不易的机会。在广丰县他走访了当地所有经销商,对于客户,他一家家调研,收集情况,研究策略。

刘涛经过一个月的不懈努力,广丰县的销售工作很快有了起色,当月就完成了任务指标。

随后的几个月,刘涛依然不敢有丝毫松懈。他穿梭在县城里的每一个市场,逐渐对当地的大超市、小商超了如指掌,与当地大客户也建立了良好的沟通渠道。

针对批发中的一些不合理政策,刘涛果断做出调整。在价格不变基础上,向总公司争取到优惠政策,比如买100件送20件。几个月下来,广丰县的业绩得以明显提升。

"底薪800元,我挣钱了2600元!这让我信心满满。"刘涛说,当时只是看好"销售"这个职业,感觉有发展空间,没想到能够顺利做好。

自他接手后,广丰县连续超额完成任务。主管领导看到业务扭亏为盈,十分满意。半年后,因为业绩突出,刘涛从销售员被提拔为伊利公司驻当地的销售代表,负责伊利公司上饶市业务。

一年后,除上饶市外,刘涛还负责管理江西省鹰潭、景德镇两个地区的销售业务。在担任3个区域负责人后,刘涛身边做销售的朋友也越来越多。

"在伊利当业务代表时,我有个挎包,里面就是一本书,名字叫作《安利成功的十大理由》,还有一本书就是《羊皮卷》。"刘涛说,自己能够做好"销售",其实也没有什么秘诀,只是在实践中不断学习,不断领悟。

"帮助别人成就自己",帮助别人赚钱,也是帮助自己成功。比如,任何时候,他在其他商店,看到别人店面里的东西比较凌乱,他就会动动手、帮帮忙,对方有困难就搭搭手,就会让对方感觉:你这个业务员不错。当你跟客户熟络了,再去推销货物,他们自然就会支持你。

在刘涛看来,做好销售,不仅要向理论知识学习,也要从实践中摸索真理。为了让自己的业务能力得以提升,刘涛经常挑灯夜读,学习营销理论。

"在任何客户面前,我们不会畏惧,懂得让自己如何有底气。"在国企伊利的经历,让刘涛在做销售工作中变得自信了。

一次,一个经销商故意刁难前来走访的刘涛,该经销商盛气凌人地对他说:"在广丰这个地方,我要是不做这个业务,没人能做,到时看你怎么做?"

"你如果不做,我可以让许许多多的人来。我可以让你货停3个月,把货物清理干净,再找他人做,可以给他申请15万元的费用补贴。我还可以拿出15万元另外找一个人做市场,拿30万元来铺这个市场。"刘涛针对挑衅反驳道。从那以后,这位经销商再也不敢怠慢了。

还有一次,刘涛前往宁波参与一个谈判,对方想让刘涛知难而退,傲慢地表示,其公司在宁波这个地级市,一年能做5亿元的销售额。对此,刘涛并没有在意对方的高傲神情,他不卑不亢地表示:"我们的业绩可能赶不上你们,但我们是做全国的渠道,我们有着全国的网络。"正是这种底气和自信,双方最后相谈甚欢,达成了圆满合作。

2008年,在朋友的撮合下,科迪食品集团股份有限公司(以下简称科迪)向刘涛抛出了橄榄枝。其时,科迪在江西业务做得不怎么好,发展遇到了一些瓶颈。

开拓市场

"伊利的从业经历,让我从最初的卖药失败挫折中走出,并学习了许多营销技巧,也为我去科迪打下了基础。"刘涛说,到了科迪,他担任了省区经理,待遇也逐渐好转。

当销售经理

到了科迪,刘涛被任命为公司省区经理,负责江西区域工作。

刘涛到了新公司,认真分析了所在区域的境况。他发现,科迪在江西省,九江、赣州等地市已经有了一定基础,只有吉安这个区域没有业绩,对这块"硬骨头",此前多任经理都前去"啃"过,屡败而归。

对这个难题,刘涛从市场着手,首先对该区域做了一个详细的走访调研。通过一番密集调研,刘涛了解到,在当地市场上,有一个名叫"国光"的超市,系当地知名民企,并在当地具有相当的实力,旗下有若干连锁店,店面几近渗透到该市下辖的每个区县。

刘涛发现,科迪公司的产品在这家区域龙头超市几乎是"零销售"。他找到了该超市主管商谈,对方表示可以考虑科迪的产品。刘涛顿时明白,问题症结或许就出在经销商那边。

为了啃下这块硬骨头,刘涛再次下沉到市场,将每个县城都走了一遍。此时,他手中掌握了该区域较为翔实的销售数据。

接下来,刘涛一边通过调研走访,收集翔实的信息;一边以促销广告的方式,打造产品影响力,赚取客户的眼球。与此同时,他找到了三四个意向经销商,进行前期产品宣传和深度沟通。

十多天过去,刘涛打去电话,将之前摸底的数据以及了解到的翔实信息透露给经销商。告诉他们,你们这个地方有多少超市、多少商超、多少门店。这些土生土长的经销商从未听说过如此翔实的数据统计,怎也想不到一个外来的科迪公司,能做出如此精准的判断,自然不敢怠慢。

刘涛看到效果初现,赶紧趁热打铁,他表示现在已经谈了很多意向客户,并劝说大家赶紧确定合作,一旦其他人打入定金,合作就不再有机会了。

说完,刘涛将此前的调研成果逐一展现给经销商观看,并将调研期间培养的一些意向客户罗列出来。此时,一些经销商开始有压力了。

半个月后,客户先后打来了25万元,这块硬骨头终于实现了"零"的突破。有了成功案例,后面的经销商争相打来定金,该区域很快成为公司一个新的增长极,江西的业务逐渐腾飞起来。

2009年,在科迪工作一年后,刘涛离开科迪,进入了水果罐头知名企业——广东欢乐家食品集团股份有限公司。到了该公司,刘涛从过去的省区经理,上升为该公司的大区经理、华东区域营销总监,当时年薪上升到了20多万元。

"欢乐家,让我学到最重要的东西是帮客户算账。我们到了客户那里,客户关心的是什么,我们该如何给客户算账,作为职业经理人,这个技能非常重要!"刘涛说。

经过多年的销售历练,刘涛逐渐成为成熟的销售管理者。

一次,公司组织销售业务大练兵,刘涛和7位同事分配到了河南。在领队的带领下,刘涛这一团队来到了河南新乡长垣县。他们的任务是要在短时间内,将4000多件库存销售一空,并在规定的时间范围内打款到公司。4000多件库存与会的区域经理,每人分配500多件销售任务。

组织销售团队活动

次日,刘涛并没有着急铺货,他依据自己曾经的销售经验,首先对当地进行了一圈走访调研,摸清当地地形和生态后,拿出了一个方案,一人一条线路,两人一组。次日下午,刘涛就顺利完成了任务。

3天后,活动即将结束,团队里面有一位同事的任务怎么也完不成。刘涛主动请缨说,他可以帮忙。刘涛带着团队成员一行5人,前往销售铺货。

来到一处店面前时,天色渐晚,店主将他们拒之门外。不论怎沟通，店主仍对刘涛他们不太客气。

对此，刘涛并不在意。他笑着给老板递了一根烟，老板并没有理会，只是着手准备收摊。刘涛见状，马上示意大家一起帮帮手，人多力量大，顷刻间，他们将店外的货物搬到屋内，摆放得整整齐齐。

此时，老板的女儿正好从屋内走出，刘涛马上递给眼前这个小女孩一瓶罐头，让她免费尝试，看着小女孩吃得津津有味，有人顺带问了一句："好不好吃？"

"好吃、好吃！比那个罐头（竞争对手的产品）还好吃！"老板女儿不假思索地说道。

刘涛的举动打动了老板，老板态度变得好沟通起来了。随后，老板收下了送来的货物，并马上支付了货款。

自主创业

从当年的销售员、业务代表，做到了大区经理和营销总监，刘涛在销售领域逐渐成长起来了。此时，刘涛对创业有了更加强烈的冲动。

创业，选择做什么呢？此时，有一个老客户建议刘涛，长沙有个湘汇食品的公司专做预制菜，可以去学习一下。并告诉刘涛，他们正好没有销售，而刘涛有销售经验，可以去试试。

就这样，刘涛以承接该公司产品销售的方式，踏入了预制菜行业。

"首先，我们花了一星期学习、熟悉产品。当时产品卖得一般，开发市场不容易，我们去了广东、浙江一带，又到了西安开发客户。市场开发非常不容易，但很锻炼人。"刘涛说，好在这么多年，自己在此前的知名公司，做的都是市场开发工作。但是，现实中一旦离开了大公司、大平台后，销售工作并不容易开展。

一开始，许多人对预制菜不熟悉、不理解，难以接受。"客户不接受我们的产品，我就找他们同行，找卖冻货的公司，给他们描绘预制菜的美好前景。"刘涛说，有的客户，门都不让进，"只能三番五次地去谈判，一般都要跟踪三次以上：第一次，留下印象，跟客户讲行情；第二次，帮助客户规划产品；第三次则要让客户打款。没有一点吃苦的能力，是不行的。有人当面拒绝算是好事，有人则当面谩骂。"

此时，就一定要有自信心，一定要内心强大，并具有抗压能力。拿破仑曾说：成功就是你向前再迈进一步。当你拜访了99家客户不成功，拜访到第100家客户的时候，你就成功了，这就是一种坚持，也是一种抗压能力。

"到了湘汇食品，除了东北没去，全国基本上都走遍了。"刘涛介绍说，当时他跑遍了国内许多省区市。

一圈下来，耗尽一年多时间，因为预制菜是个新事物，需要对方接受，通常会电话逐一联系，联系不上则要登门陌生拜访。不知走遍了多少农贸市场、菜市场，但凡有冰箱冰柜的商店，刘涛都会前去沟通，"业务人员都要有一双对市场具有洞察力的眼睛，要看准哪些客户适合做这个产品！"

刘涛对这段业务经历总结道，如果要做好业务，业务员一定要有"三多"，即多看、多动、多思。多看即看规模、看装修、看对方有无实力，装修讲究者多为有一定实力和前瞻性；多动是指多动手、多动脑；多思，则是要认真思考对方公司的实际情况和需求。

刘涛在湘汇食品公司工作的一年多时间里，该公司的销售业绩从过去不足2000万元，做到了3600多万元。此时，刘涛找到了湘汇食品的老板说，湘汇是做预制菜，自己也想单独做一个门店，也希望得到湘汇食品的支持。

2013年，在湘汇老板的支持下，刘涛在宁乡的白马市场，成立湘韵酒店食材配送中心，卖起了预制菜。从专职做销售到拥有自己的公司，几经打拼，刘涛终于有了自己创业的小天地。

起初，刘涛找来妻子和家人，一起打理预制菜，刘涛自己则仍留在湘汇公司。

"2013年,我们营业额就做到500万元,每个人月薪达到了一两万。我让妻子和妻弟做运营,我做幕后,这样一来,进可攻退可守。"刘涛庆幸这个明智之举。次年3月,预制菜销售额持续下滑,1个月卖货才做12000多块钱,"当时大家对产品不熟悉,几个客户也丢了,还剩下一堆欠账"。

同年4月份,刘涛决定把更多精力投放到公司里来。他安排妻子的弟弟守店,自己带着妻子跑销售,一家家商店去谈,一个个餐厅去开拓。

"当时,我们用了一个试吃的办法,请当地的厨师来试吃,效果不

刘涛代理的预制菜品

错,4月份我们就做了12万元营业额。"刘涛那段时间跑遍了整个宁乡的大街小巷,建立了一个庞大的销售网络,但凡有冰箱的超市无一遗漏,同时找来专人做配送。

9月份,刘涛辞去了湘汇食品公司的工作,全身心地投入了新公

司。果不其然,业绩逐渐好转,每月收入达到了数十万。2014年,湘韵酒店食材配送中心的业绩做到了500万元。

公司业绩爆发式增长的背后,是刘涛付出的艰辛汗水。每天从凌晨4点起床,晚上11点仍在忙碌,能够睡一个饱觉在当时都是种奢望。

为了减轻家人们的负担,刘涛一口气招聘了4个销售人员,以期通过团队带动公司的发展。不料,4个销售人员刚刚招聘到位,恰逢淡季,当月业绩下滑,一个月仅仅做了20万元,核算下来,员工工资2万多元,除去成本,所剩无几。

为了让业务员尽快熟悉工作,刘涛抓紧时间给销售团队做培训,传授必要的销售技巧。正是刘涛传授的这些销售技能,让业务员的工作很快有了起色。

一次,公司销售人员前去宁乡栅栏桥开拓业务,一位老板见前来做销售的人员不理不睬,销售人员马上运用学会的销售技巧:首先不卑不亢地跟这位老板交朋友,换位思考对方的实际需求并想办法帮上忙。一番沟通后,老板态度发生了转变,不但倒茶热情接待,随后还达成了采购合同。

通过大家的努力,公司业绩稳步攀升。2015年,公司业绩做到了1300万元。2016年,业绩稳中有升。2017年,业绩达到了2600多万元。

就在业绩和公司发展逐渐向好时,新的问题又出现了。

"2015—2016年,我跟着别人做投资、做房地产生意,结果合伙人跑路了;随后,又搞教育培训,开始是赚了一点钱,后来投资人资金链断裂,我投入的100多万元打了水漂。后来又投资饭店,也没成功!"刘涛说,当手上有了余钱后,就想走捷径,通过投资赚更多的钱,结果不到两年,负债了600多万元。

2017—2019年,刘涛把这段时间比喻为自己人生的黑色三年。

他开始反省自己、痛定思痛,"一个人,要把一件事做好,专注做一件事情,不能做与我们预制菜没有关联的事物,当你什么都想做的时候,你还不失败已经是奇迹了"。

2018年,公司业绩也由过去的2600万元,下滑到了1200万元。刘涛将自己的两套住房、一辆轿车折价卖了,还清了外债。他非常感激妻子在其人生低谷的时候,不离不弃,陪他度过了最艰难的岁月。

"我很感谢'彭记访''家乡味'这些公司,是他们在关键时候力挺我。一般的公司,在你业绩下滑的时候,都不跟你合作了。但他们一直支持着我,相信我们,就这样在他们的支持下,一步步从低谷走出!"刘涛说。

经过一番沉淀,2020年,刘涛的香韵食品业绩出现转机。同时,随着彭记访、家乡味这些知名企业的进一步发展,为其做配套服务的刘涛也享受到了发展红利。2022年,刘涛带领团队们做到了3100万元的业绩。

一路走来非常不易,刘涛很感激家人在背后的付出,正是家人默默地在背后支撑,自己才能坚持下来。为此,刘涛把"做感恩之事,享健康人生"当作自己公司的文化标识。

2023年,经过不懈努力,刘涛带领团队完成5000万元业绩。此外,刘涛正在着手做另外一个新项目,就是农家的一桌酒席菜,他对这个项目充满着信心。

香韵公司开发的品牌

刘涛说,这些年创业,最大的感悟是:人只要坚定一个信念,并坚持不懈地去努力,一定会取得成功。"我走了这么多曲折弯路,这个信念一直在我的心里面。创业路径很多,应该结合自己实际情况,做自己喜欢的事情,不管是做大做小,只要做得好,做到极致,就会取得成功。"

刘涛感言,以前因为想赚钱,自己选择了不断创业,一路兢兢业业,不敢有丝毫的松懈。希望通过自己的努力,创造更优质的服务,帮到更多的人!以后的路还很长,但自己坚信香韵食品的路,会越走越宽广……

【人物简介】

张建山，湖南三泓建材有限公司董事长。1972年12月28日出生，宁乡县大成桥镇鹊山村人，从一个乡里伢子到公司董事长，其历尽千辛万苦而百折不挠，创办的三泓建材有限公司是全国第五家、湖南省唯一一家通过矿渣微粉优等品等级认证的企业。

张建山：从货车司机到董事长

张建山，1972年12月28日出生在宁乡县大成桥镇鹊山村一户农民家庭。张建山敦厚的外表，给人以朴实的印象，邻家大哥式的言谈中，时不时透出诚恳和实诚。从为一日三餐奔波的卡车司机，到事业有成的董事长，张建山把这一切归结于自己遇上了一个好时代。

艰难谋生：做法事、学开车、搞运输，什么活都愿意干的小伙子

作为一个乡下的农村家庭，张建山的父母除了爱，物质上似乎给予不了孩子们什么，因为家里是那样的穷。

在张建山的记忆中，家里根本就没有什么值钱的物件。勤劳的父母亲无论如何努力，也只能勉强喂饱全家七口人的肚子。那样的家庭经济条件下,教育似乎也是件奢侈品,张建山前面的哥哥姐姐们只念了几年小学,就要开始寻找谋生的法子。大哥跟着村里的老道士学徒,二哥去收废品,父母做着维持生计的田地里的活计。

由于家里实在是穷,还在读初二15岁的张建山就开始帮大哥做法事,赚点零花钱。初中毕业后,即便是对这个五个孩子中最小的,又是母亲40岁才生下的张建山,父母除了宠爱,甚至于溺爱,也是毫无办法给他一份体面的事做。既没有文凭,又没有技能的张建山,只好跟着大哥学做法事。

跟着大哥在外谋生,虽然有了所谓的事情做,但张建山心有不甘。宁乡大成桥,是方圆百里有名的煤炭之乡,在20世纪80年代就开发出十多个私营煤矿。

村子前面的马路上,一辆辆大货车"空着肚子"开进矿区,"吃"下一座座黑山,很快又消失在路的尽头,卷起满天煤灰。一个邻居家开货车搞运输,做煤炭生意,很早就赚了钱,张建山小时候很羡慕。

慢慢地,张建山动起了心思:家乡煤炭资源这么丰富,自己是不是能从中找些事做呢?

于是,跟着大哥做了几年法事后,一到可以考驾驶证的年龄,张建山就迫不及待跟父母提出,自己想考证去开大货车。他心里想的是,如果有了驾驶证自己可以在矿上运煤,毕竟这种做法事终归不是件体面事。

学车考驾驶证要钱,这对于当时的家里来说,是个不小的数目,张建山心里有些后悔不该向父母提出学车考驾照的要求。

即便事情过去快30年,时至今日,张建山还记得,当时母亲用一块方巾包着的几千块钱,那是母亲四处向亲戚和邻居借来的给自己学车的学费。因为他知道,母亲的那块旧方巾里装的是满满的辛酸和爱。

从那天起,以前贪玩的张建山似乎长大了,他暗暗发誓:自己一定要努力让母亲过上好日子。

拿到驾照后，张建山如愿以偿当上了运煤的货车司机。每天起早贪黑，从煤矿把煤炭一车一车运到长沙城里、运到娄底、运到湘潭……运到那些需要煤炭的地方。

这样做了几年卡车司机的张建山又动起了脑筋，他想给别人当司机吃的是青春饭，总不是长久之计。如果拥有自己的卡车，就可以到煤矿承包运煤任务。

"只有掌控人生的方向盘，才能真正走自己想走的路。"自以为找到了人生道路的张建山，面对购买一台大货车需要的十几万元，却犯了难。要知道在20世纪90年代，农村的万元户都很稀少。

家里人知道他的想法后，很支持。新车太贵了买不起，1994年张建山从信用社贷款买了一台二手大卡车，替煤矿跑起了煤炭运输。

有了自己的车，不怕辛苦的张建山日夜不停地跑，很快有了一点积蓄。张建山的心思又动起来了，当年信用社贷款也不要什么抵押，于是他第二年贷款又买了第二台卡车，请了一个司机运煤。

可没想到，雇人跑车与自己开还不同，其中多了一个管理问题，这时候出现送出去的煤收不回款的问题，甚至运费也常常被拖欠。张建山很快就坚持不下去了，1998年只好把两台车卖了，一算账不但把以前赚的钱全贴进去了，还亏了10多万元。

第一次尝试创业没想到栽了个大跟头，张建山只好远去广州打工。

不甘平庸：披星戴月，汽车坏在路上、同行恶意竞争，感恩生活给予的恩赐

年轻不甘平庸的张建山，在某些人眼里是瞎折腾，却被一个人默默地看在眼里。这个人就是张建山的同学，也是张建山舅舅的儿子卢泽强。卢泽强可以说很早就事业有成，他拥有的湖南唯成工贸有限公司，围绕煤矿和钢铁运输，业务范围覆盖了煤炭、水渣、焦油等领域，是行业内小有名气的企业家。

卢泽强建议张建山回来跟着他到娄底开拓市场。卢泽强对他说，娄底被称为"现代钢城"。1959年，涟源钢铁厂轧出第一根钢材，填补了湖南省钢材空白；1998年，全年产钢达137.55万吨，是湖南重要的钢材生产企业。

涟源钢铁厂生产过程中会产生水渣废弃物，水渣是铁矿石炼钢之时用水冲洗后，排出来的残渣，可作为水泥混合料使用，当时的价格只有几块钱一吨。水渣对于钢铁厂是废物，处理它还需要费用，可却是水泥厂难得的优质原料。

卢泽强对张建山说，现在自己单纯运输煤炭，利润太薄了，可如果我们联手起来把煤炭运到涟源钢铁厂，再从涟源钢铁厂把水渣运到水泥厂，这可是一举两得的好事。

就这样，到广州打工不到两个月的张建山来到了娄底，成为湖南唯成工贸有限公司驻娄底办事处的业务员，负责煤炭交货与水渣发运，开始了与涟源钢铁有限公司的业务往来。

初到涟钢，对于张建山来说，一切都新奇而陌生：机器的轰鸣声响彻厂区，各类大型设备日夜不停地运转，赤红的铁水像山里的泉水从流水线奔流而出，白烟在高炉顶端摇曳。

新奇归新奇，在湖南唯成工贸有限公司，张建山继续做起了煤炭运输老行当，只是多了项业务，在从煤矿把煤运到涟钢后，再从涟钢把水渣运到水泥厂。

第一年，张建山一边帮卢泽强处理运输业务，一边自己开货车跑运输。每天早上6点一清早从宁乡出发，赶在8点上班前把煤送到涟钢，再把水渣送到水泥厂，下午赶回来装好第二天要送的煤，回到家里常常是晚上10点多钟。

这样一趟跑下来辛苦不用说，那时路况不好，车也不怎么好，路上会遇到许多意料不到的事情。一次送货途中车突然爆胎，当时路上没什么路过的车,那时也没有手机,张建山只好让同伴守着车跟货,自己去找维修厂。徒步走了十几公里,才找到一家修车店,还好最后没有耽误交货的时间。

除了这些运输中的意外,还有同行不择手段的竞争。

一天下午,烈日高照,车里被晒得滚烫。张建山带车去装运水渣时,发现水渣池被锁住了。一打听,知道是一个同行弄的。这个同行比张建山先到涟钢做水渣销售,之前的业务基本由他垄断。为防止其他人进入水渣行业,他设置了各种障碍。现在张建山也来做水渣业务,所以他故意刁难,把水渣池锁住。

张建山当年年轻气盛,好不容易业务上有点起色,怎么能认栽?于是一时火起,张建山当场把锁给砸了。为此,两人动手打了一架,闹到了派出所。不过两人"不打不相识",后来两人作为同行还有过合作。

诚实又肯干的张建山很快赢得了涟钢负责同志的喜欢,水渣销售业务也逐步发展起来了。这时候,因为水渣销售张建山与水泥生产企业有了交往,结识了水泥厂的负责人。

随着水渣业务越做越大,到1999年下半年,卢泽强让张建山不再自己开货车,专职做起了业务,管理水渣、焦油、粗苯等副产品的销售。

考虑到当时已经成家,孩子也出生了,宁乡和娄底两头跑太过奔波。2001年8月13日,张建山至今仍清晰地记得这个日子,这一天,张建山把老婆和孩子都带到了娄底,把家安在了娄底,自称成了一名娄底人。

在娄底的几年时间,张建山由一个销售业务门外汉,成长为销售业务骨干。唯成工贸在涟钢的水渣运销业务基本都由他负责,既包括主营业务的水渣销售,还包括运输业务。

后来的张建山做梦也没想到,当初只是为了有口饭吃的行当会成为自己事业的根基,在最无望的时刻拉了自己一把的卢泽强成了自己创业路上的领路人。

当自己创业获得成功后,感恩的张建山成了鲁迅笔下的祥林嫂,逢人便说:"卢泽强是我创业路上的第一个贵人!"

在娄底的这段经历,对于张建山来说十分宝贵财富。在这里,懵懂少年张建山长成了一个成熟的男子;在这里,见习学生张建山积累了经验,熟悉了业务,为即将开始的事业奠定了坚实基础。

试水创业:产品堆成山,吃闭门羹、贴冷屁股,"永不放弃"中迎来曙光

2001年,张建山由一名卡车司机,转行做起了唯成工贸公司的专职业务销售。在这一过程中,张建山显示出优秀的经商才能。自从他专职涟钢水渣业务后,唯成工贸公司水渣销量从2001年的每月3000吨,2004年做到了每月50000吨。作为钢铁厂的废弃物水渣,本来处理起来还要花钱,经张建山这一倒腾,变成了水泥厂的好原料,变废为宝。

当然,水渣销量从每月3000吨做到50000吨,张建山自然是付出了不一般的努力。按照那时老板给张建山的报酬标准,每月3000吨的水渣销量,张建山每月能拿到1500元的提成,在当时已经算是比较高的收入了。

作为一个农村孩子来说,应该很是知足了。事实上,当时很多做水渣业务的,基本上是守在家里,就是别人来就卖一点,没有想办法主动拓展业务。

过去开卡车的张建山却是个闲不住的勤快人,他可不满足坐在家里,守着现成的业务。为了扩大水渣业务,他一刻也没闲着,跑遍了周边所有的水泥厂推销。

最多的一年,张建山开着小车跑业务,跑了10万多公里。不管认识不认识的,他都想方设法找过去。他坚信"一回生二回熟,三回成好

左为张建山

朋友"的理念,以自己的实诚攻克了一个又一个的水泥厂,把水渣卖给他们。

有一回,张建山去一个水泥厂开拓水渣业务,水泥厂厂长对这个自己找上门来的业务员,态度十分不友好。双方开场白后,陈姓厂长就把张建山晾在一边,不管张建山如何与他套近乎,厂长就是不理他。第一次上门,张建山就这样在厂长办公室尴尬地坐了1个多小时,无果而归。

过了几天后,不言放弃的张建山再一次踏进了厂长的办公室,介绍完业务后,张建山又静静地坐在一旁干坐着。就这样连续去了四次,厂长终于被张建山这股韧劲打动,把厂里的水渣业务全部给了张建山。

"热脸贴冷屁股,多贴几次,冷屁股也就会贴热!""铁杆磨成针,关键看你有没有耐心,有没有那股磨劲!"做业务员的张建山笑称自己脸皮厚。

与陈厂长慢慢熟悉后,水渣业务自然是顺风顺水,张建山利用自己掌握的信息,还帮水泥厂销售起来水泥来。

正是由于有了与水泥厂陈厂长的这段经历,即使后来生意已经做得很大了,不管任何人到公司来联系业务,无论多忙,张建山都会热情接待。无论能不能做成生意,张建山都乐于与对方交流沟通,提供给对方有价值的信息,乐于帮助这些人。

就这样干了几年,到2004年张建山就开始琢磨着自己创业办公司。看到张建山的成长,卢泽强很支持他的想法。对于张建山来说,虽然渠道和厂家等业务是现成的,可要想自己独立经营水渣贸易,关键是能否拿到涟源钢铁公司水渣的销售权。

没想到张建山尝试着与涟钢的负责人一说,时任涟钢水渣销售部的党委书记付哲生、销售科长何平很支持。因为通过平时的接触,他们看到张建山这个年轻人踏实肯干,业务能力强,他们特别批准他在涟钢开设户头,经营水渣销售业务。

有了涟钢这张水渣销售"绿卡",张建山从唯成工贸辞职,2004年9月1日,成立了娄底市三和物贸有限公司,开始自己独立经营水渣贸易。

虽说成立了公司,但三和物贸有限公司其实只有张建山一个员工,张建山既当老板,又做业务员。此时的张建山几乎是白手起家,因为之前在娄底赚的钱刚好还清以前买货车的欠款,现在创办公司自然就没有什么本金了,好在业务上有基础。

公司成立后,张建山与涟钢签订了最低6000吨的水渣销售合同。签了合同后的张建山并没有舒口气,反而感觉到了压力。

以前做业务,只管把水渣销到合作的水泥厂就行了。现在自己当老板了,既要把水渣销出去,还要考虑市场价格波动,压力陡然上升。

虽然自己在老东家唯成工贸公司那边有现成的水渣销售渠道,但为人诚实的张建山把这份渠道资源留在了唯成公司,自己选择另外开辟水渣销售渠道。

开始创业那时刚好是9月份,酷暑难耐,张建山到处找水泥厂推销水渣,周边200公里范围内大大小小的水泥厂都跑遍,还是找不到销路。

白天一大早,张建山开车从居住地娄底经开区仙人阁村出发,从涟钢把水渣拖出来,跑了一大圈,晚上又原封不动地拖回来。销不出的水渣又不能放在卡车上,因为第二天还得清早赶去涟钢运水渣。幸亏村里的胡小文热心帮助,在村里找了个闲置的地方作为水渣的临时储存场所,才解了张建山的燃眉之急。

一次次将没卖出去的满满一大卡车水渣倒在临时堆放点存放,张建山来不及消沉,又要赶到厂里运下一车。看到慢慢堆成小山似的水渣,张建山难受的心情难以言喻。

就在张建山绝望之际,一个朋友把他介绍给当时株洲牛力水泥有限公司负责生产的彭主福。就这样,张建山成立公司后,第一批水渣几经波折,被销到了牛力水泥厂。

在几近走投无路之际,牛力水泥厂的这份合同扭转了张建山面临的困境,让张建山燃起了希望,张建山内心很是感激彭主福。这也让他在之后的生意场上,非常愿意帮助别人,每当生意伙伴遇到困难,张建山二话不说,总是及时伸出援手帮助。"永不放弃"成了张建山创业路上的座右铭。

有了牛力水泥厂的帮助,张建山的三和物贸有限公司终于稳住了阵脚,积压在村里的水渣山堆慢慢销完了。有了牛力水泥厂每月2000吨的水渣销量,张建山能缓一口气了。可与涟钢签订的是每月6000吨的水渣销售任务,创业伊始的张建山还是感觉到压力山大。

自己刚刚创业起步,单打独斗终归还是势单力薄,张建山此时想到要把事业做大做强,还是需要志同道合的合作伙伴。张建山琢磨着另外引入股东来盘活公司运营,开拓稳定的销售渠道。

2004年,张建山幸运地遇到了刘琼女士。通过几次接触,刘琼非常看好年轻的张建山,给予张建山以极大的信任。当得知三和公司急需周转资金时,刘琼卖掉自己的房子,筹集20万元资金,以现金投入方式入股张建山的三和公司。

正是有了这笔"巨款",三和公司终于走上了正常运转的轨道。刘琼这个合伙人的加入,给公司注入了新的生命力,成为三和公司发展的一个十分重要的节点。

2004年12月28日,兆山新星集团湖南宁乡水泥有限公司投产,张建山和刘琼共同努力,拿下了兆山水泥厂水渣供货业务,三和公司终于有了稳定的大客户,6000吨水渣销售任务有了可靠的保障,因为兆山水泥厂每个月需要消耗水渣10000吨。

后来,张建山根据自己长期做业务的经验,与兆山公司做起了双向贸易。于是三和公司既把水渣卖给兆山公司,同时又帮兆山公司销售水泥。

公司水渣堆场

善于动脑思考的张建山,在实践中摸索出的双向贸易模式,实现了自己贸易角色的多重转换。首先,钢铁企业生产过程中产生的废弃物水渣,通过他卖给水泥厂,帮助钢铁企业解决了废弃物处理难题。此时,张建山相当于既是钢铁企业的销售员,又是水泥厂的供货方。

然后,张建山又把水泥厂生产的水泥销售给钢铁企业和建筑企业,帮助水泥厂销售水泥,此时,张建山又变成了水泥厂的销售员,还是钢铁企业和建筑企业的采购员。通过这一模式创新,张建山把自己业务链条上的相关企业捆绑在一起,互惠互利共同发展,成了利益共同体。

正是基于这种创新式贸易方式,三和公司得以迅速发展壮大,水渣、水泥的贸易量稳定增长,三和公司迈上了发展快车道。

立行业之巅:抓生产管理,规范行业行为,立品牌形象,把个人命运融入时代洪流

进入新千年,随着国家环保政策的调整,水渣处理面临着一场新的技术革新。

2004年,上海宝钢首先推出新技术,把原来的水渣经研磨,制成高炉矿渣微粉。采用这种技术后,钢铁企业就可以把以前作为废物直接卖给水泥厂的水渣,经过加工成高炉矿渣粉,既可以卖给水泥厂作为水泥添加物,配方到水泥中;也可以直接卖给混凝土搅拌站,用于混凝土生产和施工。

继宝钢之后,2006年涟钢也引进矿渣粉生产技术,成立了湖南高炉矿渣微粉生产企业——涟钢环保科技有限公司,建设两条高炉矿渣粉生产线,年产能30万吨。

由于高炉矿渣粉是一种新产品,市场有个接受过程,推销起来有难度,许多做水渣贸易的公司不敢贸然跟进。可善于接受新东西,正在谋划转型的张建山却对此来了兴趣,到涟钢拖走了他们的第一批高炉矿渣粉产品。

高炉矿渣粉是拖回来了,可真正推销起来还真不容易,当时搅拌站比较少,张建山就把高炉矿渣粉销售方向盯向了水泥厂,水泥厂也是自己的老客户。

当时水泥厂习惯用水渣,张建山为打消水泥厂的顾虑,邀请技术机构做实验,取得科学数据后,一家又一家的水泥厂上门讲实验报告。后来,还是合作伙伴兆山新星集团湖南宁乡有限公司收下了第一批高炉矿渣粉。

2006年3月25日,张建山新成立了娄底市三丰物贸有限公司,在做水渣贸易的同时,开始转型涉足高炉矿渣粉贸易。

万事开头难。经过艰辛努力,张建山慢慢地将高炉矿渣粉销量做到了15万吨,当时已经是涟钢一条高炉矿渣粉生产线的全部产能。涟钢看到高炉矿渣粉市场的发展前景,在涟钢环保科技有限公司30万吨高炉矿渣粉产能的基础上,引入香港庄胜集团,新成立了湖南泰基环保科技有限公司,高炉矿渣粉的产能由原来的30万吨提升到了120万吨。

由于张建山起步早,最先抢占了高炉矿渣粉市场,张建山40万吨的高炉矿渣粉年销量,占到了涟钢120万吨矿粉年产量的1/3。湖南泰基环保科技有限公司基于渠道多元化考虑,不愿意一家渠道独大,规定单一渠道销售量不得超过公司产能1/3,否则,张建山的三丰物贸有限公司业务还会做得更大。

即便涟钢对张建山制定了限制条款,张建山高炉矿渣粉销售的名声还是很快传出去了,因为当时张建山已经是湖南高炉矿渣粉贸易当之无愧的龙头老大,更多的高炉矿渣粉生产企业选择张建山作为合作伙伴。

随着国家节能环保政策日趋严格,节能环保产业迎来发展良机,更加催生了高炉矿渣粉产业的蓬勃发展。

2008年华新水泥和湘钢合作,成立了湖南华新湘钢水泥有限公司,涉足高炉矿渣粉生产。湘钢负责供应水渣,华新负责生产和销售高炉矿渣粉。得知张建山的业务能力后,华新湘钢公司的副总段国智主动找上门来,希望与之合作。

真是瞌睡来了,有人递枕头。正愁业务"吃不饱"的张建山欣然同意。于是在泰基40万吨的基础上，张建山又开拓了华新湘钢的高炉矿渣粉销售业务。

很快，张建山在湖南华新湘钢水泥有限公司的高炉矿渣粉年销量又达到了50多万吨，也占到湖南华新湘钢水泥有限公司高炉矿渣粉产能的将近一半。这样一来，张建山年高炉矿渣粉销量实现近百万吨。此时，张建山心里有了一个"伟大"的理想，就是高炉矿渣粉和水泥的贸易实现两个100万吨。

随着公司规模越来越大，效益也年年攀升。

2008年，张建山响应家乡号召，毅然决定将公司迁回家乡宁乡，更名为湖南三泓建材有限公司。回到熟悉的家乡，张建山建起了办公楼，事业终于有了属于自己的基地，张建山也成了乡亲邻居眼中的"大老板"。但张建山始终保持清醒头脑，仍然踏踏实实做贸易，销售高炉矿渣粉、水渣、水泥等建材相关的产品。

做贸易已经如鱼得水的张建山并没有满足，安逸的小康生活并不是张建山的终极目标，敢拼敢闯的张建山对自己事业规划有着更长远的追求。

自从1998年开始水渣贸易以来，10年的经商经历，张建山积累了丰富的经验、资金、客户等资源，他感觉到要有更大的发展空间，必须进一步转型升级，从贸易行业跳出来。此时，他想到了创办实业，进军制造业。

张建山没想到自己的这一决策，与国家发展实体经济、鼓励支持制造业的大战略完全契合，可以说是站在了时代的风口，迎风踏上了发展快车道。

其实，早在2008年张建山就萌生过自己办厂的想法，甚至还到衡阳等地考察过，无奈一直没能如愿。时间来到了2012年，回到宁乡四年后，张建山遇到了一个引路的前辈。

俞永元，湖南南方宁乡水泥有限公司总经理，对建材行业有自己独到的眼光,看到了高炉矿渣微粉前景及湖南三泓建材有限公司拥有的水渣资源及销售渠道,他提议张建山建设自己的高炉矿渣粉厂。

这一次张建山终于下定决心,在反复考虑后,张建山与几个浙江商人合作,选址宁乡市双凫铺镇富民工业园,投资1.2亿元,征地45亩建设年设计产能60万吨高炉矿渣粉工厂。2013年7月,一期高炉矿渣粉生产线正式投产运营。

张建山考虑到自己没有生产企业的管理经验,就把企业生产经营完全交给了那几个懂行的股东。同时还把湖南三泓建材有限公司原贸易年销量50多万吨高炉矿渣粉的客户资源及湖南华菱涟源钢铁有限公司年供60万吨的水渣资源也交给了他们。

可没想到,到了2015年高炉矿渣粉年产销量从高峰时期的60多万吨下降到不足40万吨,水渣原来是60万吨/年的合同量,也在那年掉了一半。公司短暂盈利后出现了严重的亏损。这对当时的三泓来说,无疑是当头一棒,让张建山心惊胆战。

面对处于悬崖边的三泓,张建山立即采取了紧急措施:一方面,狠抓企业生产管理。虽然没有正式进入管理层,但张建山靠前指挥,开始参与企业经营管理。因为涟钢水渣业务量大幅下滑,从2016年开始,张建山重出江湖,到全国的钢厂四处协调关系,找水渣原料,重新建立资源渠道。同时,到各地的水泥厂和搅拌站推销高炉矿渣粉。就这样,逐步将三泓的业务又重新恢复起来。

针对自己对工厂生产上的不足,张建山边干边学,不懂的就问厂里工人,向技术人员请教,摸清高炉矿渣粉厂生产的所有流程和技术环节。

在摸清情况后,张建山对企业薪酬体制进行大刀阔斧的改革。过去,公司人浮于事,干多干少一个样,员工没有积极性,也没有责任心。

对此,张建山拟定了新的薪酬体系。可按新的薪酬制度,以2015年公司生产销售39万吨高炉矿渣粉计算,员工一般每月只能拿到一两千块钱。为此,张建山没有急着将设计好的分配制度拿出来。

2016年,公司销售做起来了,当年矿粉销量由2015年的39万多吨提高到2016年的60多万吨。2017年张建山推出新的薪酬制度改革办法。按新的分配制度,此时员工普遍每月收入比起改革前,能多挣1000多块钱。

张建山推出的薪酬改革获得了成功,原先持怀疑态度的股东给予了支持,怕收入下降过去反对的员工也热烈拥护,公司上下的心拢起来了,大家对未来充满了希望。

另一方面,着力规范市场。由于高炉矿渣微粉市场发展太快,当时行业非常混乱。面对火爆的行情,各大生产厂家迅速增加产能。像华新湘钢,原来一条生产线的年产能是120万吨,后来发展到240万吨,增加了一倍;再如衡阳市,原本没有矿渣微粉厂,后来也新建了一个30万吨产能的厂子。

过度竞争的市场,高炉矿渣粉生产企业间相互大打价格战,恶性竞争,以致市场上出现很多假冒伪劣产品,一些不良企业用二三十块钱一吨的石粉、钢渣粉冒充高炉矿渣粉销售。

公司管理团队

2016年5月27日,许多年后,张建山仍清晰记得这个日子。这一天,张建山自掏腰包,把当时湖南省内全部的12家高炉矿渣粉生产企业组织到宁乡灰汤华天大酒店,召开行业大会。大家坐在一起,交流

张建山在行业自律大会发言

信息,探讨业务,倡导行业自律,规范行业行为,共谋行业发展。经张建山提议,成立了湖南省矿渣粉自律小组,大家还一起制定了行业自律章程。

由于统一规范了市场,高炉矿渣粉企业基本上都实现了盈利,三泓公司在2016年扭亏为盈的基础上,2017年原本设计只有60万吨矿渣粉产能,那一年生产了高炉矿渣粉70多万吨,实现盈利2000多万元,打了一个大胜仗。

通过这两手,张建山全面接管了公司的生产经营权。2017年,张建山采取分期支付方式,将之前管理层手上40%的股权全部收回。至此,三泓公司股东结构重新回到张建山和刘琼两人持股的状态。

当时,高炉矿渣粉产能最大的是华新湘钢,年产240万吨;娄底的泰基公司和冷水江的搏长公司年产120万吨;娄底的高安年产90万吨;益阳的鼎盛年产60万吨。三泓公司年60万吨的产能在高炉矿渣粉行业里面不算大。

生产走上规范化道路后,张建山把心思放在了抓产品质量上,他提出三泓公司要做有家国情怀、有使命担当的企业,产品质量坚持"三不"原则:不掺钢渣、不使用化学增强剂、不放行不合格产品。在后来长沙市住建局对长沙地区搅拌站使用的矿渣微粉进行抽查的行动中,三泓公司是唯一一家产品100%合格的高炉矿渣微粉生产厂家!

在立足湖南省高炉矿渣粉市场的同时,张建山也关注着全国高炉矿渣粉行业的发展趋势。矿渣微粉产品等级分为三级,分别是优等品、合格品、不合格品。2021年前,全国只有南钢和宝武两家的高炉矿渣粉被认证为优等品。

张建山动员公司上下全力准备认证工作,大家铆足了劲,冲刺全国质量认证,打造三泓品牌。

2021年,国家建筑材料质量检验检测中心对三泓公司粒化高炉矿

公司规范化生产

渣粉产品进行质量检测,检测报告指出:活性指数、比表面积、密度、流动度比、含水量、初凝时间比、三氧化硫等12项指标,三泓公司产品全部优于国标S95优等品的技术指标。

三泓成为全国第五家、湖南省唯一一家通过矿渣微粉优等品等级认证的企业!更是全国民营企业第一家!至此,三泓公司产品品牌创建取得成功,站上了行业的光辉顶峰!

2021年9月,根据国家"碳达峰""碳中和"目标,张建山与湖南省建材研究院及湖南大学、长沙学院等高校形成了产学研合作,生产低碳水泥、绿色建材"高性能混凝土胶凝材料"。新产品强度远高于传统水泥,碳排放每吨却只有水泥的10%。2024年,湖南三泓建材有限公司将在湖南省,乃至全国率先建成高炉矿渣粉行业零碳排放工厂。

站上行业发展高地,张建山把目光投向更远方!

后 记

（一）

2021年底，我调到宁乡市工信局工作。虽然疫情仍在肆虐，防控形势还不明朗，但作为每天与企业打交道的一线管理者，我敏锐地感知到制造业正开始从沿海地区回流，更忧虑的后疫情时代宁乡能否抓住机遇，推动工业企业新发展。

为全面了解宁乡市五大产业（工程机械产业、储能材料产业、智能家电智能硬件产业、食品及农产品加工产业、生命科学产业）的产业发展趋势和产业链布局情况，我抽出时间密集对全市600多家规上企业进行走访。周末常常在企业家的办公室，一杯香茗，天南地北，从国际国内形势、产业发展趋势到企业未来的发展布局，一谈就是几个小时。

有一次，在与一位生产混凝土搅拌机的企业家交谈时，我问他是怎样进入这个行业的，他告诉我，他是学机械专业的，毕业后分到一个建筑施工的央企。一次他问同事这个专业今后能否在公司做到处长这个级别，同事告诉他，在这里最多只能干到副处长。仔细斟酌后，他选择了辞职，那年他24岁。他离开央企后，在长沙市郊租了8亩菜地，搭建厂房，建了一个搅拌机组装企业。几年后，他带着攒下来的8000万元来宁乡买地建厂，从组装—生产—研发—生产，一步步发展，目前已是省"小巨人"企业，年产值达到2个亿。

在随后走访企业家的过程中，我都会问企业家同样一个问题：当初是怎样进入这个行业的？发现有大学毕业就选择创业的，有体制内辞职的,有在别的公司打工汲取经验后创业的,有经过多次创业失败后才选中现在行业的……

这些创业故事,让我陷入了沉思:每一个时代都有每一个时代的机遇,每一个行业都有创业者在奋斗,一个创业者能否成功,除了选择一个适合自己的赛道外,还得看能否坚持,是否有一颗不服输的心。

当前的很多大学生就业一心向往体制内,出现了连续多年考公务员的专职队伍。而另一方面,体制内有些人却放弃安稳的工作,选择了创业。这种反差,是个人志向问题,更是社会问题。我想应该把这些创业者的故事写出来,给那些正在选择的、正在彷徨的人以参考、以启迪、以励志。

后来,我与亚明这位有思想的老兄讲了这些想法,他非常认同,觉得这无论是对刚走上社会择业的大学生,还是正在创业的人,都应该是很有意义事情。他马上组织知名记者傅天明和青年作家曾散一起来参与采访。在宁乡市工信局肖敏和罗琳的协助下,完成了此书。

张 毅

2024年6月

后 记

（二）

《从0到1：企业家是这样炼成的》终于付梓了！

文章合为时而著，诗歌合为事而为。笔墨当随时代，《从0到1：企业家是这样炼成的》诞生于这样一个充满机会而有更多选择的时代：当迈入社会，你要选择职业；当准备创业，你要选择赛道；当一路前行，你要面临考验……一个竞争的时代，总会遇到各种选择，或者考验，这需要拼搏的勇气，却也需要选择的智慧。

如何在这充满竞争，而又极富挑战的时代，选择适合自己的人生，并没有现成的答案，唯有时代的参照物！

宁乡市工信局工作的张毅，一个用心用情与企业家相处的基层官员，每每聊到宁乡近年工业经济蓬勃发展的好态势，激情洋溢，朋友都常常为其感动。张毅极力鼓动我把企业家们的感人故事记录下来，给青年朋友以参照、励志，以鼓舞他们勇毅前行。教育部门工作的邹太平也觉得这是件很有意义的事，我深以为然，便有了此书之创意。

得益于傅天明和曾散两位记者和专业作家的热心参与，在宁乡市工信部门肖敏、罗琳两位同仁的大力协助下，我们以宁乡市企业家群体为蓝本，历时一年半采访了17位企业家。

这17人，他们曾经是学生、农民、打工仔、国有企业下岗职工、老师、公务员、富二代，不同身份的他们走过了不同的路，最终选择了最适合自己的赛道，开启了属于自己的人生。

后记（二）

　　流星划过浩瀚的天空，总会留下一道道印迹，即便会消失在满天繁星的天空，却也会在守恒的宇宙中以自己独有的方式存在。

　　我们把这17个企业家的创业历程记录下来，献给奋斗路上的你：若是机遇还没来，跬步也可登高台；若是掌声还没来，自己也可多喝彩；若是缘分还没来，孤岛也可赴山海；若是重逢还没来，锦书也可寄衷怀；若是自在还没来，方寸也可任徘徊；若是圆满还没来，遗憾也可作留白。

　　在"山重水复疑无路"的困境中，在"拔剑四顾心茫然"的迷惘中，在"独上高楼，望尽天涯路"的孤独中，请记得给自己加加油、鼓鼓劲。人生总有许多的坎，每个人的花期也不一样。不要因为一时的挫折就自我怀疑，只要向前就有意义。

　　书中自有黄金屋，书中自有颜如玉，书中自有千钟粟，书中自有稻粱谋！也许这些企业家的一句话、一段文字、一个故事，会让你心有所动，开启你不一样的人生！

　　在历史的时空坐标中，我们每一个人努力拼搏，顽强奋斗，刻上生命轨迹，宣示自己的存在，以告慰生命，汇聚成推动人类历史前进的巨大能量。

　　无论你身处何时，无论你身在何处，人生只要有了清晰的目标，有了坚韧的追求，你总能守得云开见月明，总能与梦想相遇！

　　谨以此文，感谢为此书辛勤付出的大家！

周亚明
2024年6月

图书在版编目(CIP)数据

从0到1:企业家是这样炼成的 / 周亚明,傅天明主编.
北京:新华出版社,2024.10.
ISBN 978-7-5166-7627-1

Ⅰ.F272

中国国家版本馆CIP数据核字第2024G2P508号

从0到1:企业家是这样炼成的

著者: 周亚明 傅天明
责任编辑: 蒋小云　　　　　　　**封面设计:** 李尘工作室
版式设计: 周亚明　王　登　陈湘敏
出版发行: 新华出版社
印刷: 长沙鸿发印务实业有限公司

成品尺寸: 170mm×240mm 1/16　**印张:** 19.5　　**字数:** 256千字
版次: 2024年12月第1版　　　　**印次:** 2024年12月第1次印刷
书号: ISBN 978-7-5166-7627-1　**定价:** 68.00元

版权所有·侵权必究

如有印刷、装订问题,本公司负责调换。

微店　　视频号小店　　京东旗舰店　　微信公众号

喜马拉雅　　小红书　　淘宝旗舰店　　企业微信